[美国] 查尔斯·琼斯 著　毛维准 译

美国总统制

牛津通识读本·

The American Presidency

A Very Short Introduction

译林出版社

图书在版编目（CIP）数据

美国总统制／（美）琼斯（Jones, C. O.）著；毛维准译．—南京：译林出版社，2013.2（2024.3重印）
（牛津通识读本）
书名原文：The American Presidency: A Very Short Introduction
ISBN 978-7-5447-3175-1

I.①美… II.①琼… ②毛… III.①总统制－研究－美国 IV.D771.221

中国版本图书馆 CIP 数据核字（2012）第 173115 号

美国总统制［美国］查尔斯·琼斯／著　毛维准／译

责任编辑　何本国　陈　锐
责任印制　董　虎

原文出版　Oxford University Press, 2007
出版发行　译林出版社
地　　址　南京市湖南路 1 号 A 楼
邮　　箱　yilin@yilin.com
网　　址　www.yilin.com
市场热线　025-86633278
排　　版　南京展望文化发展有限公司
印　　刷　江苏凤凰通达印刷有限公司
开　　本　890 毫米 × 1260 毫米　1/32
印　　张　12.125
插　　页　4
版　　次　2013 年 2 月第 1 版
印　　次　2024 年 3 月第 11 次印刷
书　　号　ISBN 978-7-5447-3175-1
定　　价　39.00 元

序 言

张千帆

美国总统据说是全世界“最强势”(most powerful)的人。这当然不是说总统自己有三头六臂，而是说美国实力全球第一，而总统有能力调动整个国家的各种资源。但是如果你问总统自己，几乎每一位有幸荣登宝座的美国总统都有一肚子苦水要倒。总统的不自由不用说了,私生活成了公共生活的一部分,碰到媒体泼脏水也无法名誉维权，说话稍不谨慎就会遭到反对派穷追猛打……更不能容忍的是，美国总统远不如外界想象得那样说一不二，力不从心的日子伴随了大多数总统四年或八年生涯的大部分时间。艾森豪威尔总统行伍出身，二战期间因担任盟军统帅而成为民族英雄，并借此登上总统宝座；他一开始也是像总司令一样颐指气使，但很快发现手下这帮官僚们不比海军部，再斩钉截铁的死命令也会遇到软钉子，好比铁拳打在软绵绵的沙发上,陷下去又弹回来,几个回合下来只得乖乖认输。

其实严格来说,美国宪法意义上的“总统”并不是一个人,而是以总统为核心的整个机构——白宫办公室幕僚、部长内阁、各种专家咨询委员会、庞大的公务员队伍……总统换了,部长和幕僚也跟着换,但是专家和公务员则未必换人。更重要的是,法律没换,法院也没换,官僚机构只认法、不认人。这就是美国等所有法治国家似乎对高层换人没什么感觉的原因，他们能给社会带来的变化确实有限得很。在决策过程中，总统受到各行专家和利益集团的牵制，很难真正实现自己的抱负和承诺。有的总统竞选时信誓旦旦要“制裁中国”，但上台不久便学会如何现实面对中国，原先的竞选承诺也就很快成了“作秀”。即使总统想改变什么，只要参众两院有一个不在自己手里便做不成事。即便有“大萧条”那样的冲击和罗斯福那样的魅力，国会两院都以压倒多数通过了大规模改革立法，没想到半路杀出了最高法院这个“程咬金”，硬是宣布“新政”措施“违宪”。虽然最高法院最后在全国压力面前退却了，但也没能实现罗斯福总统要给法院“加塞”的想法。

当然，没有人能否认总统是重要的。如果全美要选一个最重要、最强势的公民，那么这个人显然非总统莫属。尤其在“新政”之后，总统趁着联邦扩权的东风实现行政扩权，总统作为联邦三权中的行政权所掌握的决策资源大大增强。虽然每一部提案都要通过国会两院，但是最重要的提案一般都来自总统，其中包括年度财政预算，而这项权力赋予总统布置政府工作重点的重要权力。总统每年元月在国会发表“国情咨文”，也就显得顺理成章。连国会都忌惮总统的预算提案权，因为如果修改得面目全非，总统一怒之下否决预算法案，而国会又得不到三分之二超多数压倒否决，联邦预算即陷入僵局；如果不能及时打破僵局，那么来年联邦政府将面临关门，大家都没工资可发。另一方面，大权在握的美国总统并非“和尚打伞、无法无天”。克林顿在任时想搞“择项否决”，即被最高法院判决违背美国宪法的三权分立而作罢。因此，美国总统究竟有权还是无权、强势还是弱势，确实是个一言难尽的问题。

我很高兴看到译林出版社选择翻译“牛津通识读本”系列中的《美国总统制》。在这本十万字的小书中，作者琼斯教授言简意赅而引人入胜地介绍了美国总统的方方面面，对于初学者来说是不可多得的入门书。我相信读者从中读到的不只是历届美国总统的奇闻异事，而且是关于美国分权体制的深刻洞见，抑或对反思中国行政权的宪法设计有所助益。

是为序。

2012 年平安夜于北大陈明楼

本书献给旺达、伊丽莎白、露、鲍勃和露丝，这份礼物来自于他们／她们的兄弟。在某种程度上，我们一起完成了这项任务。

目 录

前 言

在本书写作之时，我正生活于我所经历的第十三任总统任内——从赫伯特·胡佛到乔治·沃克·布什。由于胡佛来自艾奥瓦州，我们住在中西部的家人们会相当自豪地谈论他，但是我并没有多少关于胡佛的记忆。对于其他总统，我则拥有深刻的个人看法和学术印象。我依旧记得1944年的一天，我来到南达科他州的坎顿，与我祖父母一起生活。那时，我正炫耀地戴着一枚富兰克林·罗斯福的徽章。祖父则让我摘下来。祖父甚至更不喜欢杜鲁门，尽管他坦率直言的风格时常让我想起杜鲁门。换句话说：如果他们能够相遇，他们将会很好地彼此了解。

在我读中小学到大学的那些年中，我一直关注总统，并且时常思索如何成为其中之一。富兰克林·罗斯福是我对总统的第一印象，所以尽管受到祖父的影响，我仍然认为他们是超人。后来，我意识到是我对于他们的期待超出了常人的范畴。我因此关注着总统们的来来往往，着迷于他们能够很好地履行各种职责：通过正面行为赢得赞誉，在作出负面行为而必然遭受责备时，那些赞誉便成了定盘之星。

应付不成比例且时常相互冲突的期待是本书的主题。引人注目的是，费城起草宪法之时面临的驱策力时至今日依然明显。我们希望让总统为政府中的一切事务负责，但是我们并不希望他们掌握太多的权力。于是，我们通过赋予权力，然后审查、制衡并分享这些权力的方式来筑起藩篱。

使整个体系恪尽职责，使所有参与者能够不论时间与议题差别而致力于体系运行，这才可能实现公平。毕竟，各位总统也都是匆匆过客，很少能够得到自己想要的全部，而且发生的大多数事件都是别人（包括前任政府[①]）的行为导致的。麻烦之处在于，体系并不是个人性的或者私人性的，因此很难说事态恶化该归咎于谁。然而，我们通常需要问责机制，这是千真万确的。因此，总统们就屹立在那里，担任着行政首长，名扬天下。这是他们恪尽职责的时代——我们甚至用他们的名字来称呼政治时期：罗斯福时代、艾森豪威尔时代或者克林顿时代。

在这本“极简介绍”中，我力求描绘分权体系之下总统领导权所面临的各种挑战。行政问责制是这个体系的一部分——它与总统职位如影随形。国会议员需要对不同的选民群体负责，法官们则需要对法律尽忠职守。我们并不敢绝对确定这一体系将延续下去，但是它在过去已经如此前行。我已经尽力解释为什么如此，并努力促进人们去理解这一体系是如何运行的。

查尔斯·琼斯

于弗吉尼亚州韦特格林

① 原文为administration（行政分支），与government（政府）有所区别。考虑到国内用法惯例，此处仍译为“政府”。——译注

致谢

我要向若干学者、记者和政治人物表达谢意；在过去这些年中，他们教给我关于总统制的若干知识。致谢名单太长，在此无法一一罗列，不过注释和参考文献中已经引用了其中一些人的成果。毫不奇怪，迪克·诺伊施塔特[①]位于名单首位。熟悉其研究工作的人们将会发现他对本书字里行间的影响。

鉴于本丛书之目的，我曾经向一些非专业人士请教，请这些关心政治的朋友和邻居对我的最初写作计划予以回应。来自戴维与乔治娅·奥凡、鲍勃与凯西·诺尔斯、卢与托尼·琼斯、雷吉·霍尔以及薇拉·琼斯的评论对我的写作大有助益，其中充满常识性的建议，对此我都一丝不苟地听取。三位匿名学术评审人也对写作计划提供了有益的反馈。

当时任职于牛津大学出版社的凯特·哈米尔，与我一起进一步完善了写作计划，并让我确信这项工作值得一做。在各章完成后，德迪·费尔曼接任编辑。她拥有一种非凡能力，能发现哪里仍待改善，并能估计作者是否有能力获得更大成功。她在编辑过程中的敦促鼓励与本书目标相得益彰，在实质上大大改善

① 与后文出现的理查德·诺伊施塔特为同一人。“迪克”是“理查德”的昵称。——编注

了书稿。

牛津大学出版社的其他同事也在关注本书创作过程的同时提供了帮助。除了让原稿变身成书外，米什尔·博韦还搜寻并发现了若干恰如其分的图片。海伦·马尔斯为编辑过程以及其他细节工作把了关；玛丽·萨瑟兰细心地编辑润色了本书文本；此外，彼得·布里加蒂迪与马利·努科尔斯搜集并编排了全书的索引部分。他们使得书稿在每一个环节都得到了巧妙的处理，对此，我十分感激。

本书献给我才华横溢的兄弟姐妹们。我永远感激他们的真爱、支持与幽默。事实上，在这个不怎么好玩的世界中，我们是一个非常有趣的团体（不管从哪方面来说）。

第一章

创造总统制

试想，你正处于开国奠基的时刻。谁来执掌国家大权？如何遴选掌权者？将会产生一个还是多个领导者？如何组建政府？政府能持续发挥作用吗？形形色色的问题摆在美国开国元勋们，如詹姆斯·麦迪逊、本杰明·富兰克林、亚历山大·汉密尔顿、古弗尼尔·莫里斯、埃德蒙·伦道夫、罗杰·谢尔曼和乔治·华盛顿等面前，他们都是那个时代最为卓越的政治思想家和公共事务实践者。

因为不想重复同时代的那些人所犯下的种种治理过失，开国元勋们开始探索新的答案。这种探求解释了，为何恭逢其盛会令人如此欢欣鼓舞，更别提可以与富兰克林共赴晚宴的荣幸了。1787年夏天，美利坚合众国宪法起草小组在费城的创造性成就，在随后两个多世纪的政治和政策争辩中被不断地解释和援引。

第一次建国，也就是1781年批准通过的松散邦联，最终归于失败。心切的政治家认识到其中的缺陷，并在犹为未晚之时聚到一起，设计出一个更具可行性的政府。他们的聚会与众不同。会上制定出一个独一无二的蓝图，这个蓝图最终被运用于这片横跨大陆的辽阔区域。漫漫历史长河中，鲜有条件如此有利于制度创新。

其中,最具试验性的创造就包括总统制本身。国家需要一种更加有效的领导机制,这种看法早已经深入人心。但是,在维持足够制衡以防止专制的同时,上述目标能够达成吗?因此,最终的目标是,去治理,而不是仅仅去控制,并且解决之道在于分权。在权力分散的宪政结构下,总统们能够立足于此并展开工作,从而增进并保持联合。思考一下这句话:通过分立达到联合(separating to unify)。对这一格言进行深思将增加你对费城经世伟业的钦佩,更不必说,它还为理解美国政府和政治提供了一个基础。

"总统制"(presidency)这个词本身并未出现在宪法之中。这张标签只是随后才被加诸政府的行政部门头上的。那时,行政主管被称为"主席"(president)。新罕布什尔州和宾夕法尼亚州当时就有这种职位,南卡罗来纳州也是如此。主持大陆会议和制宪会议的人也叫"主席",根据《邦联条例》选出来主持诸邦委员会的代表亦然[一个更生动的头衔本应是"无实权代表"(His Nonentityness)]。但是,后来用以称呼拥有行政权力及职能的机构的"总统制"并未出现。

为什么选择"总统"这个头衔呢?为什么不用在各州更为普遍的"总督"(governor)头衔呢?这一问题的答案显示了开国元勋们所面临的根本困境。可以理解,美国民众唯恐出现某个人像以前的英国国王那样行使行政权力的局面。实际上,《邦联条例》下的第一届政府并没有这样的行政机构。然而,在费城,开国元勋们已经达成共识:要想使治理更加有效,美国就需要一个行政机构。虽然在费城有与会者于不同时期提议使用"总督"这个头衔,但是,诚如一位历史学家所言,它"令人回忆起殖民时期那些令人憎恨的皇家总督和特许领主”[①]。“总统”这个头衔更加中性，盛气凌人感可能更弱一些；它源于拉丁语“主持”(praesidere)，实质上就是“主持、负责或统辖”(to preside)的意思。并且，这也正是制宪会议、大陆会议和邦联议会的各位主席所履行的职责；他们就是在主持会议。

就那时来看，“总统”称谓满足了对一个既不具有威胁性又振奋人心的行政头衔的需求。经历过英国统治和无执行能力的邦联等架构之后，“美国国民需要一个关于行政机构角色与功能的正面定义”[②]。国家元首的全新称号标志着这种诉求的开端。然而，分权体系中关于行政机构之权限与地位的争论才刚刚开始。所有总统都会斟酌自己在全国政府中的地位，原因正在于它从未得到明确地阐述。每位总统都必须找到各种方法来理解并迎接我向读者诸君提出的问题：如何在分权体系中达到联合？

乔治·华盛顿：开国总统

如果有一个营造行政权力的正面形象的机会就摆在面前，我们很难期待有谁能比首任总统乔治·华盛顿做得更好。他也许曾被称为“不情不愿的乔治”(George the Reluctant)，因为他曾经多次表示更愿意留驻弗农山庄而不是担任一国最高领导人。特别是，在那些热衷于从政者的熙攘声中，华盛顿并未恋栈，其不情不愿使他更加获得世人爱戴。

就在那里，他正襟危坐，主持着制宪会议；他的出席重新恢

① Forrest McDonald, *The American Presidency* (Lawrence, KS: University Press of Kansas, 1994), 157.

② Donald L. Robinson, "*To the Best of My Ability*": *The Presidency and the Constitution* (New York: W. W. Norton, 1987), 19.

复了人们的信心，人们相信每次扩充的总统职权都会得到明智而审慎地运用。南卡罗来纳州代表皮尔斯·巴特勒认为，“如果不是许多成员将目光投向华盛顿将军，视之为总统，并且根据对其德行的评价形成了关于应授予总统之权力的观点”，总统权力“可能就不会如此之大”①。他就是那位击败英国人后毅然解甲归田的将军。“阁下”(His Excellency)并不是他想要的称号。当然，实际上，1787年8月6日，一个委员会曾经在向制宪会议提交的报告中纳入这一头衔，但是，有人提议将这一头衔移除——该提议获得通过。

对华盛顿将出任国家首任总统的预期，也进一步促使制宪会议在实现政府各分支之间的平等和独立的道路上稳步前进。早期的提议曾偏向国会占据优势地位，行政机构由国会产生。但是，《邦联条例》的缺陷充分显示，有必要让行政机构拥有独立于立法机构的地位，也许应通过独立的选举来产生。华盛顿的性格特征和个人品质促使制宪会议将总统制设计成独立于国会的机构，从而有助于分权政府的发展。

创制伊始

大多数人都有过治理一方的经历，例如，治理学校委员会、商业集团、劳工联盟、慈善团体或房管协会(令人厌恶的政治)等。因此，如果身处制宪会议之中，你将会毫不惊讶地观察到各个委员会的形成过程。这些委员会行使的重要职能有：平息争议议题(或发现这些议题不可能平息)、改进各种提案、识别影响以及综合多方意见等。表1.1列出了制宪会议的各个委员会，

① Quoted in Richard J. Ellis, ed., *Founding the American Presidency* (Lanham, MD: Rowman and Littlefield, 1999), 9.

表1.1　1787年制宪会议各委员会

委员会	目的
全体委员会	实际上是提交弗吉尼亚方案作为工作文件（6月13日报告）
细则委员会	汇编得到赞同的议案以供进一步讨论(8月6日报告）
未决事务委员会	确定未决议题以供进一步讨论(9月4日报告）
文本委员会	准备倒数第二版的宪法草案以供审查(9月12日报告）

来源:作者汇编。

并罗列了它们履责的顺序。全体委员会旨在处理代表们抵达时的早期意见和计划,从而启动制宪会议;细则委员会在一开始的六个星期内汇总达成的协议与关于核心问题的待定提案；未决事务委员会应对那些未解决的和极富争议性的事件（包括与总统制相关的问题);文本委员会准备确定各条款的最终形式。如果你参加了制宪会议，那么成为未决事务委员会成员就会成为你的首选。请继续阅读从而明晰个中缘由。

制宪会议上最为显著的观点冲突来自反联邦党人和联邦党人;反联邦党人大多满足于对《邦联条例》进行修改,联邦党人则希望拥有一个具有真正权威的强化的中央政府。两派之间的观点和建议被融合进两份方案,提交给代表们。新泽西方案与《邦联条例》修正版之间无甚差别;弗吉尼亚方案则试图创造一个更为有力的合众国政府。然而,两份方案都不如最终的文件具有开拓精神。

任何政制重建，关键都在于确立一个独立选举产生的行政机构。该议题的题中应有之义是分权是否实际存在。无须惊讶，总统制的谋划是经过深思熟虑的。恰如亚历山大·汉密尔顿后来在《联邦党人文集》第67篇所言："我们体制中几乎没有哪一部分比这个[执行部门]更加难以安排；更没有哪一部分受到这样不加掩饰的攻击，或者受到这样没有见识的批评。"①

对于汉密尔顿所间接提及的白热化争论，人们可以从一系列决定中发现其踪迹，这些决定最终形成了规定行政权力的宪法第二条。制宪会议屡次徘徊于关涉行政长官遴选和行政权力的基本议题。为什么呢?对曾经起草州宪或在州宪之下效力的制宪者及其朋友而言，组织立法机构和司法机构是驾轻就熟的事。但是，他们却对如何创造一个分立而独立、重要且持久的行政机构不甚熟悉。许多代表对赋予行政部门过多权力心存恐惧，他们知道，华盛顿的继任者们不会都像他那样，无意于追求或攫取那些权力。实际上，即使是支持强有力中央政府的联邦党人，最初也支持弗吉尼亚方案所规定的由国会产生行政机构。

制宪会议关于总统制的工作主要分为四个阶段：(1)在6月上旬检验各种想法；(2)在7月中旬更为认真地审议各种议题；(3)8月对委员会报告作出反馈；以及(4)在9月上旬修订并通过最终安排。实际上，对行政机构的设想经历了由国会产生并受国会制约，到由独立选举产生并拥有重要的内政外交政策权威的变化过程。

针对行政机构所展开的辩论，主要议题包括遴选机制、长官人数、任期长短、续任、免职解职和权力分配等。所有问题都很关键，但是遴选问题决定了权力分立问题，因为国会选举的总统

① 译文引自：[美]汉密尔顿、杰伊、麦迪逊：《联邦党人文集》(程逢如、在汉、舒逊译)，北京：商务印书馆 1980 年版，第 342 页。——译注

难以真正独立于立法分支。因此这才是讨论的起点。

遴选机制

直到9月,制宪会议才最终决定独立选举行政机构。弗吉尼亚方案和新泽西方案都提议由立法机构来选举行政机构。分歧在于弗吉尼亚方案倾向于两院制的立法机构，新泽西方案则支持一院制的立法机构。

通过两院制立法机构来遴选的提案被纳入了6月13日全体委员会的报告，并在随后被纳入8月6日细则委员会的报告中。但是，两份报告都没有包括关于投票的详细规定。细则委员会报告只是简单地叙述道:“阁下”(为总统提议的称号)“将通过立法机构投票选举产生。”

一旦有政治党派产生，通过立法机构来选举行政机构将最终形成一个议会体系。无论哪一个政党、政党联盟抑或党派,如果能够在议会占据多数席位，都将可能选举本党成员担任总统。这样一来,美国就将由一个一元的而非分立的体系来统治。也就是说,其中一个分支——立法机构,将选择另一个分支——行政机构的领导人。但是,无论如何,权力的分立都要求行政机构和立法机构的选举是分离的。

由立法机构选举行政首长的方案作为最初的出发点而得到批准。虽然如此,代表们还是在这一议题上分裂为两派,即警惕独立行政机构的一派（反联邦党人）和支持强化行政机构的一派(联邦党人)。反联邦党人支持由立法机构选举的方式;联邦党人则支持普选，或为选举行政机构而先选出选举人。在该事项上,分歧是如此之大,附属议题是如此交叠(例如任期长短和续任问题),以至于最终决议留给了未决事务委员会。恰好,支持独立行政机构的人在委员会中占据多数,“选举人团”(Electoral College)由此而生。总统普选从未得到与会代表的充分支持,因此必须寻找其他制度,就其实质而言,应是一种兼顾立法机构和各州利益的混合物。

选举人团制度使许多美国人,实际上也使所有外国人感到迷惑。然而,它并非故意想制造混乱(尽管一个既没有教师也没有学生的机构被称为“College①”,含义并非足够清晰)。这个提议是协调各种冲突性观点的一次精彩尝试。立法机构本来希望通过两种重要方式来承担总统选举之职:(1)每个州的选举人数等于基于人口而分配给每州的代表席位数加上其两个参议员;(2)如果没有候选人获得多数选举人票,众议院将以州而非个人为单位投票选出总统。以个人为单位投票的参议院将在这些情形下选举副总统。最后,各个州将决定如何委任这些选举人,包括由公众选举产生这一方案。

制宪会议最终以9比2的表决结果批准了这项方案(以州而非会议代表个人为单位投票),相同的比例原本支持由立法机构选举行政机构,这是代表们思想的一个显著转变。这样,通过分离立法机构和行政机构的选举,分权就被牢固地纳入了宪法之中。后来在现实中形成的实践是,总统候选人在全国范围内竞选以获得多数选举人的支持,参众议院候选人分别在州内和议会选区内展开竞选活动。结果是,形成了三种相互关联的对选民的全国性评估,分别基于总统、参议员和众议员的选举结果。

一个还是多个?

《邦联条例》中的政府按规定是一个“各州委员会”,其中每

① 常用义为“大学、学院”。——译注

州一位代表，它负责“管理联合起来的各州的一般事务”。其中的一位代表被委任为“主席”，这一职位在委员会三年任期中任职不超过一年。这项规定的局限——主席在行政委员会中工作时面临严格限制的任期——恰是宪制修改的主要动机。因此，设计更加有效的“一般事务”管理机制必须考虑这个问题：是设置一位行政长官，还是设置一个委员会或理事会。

鉴于《邦联条例》下的政府失灵和各州大多数行政制度的缺陷，如果会议代表中有任何人支持设置多位行政长官，这将会令人惊讶。但是，最年长的代表本杰明·富兰克林，却是这一方案的倡导者，他曾支持在家乡宾夕法尼亚州设置十二人行政委员会。特拉华州的约翰·迪金森也支持三人组成的行政机构，分别负责东北地区、中部地区和南部地区各州。新泽西方案则规定支持由国会选举多元行政机构（人数未定）。

在会议上，代表们很早就针对单一行政首长的议案进行辩论，并于6月4日以州为单位7比3表决通过。其后，对该议题并未再作严肃的重新考虑。且不论行政首长如何被选举、在职任期为多长时间、续任者需要何种资格，已经确定的是行政机构将由一个人领导。

任期和续任

单一行政首长应该任职多长时间？就现在而言，四年任期看起来很明显，但是会议代表在议程中达成这一共识相当之晚。并且，任职者应该被任期所限制吗？这些都是制宪会议上存在的有争议的议题，因为它们与新政府中行政权力的核心紧密相连。《联邦党人文集》大多数文章的执笔人汉密尔顿，在第71篇中解释了较长任期的好处：“凡人对其拥有之物，其关心程度均取决于其所有权是否可靠，这是人性使然；所有权具有临时或不定的性质，就比较少重视，而所有权具有长期或肯定的性质，则会更加重视；当然，为了后者也就比起为了前者更加甘冒风险。”[①] 然而，虽然任期持久，民选的行政首长任职时间过长则具有终身君主的特征，而君主是大多数美国人所蔑视的。因此，任期越长，行政首长丧失再次任职资格的可能性就越大。

在这一议题上，制宪会议既不愿模仿各州体制，也不愿模仿《邦联条例》的规定。二者都以每年一度的选举为特征，经常包括某种形式的任期限制（例如，候选人在继续任职之前必须等待以年计算的一个时期——当然年数有所变化）。大多数与会代表都认为一年任期过于短暂；但是，无论在职时间长短，那些担忧强有力的中央政府的反联邦党人都对允许连任心存疑虑。为什么呢？因为有些规定一年任期和有连任资格的州，会一而再再而三地选举出同一个州长。在规定三年任期的纽约州，选民们选举乔治·克林顿担任州长多达六次。“所以，毫不奇怪，为什么如此多的美国人担心连任资格意味着终身总统的出现。”[②]

不足为奇的是，代表们在费城提交了关于任期期限与连任规定的多份提议。缺乏不同任期的历史实践，一个人关于任期长短的好坏估计并不必然比另一个人的看法更为优越。在会议早期，代表们同意行政首长只能任职一届，时长七年。后来，无资格担任第二任期的规定被取消了，但在7月下旬又被重新纳入。

---

① 译文引自：[美]汉密尔顿、杰伊、麦迪逊：《联邦党人文集》（程逢如、在汉、舒逊译），北京：商务印书馆 1980 年版，第 363 页。——译注

② Quoted in Richard J. Ellis, ed., *Founding the American Presidency* (Lanham, MD: Rowman and Littlefield, 1999), 98.

对最好方案的不确定，使得会议代表们一直在不断地改变主意。我将关于任期的辩论描绘为一种针对任期的拍卖："我赞成六年。我听到七年了吗？七年？六年半？"在不同阶段，若干提议包括：可连任的六年；单届的八年、十一年、十五年和二十年任期；或十二年中不超过六年的任职；以及只要尽忠职守即可保持职位(实际上对品行良好者而言就是一种终身制)。许多会议代表都参加了这个数字游戏。

面对着不同的提议和不确定的效果，任期长短和连任问题被提交到未决事务委员会，对全体会议上无法解决的议题，这是一种方便且有用的方式。(你开始理解我为什么推荐这个委员会了吗？)

未决事务委员会最终决定任期为四年，这较之此前所提议的期限为短，但并不限制第二任期或随后的任期。对支持强有力行政机构的人而言，该方案意味着一种胜利；在各州批准宪法的辩论中它受到了批评，因为热衷于终身任职的行政首长会导致选举人团中的选举人舞弊。

正如后来所发生的，乔治·华盛顿功德无量地帮助人们消除了这些疑虑。1796年，他拒绝了第三次任职，因此似乎引入了两届任期的限制，这一限制直到1940年才被打破，当时富兰克林·罗斯福竞选连任了第三任期和随后的第四任期。1951年，限制总统任职最多两个任期的宪法第二十二条修正案获得批准。从此之后，华盛顿的先例正式成为宪法的一部分。

职权解除

1998年，美国人民切身体会了弹劾总统的相关事宜。根据宪法设置的程序，比尔·克林顿总统被众议院弹劾，由参议院审判并被宣告无罪。美国最高法院首席大法官威廉·伦奎斯特主持了参议院的审判。

在1998年至1999年支持总统的那些人当中，有许多人质疑指控者的正当性，宣称他们实际上是在试图废除克林顿在1996年所赢得的连任。这个观点让人想起亚历山大·汉密尔顿对总统弹劾议题的总结，如《联邦党人文集》第65篇所述："在完全民选的政府中建立审议弹劾案的完善法庭，虽甚需要，但绝非易事。"[①] 汉密尔顿准确地预测到引发弹劾和审判的指控将会"煽起整个社会之激情"[②]。因此，指控和审判公职人员的过程必须得到细致地设计。事实上也的确进行了细致设计。

弹劾是对行政行为和司法行为加以界定和施加限制的一种方法，实质上是要确保无人可以僭越法律。开国元勋们所使用的这个概念衍生于英国法律。"他们[制宪者]在起草弹劾条款时最明显地采纳了那个[英国]法律。"[③]最终，弹劾的实质内容和程序都复制了英国的实践。"叛国、贿赂或其他重罪和轻罪"(宪法第二条第四款)诸条款便是在英国法律中使用的。"叛国"和"贿赂"明显足以使总统遭到弹劾；"重罪和轻罪"则没有那么确定，但更容易被当作引发控告的基础。相应地，激烈的辩论也很容易出现在某位总统成为目标的极少数场合中（仅有两例：1868年的安德鲁·约翰逊和1998年的比尔·克林顿；此外，理查

① 译文引自：[美]汉密尔顿、杰伊、麦迪逊：《联邦党人文集》(程逢如、在汉、舒逊译)，北京：商务印书馆 1980 年版，第 332 页。——译注

② 同上。

③ Raoul Berger, *Impeachment: The Constitutional Problems* (Cambridge, MA: Harvard University Press, 1973), 54.

德·尼克松在1974年辞职之前，也被威胁使用弹劾条款）。

提出充分指控以发起弹劾和审判的职责，分属公众选举的众议院和精英选举的参议院；众议院负责实际弹劾的工作；参议院（在1913年宪法第十七条修正案批准之前，由州立法机构选出）负责审判。其实践也遵循英国模式，即“平民（下议院）担当公诉人角色，贵族（上议院）则负责审判”[1]。

但是，制宪者们也熟悉各州宪法的弹劾条款。那些规定弹劾条款的州提供了若干审判方法。所以，对于汉密尔顿所提出的

图1.1 1868年，参议院作为法庭来审判被弹劾的安德鲁·约翰逊总统的解职问题。与1999年的克林顿一样，约翰逊也被宣告无罪。（《安德鲁·约翰逊总统的弹劾审判》，木雕作品）

① Raoul Berger, *Impeachment: The Constitutional Problems* (Cambridge, MA: Harvard University Press, 1973), 54.

解除民选官员职务的问题，制宪者们了解各种处理方式。

在8月6日提交报告之时，细则委员会决定在进入最高法院程序之前对弹劾进行审判，这也许模仿了英国担负司法功能的贵族院。这项提议充满争议。如果大法官受到弹劾，谁来审判他们？猜测一下发生了什么？该项议题留给了未决事务委员会。和选举人团事宜一样，未决事务委员会作出了一项精彩的妥协。参议院负责审判案件，以三分之二多数同意而达成解除职务，最高法院首席大法官主持审判。相应地，最高法院也发挥功能，绝对多数的要求将“帮助参议院超越党派偏见并以相对冷静的方式来思考”①。（克林顿案出现的情形被视为印证了这一点。）

在代表们的心目中，解职条款与选举、连任选举、任职期限条款是相联系的。如果缺乏弹劾和解职的方法，反联邦党人和对强有力的联邦政府心存疑虑的人们所担心的事很可能会变成现实。将这些措施包括进来，符合权力制衡原则，该原则对分权制度至关重要。

分配和界定权力

根据定义，行政权力倾向于是衍生性的。行政行为的发生要求有一个对象。法律在制定之前不能付诸实施；标准的设立并非存在于抽象之中，而是为了达成一个全体同意的目标。因此，完全符合逻辑的是，开国元勋们首先勾画出国会权力，然后予以明确规定：“行政权力赋予美利坚合众国总统”，最后在宪法第三条中概括出法院的司法权力。其顺序——第一条：国会；第二条：总统；第三条：司法——遵循着治理的一般过程，即从法律制定到执行再到审查。

---

① Ellis, *Founding the American Presidency*, 237.

这一点也解释了为什么无须具体规定每一项行政权力。例如，宪法第一条第八款说明“国会有权规定并征收税金”就足够了。这项明确规定暗示，行政机构将执行国会指令所要求实施的事宜，例如从法律具体规定的个人和团体手中征收国会规定的税金。在收入税方面，大多数美国人都知道其如何运作：该税由一个行政机构——美国国家税务局——负责管理。

但是，宪法也必须界定一些行政职能。谁来进行关键职位的任命？谁来统帅军队？谁来缔结条约并承担其他外交政策职能？总统的立法角色为何？当面临国家和国际危难之时，谁来因应？这些都是最重要的与治理相关的议题，对它们的处理权本来既可以分配给国会也可以分配给行政机构。有益的提醒是，这些问题的答案现在已为人们所熟知，但是在1787年，每个问题都必须在分权的总体原则背景下予以探讨、辩论和最终解决。

人事任命

鉴于分权体系下各机构之间不可避免的竞争，人事任命权的分配必定会引发争论。国会应该拥有制衡行政机构的权力吗？或者，这项特权对有效率的行政机构而言是必不可少的吗？谁有资格获得任命？特别是，国会议员能够同时在行政部门或司法部门任职吗？

如上所述，弗吉尼亚方案规定由立法机构选举行政机构，其实质是创立一个议会制或一元的体系。于是，这一方案允许立法者在行政分支中担任部长职位似乎就顺理成章了（例如，与英国的议会成员一样）。但是，事实上它并未如此。立法者不但“无资格担任特定州或美国权威下设立的任何职位”，并且也不能在离开国会后一段时间内担任。

代表们就“不适任”条款进行了广泛而深入地辩论，并形成不准同时任职的一致意见，但是关于离任后一段时期内不能任职这一点，代表们提了一些重要问题。这一问题最终得到解决，议员们在立法机构任职期间无资格担任行政部门职位的规定得到批准；但是，并没有追加条款禁止任命已离开国会的立法成员——如我们所见，此后许多离开国会的立法成员得到了任命。

对分权体系的塑造而言，非常关键的问题是由谁来作出任命决定。每个分支的地位都非常紧要。弗吉尼亚方案提议由立法机构来设立法庭并任命法官。通过赋予参议院任命法官的权力，这项条款较早地在制宪会议中得以完善。细则委员会8月6日的报告将各项任命权分配如下：财政部长由立法机构任命；大使和最高法院法官由参议院任命；总统则负责任命“本宪法未作规定的其他官员”。

与其他议题一样，未决事务委员会选择了一个以行政部门为主导的过程，这是制宪会议此前从未表决过的议案。总统获得了提名的权力，“在征求参议院建议和同意的前提下”，任命“大使、公使、最高法院的法官，以及一切其他在本宪法中未作规定的合众国官员”。委员会建议的文本言辞精确到与最后批准的文本基本一样。总统也被赋予权力来填补参议院休会期间出缺的职位，国会可以以法律把低阶官员的任命权“授予总统一人，授予法院，或授予各行政部门的首长”（宪法第二条第二款）。最后，未决事务委员会再一次支持在三个机构之间保持制衡的权力分配方案。假如是你的话，你将如何对这一议题进行投票？

军事

总统拥有的最大权力之一在制宪会议上却寥寥几个字一表

而过:“总统为陆海军的总司令。”从表面上看,这似乎认定行政首长将管理民兵，这和各州的情况相符。当然，更关键的问题是,哪个分支可以宣战。

尽管宣战极其重要,它在费城却只得到较少的注意力。因为由总统来指挥民兵团体已经被接受,国会拥有宣战权就得到普遍承认了。唯一的问题是,它是否只是参议院的特权,国会是否拥有权力“发动战争”或者“宣布战争”。发动战争意味着应对和指挥。细则委员会的报告使用了“发动战争”的说法,但是经过会议代表动议,文本被更改为“宣布战争”。诚如一位代表指出的,发动战争可能被理解为“实施”战争,准确说来,这是一项行政职能。

缔结条约

在缺乏行政首长的前提下,外交政策和条约缔结必须由《邦联条例》下的一元立法机构管理。那么,不可避免的是,如果他们同意分权体系，制宪会议就必须决定如何分配这些事宜。同样可以预期的是，就像在会议过程中发生的一样，加强行政机构将包括强化总统在外交政策中的角色。毕竟，在两院制立法体系中并没有设置单一领导者。即便如此，直到制宪会议的最后几周,缔结条约权才从参议院转移到总统手中。

意料之中,未决事务委员会又一次加强了总统的职权,其报告指出:“总统有权缔结条约,但须征求参议院的意见并取得其同意……但是须出席的参议员中三分之二的人同意。”如詹姆斯·麦迪逊所记录,辩论主要集中在三个议题上:加入众议院的建议和同意,缔结“和平条约”不要求三分之二多数同意,以及参议院多数票同意即允许缔结条约。第一条修正方案和第三条修正方案被否决，第二条修正方案最初被接受，后又在审慎考虑之下被否决。因此,宪法的定稿认定总统为国家元首,拥有在参议院建议和三分之二多数同意之下缔结条约的权力。

在实践中，这项权力赋予了总统在外交关系上的主动权以及在国际上作为国家领袖的身份。然而，它也让外国领导人得知，美国政府的主要决定通常要涉及两个或更多的政府分支。宪法中的许多条款可以被视为分权体系如何运转的说明书（**通过分立达到联合**）。缔结条约条款仅是其中之一。

立法角色

是否赋予总统立法或法律制定的角色，是制宪会议上引发众多辩论的主题。大多数讨论聚焦于总统对参众两院通过的立法的否决权。辩论的焦点在于应该采取何种否决形式，以及国会应如何推翻总统的否决。一个相关议题是司法部门是否应介入否决程序。弗吉尼亚方案提议设立一个由行政机构和司法机构组成的"复审委员会"来审查立法,并予以"拒绝"或者否决。在费城会议上,这项提议被三次提出,但是每次都被否决。在这一议题上，你将如何投票——实质性地审查已通过的法律之合宪性,而不是在法院等待诉讼?

否决权观念本身已经被广为接受。支持行政机构主导的人,如亚历山大·汉密尔顿,想要实现绝对的否决权,即立法机构不再有追索权。这一立场被彻底击败。汉密尔顿参加的这次会议可没那么好说话！问题现在变成了推翻总统否决权所要求的最低票数，这种推翻的结果是在总统反对之下依然使立法成为法律。在8月6日的报告中，细则委员会将最低票数设定为两院中每院全体成员的三分之二多数。后来批准了一项动议，将门槛提高到四分之三多数，但是在制宪会议的最后几天中又被改回三分之二多数。三分之二多数被证明为一个很难跨越的障碍。只有极小部分被否决的法案,因为否决又被推翻而变成法律。

一段时间之后，具有较少争议的立法权对加强总统的立法地位将变得极为重要。其中,三条相互关联的条款尤其关键。

- “他可以要求每个行政部门长官提出有关他们职责的任何事项的书面意见。”(第二条第二款)
- “总统应不时向国会报告联邦的情况……”(第二条第三款)
- “[总统应]向国会提出他认为必要和适当的措施,供其考虑。”(第二条第三款)

这三项条款为一位积极主动的总统向国会指定议程提供了宪法权威。第一项鼓励总统利用各部门“长官”的建议来形成提案。第三项赋予总统将上述情况和提案进行整合并推荐给国会的权力。第二项则规定了向国会报告联邦状况的正式机制。在实践中,这种“不时”已经变成总统一年一度向国会盘点工作和设定议程的一种信息机制。实际上,伴随电视的到来,总统的信息汇报成为“国家盛事”之一,如总统本人、他的支持者以及他在国会和新闻界的批评者所言，它呈现了我们作为一个民族国家而存在。

最后，总统负责“注意使法律得到切实执行”(第二条第三款)。这是一种“包罗万象”的用语,它被纳入8月6日细则委员会的报告,并被保留在9月12日文本委员会的最终报告中。在界定行政权的意图方面，这也许是最好的做法，但是其精确意涵和应用依旧模糊。然而，总统仍要依赖这一条款来赋予那些难以从宪法的明示权威或现存法规中获得合法性的行动以效力。从历史发展来看，总统诉诸这些条款也争议连连。因为，当运用到重大议题上时，缺乏精确含义会导致肆意变化甚至常常是具有党派偏见的解释。

结论

发明者便是问题解决者。一般地，他们修修补补直到相信已达到一个可运行的方案。经常的状况是，发明者事先并不知道其发明创造能够运行多好或多久。当开国元勋们致力于创造行政分支时，他们都是认真严肃的设计家。在工作过程中，他们塑造了分权的政府。他们拥有指导其探索的理论知识，却鲜有在一国范围内运用这种形式的经验。依理查德·诺伊施塔特所言，开国元勋们贡献的是"由**分享**权力的不同机制组成的政府"[①]。如上所述，行政机构的角色展现如下：

通过在政府中分享权力并获得具有竞争力的地位，行政机构从弱小向强大迈进。最早的决定意在建立一个国会政府，通过国会来遴选行政首长，行政首长不享有人事任命和缔结条约的某些关键权力。后来的决定确立了一个能与其他分支分庭抗礼，但并非一定能够经常凌驾于它们之上的行政分支。

强有力的行政机构有助于塑造一个分立而非一元的政府体系。《邦联条例》中的治理权力集中于国会之手。创立分享治理权力且由独立选举产生的行政机构，产生出一种前无古人的崭新政府形式——分权。

---

① Richard E. Neustadt, *Presidential Power: The politics of Leader-ship* (New York: John Wiley, 1960), 33, 黑体强调出自原文。

表1.2 总统权力与国会分享的权力(美国宪法规定)

总统权力	国会分享的权力
否决权(第一条第七款)	参众两院以三分之二多数推翻否决(第一条第七款)
选举(第二条第一款;第十二条修正案)	规定时间；在无候选人获得选举人团过半数票时，由众议院选定总统,由参议院选定副总统(第二条第一款;第十二条修正案)
总司令(第二条第二款)	“宣战……招募陆军和供给军需……建立和维持海军”和其他权力(第一条第八款)
缔结条约(第二条第二款)	参议院建议和三分之二多数同意(第二条第二款)
遴选任命(包括驻外大使、公使和最高法院法官)	参议院建议和同意；将低级官员的任命权授予他人(第二条第二款)
向国会通报联邦状况并推荐因应措施(第二条第三款)	“制定一切法律”(第一条第八款)“除了依照法律的规定拨款之外，不得自国库中提出任何款项”(第一条第九款)
副总统职位出缺时提名副总统(第二十五条修正案)	参众两院多数通过（第二十五条修正案)
免职(第二条第四款)	众议院拥有弹劾的专有权力;参议院拥有审判弹劾的专有权力(第一条第二、三款)

来源:作者汇编。

分享权力的分离机构在运行中所受到的制约，恰恰暗含于它们必须分享权力这一点。如任何有兄弟姐妹的人所知，分享可能显得很礼貌，甚至很合群，但是留给你的部分的确变得少了。分享能够引发竞争，以获得尽可能多的一部分。开国元勋们对这一趋势一直非常敏感并致力于施加各种限制，经常在条文中强制要求跨部门协商和合作（参见表1.2）。因此，即使是强化的行政部门也被制衡原则所限制。

分权体系要实现有效的治理，需要每个机构为其他机构考虑。这个原则似乎主宰着开国元勋们的思维。运用到总统制上，它为本书主题提供了一个原理：总统不是也不能如大多数人想象的那么有权力。开国元勋们所创造的是一个比美国当时的任何行政机构都强大得多的行政机构，但是其力量和效力只能基于与其他分支的协调方能实现。这是**通过分立达到联合**的实质所在。在创制过程中的任何时刻，都没有出现任何实质性的观点，认为开国元勋们发明总统制就是为了确立**总统制政府**（presidential government）。他们想要的是有效政府，即总统通过充分考虑其他分支扮演的合法角色来领导的政府。

创造并强化总统制确保了分权体系的出现。但是，如此行事并未将美国从国会主导的体系转变成为总统主导的体系。这一点给我们的启发不言自明：研究总统制需要关注总统在权力分享和权力竞争的分立政府中的地位。

第二章
总统制就位

在新政府中设立总统制还需要回答两个与地理位置相关的问题：首都位于哪个城市？总统本人在哪里生活和工作？此外，还有一个关系到长远政治利益的问题：这个新生的行政机构如何与其他分支配合工作？

如后来所发生的，制宪会议在评议中逐渐形成的那个分立原则似乎能对这三个问题予以回应。首都将坐落于一个中心位置，差不多处于北部和南部的中间地带。国会和总统的办公地点将在这个城市中隔开一段距离，由一片沼泽隔开两座建筑。除非无法在选举人团中获取多数支持，总统候选人们无须通过国会投票来取得胜利。虽然他们在所获得的授权方面是互相依赖的，在选举方面却将彼此独立。

今天，前往华盛顿特区的访客也许很难相信，乔治·华盛顿就任美国首任总统之时这座城市尚不存在。1789年4月30日，华盛顿在联邦大厅阳台上作了就职宣誓，这个大厅位于纽约华尔街与百老汇街交汇处。然而，纽约并非行政首长的长久的就职地点。

为确立政府的永久工作地点，早期曾经发生过一场争论。多位国会议员曾经提议将他们自己的州或地区作为首都。1790年7

月最终通过的《首都选址法》决定,沿波托马克河边划定区域设立首都，并授权华盛顿总统任命专门委员来确定具体地点。同时,政府将在1790年12月离开纽约迁往费城,直至1800年再迁往新址。随后,位于中心位置的崭新的“联邦城”(Federal City)将担负国家首都功能。

首都选址的首要问题业已解决，接下来待决定的便是首都在波托马克河畔的精确位置以及城市的设计问题。马里兰州划出了河东北部的土地，弗吉尼亚州则划出河西南部的土地（并未使用,这一部分日后被弗吉尼亚州收回）。华盛顿总统选定了具体地点，从弗吉尼亚州亚历山德里亚开始横跨波托马克河，与弗农山庄相距不远。此后,他委任曾在大陆军服役、出生于法国的工程师皮埃尔·查尔斯·朗方少校来规划设计联邦城。

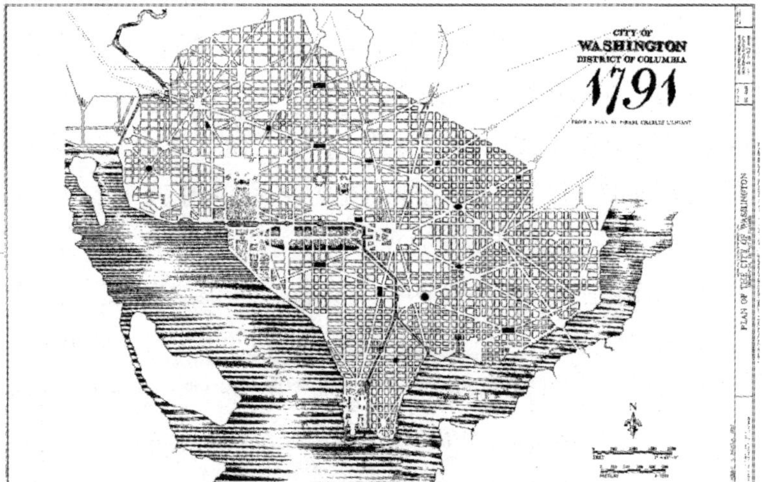

图2.1　朗方少校设计的“联邦城”,随后以乔治·华盛顿之名命名。(国会图书馆图片与摄影部)

朗方的设计并未得到全面的采纳，并且华盛顿在中途解雇了这个容易激动的设计者（“朗方”在法语中是“孩子”的意思）。但是，当代的大多数人还是能够从朗方的最初设计，包括宽阔的街道、开放的空间区域以及错落有致的斜线网格中，看出今天华盛顿特区的样子。正如制宪会议希望避免权力集中，联邦城并未给政府留出中心区域。“朗方的设计在物理空间上分开了权力，有意或无意地对这一政治观念给出了一个地理性的表达。”①

新首都设立三大政务中心，分别是国会、总统府和位于司法广场（尽管最高法院从未坐落在那里）的法院。行政分支和立法分支相隔最远（超过一英里），法院位于二者之间。这种分隔很容易培养出大为不同的社区，这种趋势在早期就已出现，并且随着国会和行政机构工作人员的增加而持续了下去。② 实际上，各分支之间的距离使得各社区可以互不妨碍地发展，不过这种局面在沼泽被抽干之后就不复存在了。

按照设计方案，最初被称为“总统府”的建筑既是居住地点也是工作地点。这座建筑也被称为“行政大厦”，在詹姆斯·麦迪逊和詹姆斯·门罗任期中开始被称为白宫。“白宫”这个名字的来源尚有争议。③ 最有说服力的解释是，1812年，它被战争的大火严重毁坏，重建后被粉刷成白色。

因此，关于任职处所的第一个问题和第二个问题的答案是，

---

① Gerhard Casper, *Separating Power: Essays on the Founding Period* (Cambridge, MA: Harvard University Press, 1997), 102.

② 参见 ibid., ch.4。法院的发展并不明晰。1935 年前，联邦最高法院一直设立于国会大厦；此后，它搬迁到国会山上的建筑中，也就是现址。

③ 详情见 Gilson Willets, *Inside History of the White House* (New York: The Christian Herald, 1908), 39–40.

总统官邸将设置在一个被指定为首都的新城市，并与国会隔开一段距离。1790年，这个城市以首位总统之名命名，这是由华盛顿任命的三位专门委员作出的决定，他们协助华盛顿在波托马克河岸确定了新首都的地址。有趣的是，华盛顿从未居住在这座以他的名字命名的城市里。他是唯一一位从未在白宫居住的总统。当首位入住的总统约翰·亚当斯发现白宫透风、潮湿并且没有洗澡间的时候，华盛顿如果知道，一定感到庆幸。

关于政府中总统位置的第三个问题，其答案最初依赖于宪法第二条规定的行政分支的框架。对于行政首长，制宪会议存在三种明显不同的观点：(1) **绝对总统制**（presidential presidency），行政机构主导的分支；(2) **国会总统制**，行政机构由国会遴选并因此依附于国会；以及(3) **分权总统制**，行政分支和立法分支分享并竞争权力。

亚历山大·汉密尔顿是绝对总统制的主要倡导者。他提议行政首长应该被称为“总督”(Governor)，并且只要“品行正当”便可得到选举人选举，实际上是一种终身制。总督将具有绝对的否决权、身为总司令的全部权力、不受节制的主要部门人事任命权，以及在参议院“建议与赞许”下的缔约权。

如果这项方案得到通过，美国由谁来主事就没有多少疑问了。如后来所发生的，没有必要进一步考虑这个问题。在制宪会议上，汉密尔顿的方案很少或基本没有受到支持，因此算不上一个持久的视角。唯一的后续发展便是汉密尔顿本人，他被任命为华盛顿总统班底中的财政部长，任职超过五年，并持续地支持强有力的行政机构。

同样的结论却不适用于国会总统制和分权总统制的观点。制宪会议上，前一种观点得到反联邦党人强有力的拥护，他们一直警惕权力过大的行政首长和居于主导地位的中央政府。实际上，在1787年8月6日细则委员会向代表们提交的系列议案中，主要体现的是国会的主导性。国会将遴选行政首长，并具有某些行政功能（例如，参议院拥有缔约权）。

遵循这些思维的大多数议案都朝着使行政机构更加独立的方向进行了修改，这样的行政机构尽管不如汉密尔顿提议的强大，却更加独立于国会。然而，确定的一点是，那些害怕过于强大的行政机构的人们将会一直密切关注总统如何解读并运用其权威。实际上，从1787年至今，国会权力和总统权力之间的平衡一直是辩论的重点（例如，2006年小布什任期内，政府对恐怖主义嫌疑分子的通讯进行的监控）。

行政权力的最终版本采用了分权总统制，即独立选举产生行政首长，但是行政机构分享某些独立于国会的权力。这是三种模式中最具试验性的，因此也是随着时间推移最取决于解释的一种。重要的事件和人物将很容易影响这个没有先例的总统制的发展，正如对行政机构与其他分支协调运作的要求也很容易影响它的发展。这里体现着该项实验的胆识，即机构权力的分立既要足以防止专制，同时又不至于导致陷入僵局。

国会总统制？

本来还有什么其他选择？表2.1显示了细则委员会在1787年8月6日向制宪会议提出的关于行政分支的建议。这些建议与制宪会议的最初章程一致，即修改而不是抛弃《邦联条例》。其中几个提议也和会议代表作为出发点的弗吉尼亚方案所包含的方案相似。

表2.1 本来可能选择的国会总统制：细则委员会报告中的行政首长相关条款

条款	点评
由立法机构选举产生	在未决事务委员会报告出台之前似乎是主流观点
称呼为"阁下"	几乎确认行政首长为礼仪性的
七年任期	存在若干种提议，但是七年任期得到最多支持（在弗吉尼亚方案中）
无资格担任第二任期	鉴于任期较长，任职人丧失再次参选资格的规定也合情合理
参议院拥有缔约权、大使和最高法院法官任命权	这两种权力通常被认为是行政权力；将可能形成一个虚弱的行政机构
立法机构任命财政部长	赋予立法机构的另一项行政功能
国会议员无资格担任任何其他职位；参议员在离职后一年内无资格任职	由立法机构选择行政首长意味着是议会体系；规定立法委员无资格担任总统阻断了其发展
立法机构被赋予"发动战争"权	表明国会，而非三军统帅可以发动战争；后来改成"宣战"
联邦最高法院负责审判弹劾案	当审判法官的问题产生时，后来改由参议院负责

来源：汇编自细则委员会报告，见Charles C. Tansill, *Documents Illustrative of the Union of the American States* (Government Printing Office, 1937), 471–82.

8月6日的方案本来会创设国会总统制，本来不会有权力分立。国会遴选总统和财政部长；参议院任命大使和最高法院法官。以“阁下”称谓的总统只能任职一届七年。参议院任命的最高法院负责审判弹劾案。国会被赋予“发动战争”的权力；参议院负责“缔结条约”。

奇怪的是，这份报告居然包括一项禁止国会成员担任行政职位的条款，并且禁止参议员在离职一年之内担任这类职位。这一议案与通常从议会中任命部长的议会制体系有所不同。支持这一限制的会议代表，急切地想避免国会成员进行职位分赃而形成小阴谋集团。但是，这项安排却允许总统们选择其朋友和熟识之人担任相关职位，长久来看，这些人无须明确地接受国会问责，便可以获得显著的权力。

按照细则委员会的规定，国会将限定出总统在政府中的位置。一旦政党得以形成并发展成熟，其立法机构中的成员将遴选总统，并试图影响其人事任命。总统反过来将对其政党或政党联盟负责，这大致和英国的状况一样。除了得自所属政党的公共身份之外，总统并没有从选民中获得支持的独立基础。尽管如此，他们还是被限制为只能担任一届七年任期。

开国元勋们本有可能创造的是国会总统制，比邦联中规定的行政机构稍强一些，但不会创设一个足以满足分权政府标准的充分独立的行政机构。然而，这个早期方案显示出许多杰出代表对拥有一个强大、独立的行政机构的踌躇。因此，早期的总统们都已明了，要小心翼翼地界定自己的权位，如履薄冰地施展权力。

分权总统制

从1787年整个8月到是年9月，制宪会议步履维艰地向创设一个较少依赖于国会的行政机构迈进。在行政分支中创设一个手握重权且独立选举的总统职位，也许是新政府最为突出的特征。然而，如表2.2所显示，行政机构并没有被强化到汉密尔顿所向往的完全自决的程度。否决权可以被推翻，缔约需要参议院三分之二多数支持，重要的人事任命需要听取参议院的建议、得到其同意，并且作为三军统帅，总统需要从国会得到支持才能发动战争、支持并维持军队。

表2.2中所列的制衡措施足够严格，但是其目的并不仅仅是否定性的。开国元勋们正在塑造一个相互依赖的法律制定体系。体系的每一部分都支持并且推动其他两个部分的运转。制衡原则鼓励双向的磋商。在某些情况下，如缔约权和人事任命权，宪法甚至要求总统倾听来自参议院的“建议”。但是，深谙政治之道的总统们会意识到与国会山同僚进行沟通的必要性。如果他们希望自己推动的立法能够得到起草和通过，他们就需要得到沼泽彼岸国会山的支持。同样，如果国会成员希望自己的目标得到总统的支持，这些目标也需要对总统有利从而避免被否决。政党能够推动这种联系。同时，总统和国会二者都必须警惕最高法院关于所达成协议之合宪性的判决。

1789年，当这个经过修正的政府开始运行时，人们并不确定这种权力分配的混合体系能否运转以及如何运转。在相当程度上，它依赖于各种事件来检验这种“互锁”体系的应对能力。宪法第二条关于行政机构的寥寥数语对总统之角色提供的启示极少。有太多的东西没有写成文案或未加具体规定。大量的工作

表2.2　分权总统制:权力和制衡(宪法条款)

权力	国会制衡
议案否决	参众两院重新考虑并且三分之二多数通过
拒绝签署法案	十天内(周日除外)自动成为法律
拒绝签署且国会休会	无追索权
三军总司令	宣战,招募军队并供给军需,建立和维持海军,管理和控制陆海军队,召集、组织、装备和训练民兵
征求内阁建议	无相关条款
颁发缓刑令和特赦令	无追索权
缔结条约	出席参议员的建议及三分之二多数同意
提名和任命大使、其他公使及领事、最高法院法官	参议院建议和同意
接见大使	无相关条款
参议院休会时任命官员补充职缺	无追索权
向国会报告联邦状况	无相关条款
向国会推荐因应措施	无相关条款(但是要求国会的批准成为法律)
召集两院或其中一院开会;当两院对休会时间意见不一致时,使两院休会	无追索权

(待续)

表2.2(续表)

权力	国会制衡
切实地执行法律	无相关条款
出现副总统职缺时提名副总统(第二十五条修正案)	参众两院多数通过

来源:作者根据美国宪法条款汇编。

留待来日完成。

因此,举例来说,人们最初大概很难预测到,总统向国会提

图2.2 分权总统制的特征之一——向国会发表国情咨文演说。

交国情咨文并提出因应措施供其考虑的义务竟然具有关键的议程设定功能。最初大概同样不明显的是，行政机构将扩展到如此巨大的规模，并因此挑战着总统的管理能力和国会的监督能力。可能被预见到的是多样性，即后继总统们在使自己胜任这个职位时所表现出的风格、技能、适应性和智慧。并且，显而易见的是，权力的分配与模棱两可的权力界定，意味着总统将必须在华盛顿内外的权力网络中不断地定位和重新定位自己。这个权力网络最终将包括，数以千计拥有私人利益的游说群体、数量庞大的媒体机构、非政府“智库”、外国政府和国际组织的代表等——在最初，这一点完全不明显。

长久的考验

宪法及其创设的政府要想延续下去，将会不可避免地出现两类治理群体，即来去匆匆的群体和驻留此间的群体。经由选举产生的政治人物及其助手大多组成第一个群体——近几十年来，这个一般化结论已经发生变化，因为国会山有很多人会重复任职。终身任职的法官和文官大多组成了第二个群体。第一个群体伴随新州的加入而适度增长；第二个群体，特别是文官和技术官员，则呈现指数增长态势。这样的增长是一个走向成熟的政府在社会中发挥功能的本质要求。

一般而言，国内的期望是当选官员掌管全国政府。对来到华盛顿、之后又返回原乡的人们而言，其面临的长久考验是，向那些长期任职的人充分学习监督和管理工作的方法。对总统们而言，这个考验特别显著，因为众人对其期望甚高，并且他们是短期任职者中的最短暂者。

华盛顿开创的先例，即总统任职不超过两届，持续了152年，最终被富兰克林·罗斯福打破，他在1940年参加第三任期的竞选并成功连任。在这个时间区间里，32位总统中的9位（算上罗斯福）任职达到8年。其中，格罗弗·克利夫兰赢得两个不连续的任期（1884年竞选成功，1888年失利，1892年又重新竞选成功）。其他两位，林肯和麦金利，两次当选却双双遭到暗杀。

自从1951年第二十二条修正案获得批准，总统任职时间被限制为不得超过两个任期以来，11位总统中有3位任满两个任期（艾森豪威尔、里根和克林顿）；有一位在本书写作之时处于其第二任期（小布什总统[1]）。另外一位，尼克松总统，当选两次却在可能被弹劾之前辞职。

这个记录显示，43位总统中的12位（28%）曾经任职8年（一位即将完成；另一位富兰克林·罗斯福任职为12年）。8年任期等于一又三分之一个参议院任期或者4个众议院任期。[2]当然，大多数总统都未能任职如此之久。二战之后总统的平均任职年限（不包括小布什）是5.6年——**尚不到一届参议院任期。**

总统们进入的是要由他们来负责的长期政府。在一开始，这项任务颇为棘手。随着联邦政府的规模和管辖范围的扩张，任务变得异常繁重。对于不曾在华盛顿任职的人来说，挑战尤为吓人；即使在当代，这种现象也不乏其例（最近的5位总统中，有4位来自总统本人的原乡）。

乔治·华盛顿作为首任总统面临的考验是独一无二的。“当华盛顿于1789年4月30日进行就职宣誓时，他所走向的岗位，其性质仅仅由一部从未适用过的宪法中的一些条款所描述。”他

① 原文作第43任布什，全部译作小布什。——译注

② 参议院任期为6年；众议院任期为2年。——译注

的成功并非注定。但是，按照一位著名的公共行政学者的评价，“他……是曾经担任总统职位的最称职的行政首长之一”[①]。鉴于首次人事任命的重要性，华盛顿“在遴选新的公务官员班底的过程中表现出一丝不苟的谨慎”[②]。两位未来总统都与华盛顿总统共事，约翰·亚当斯担任副总统，托马斯·杰斐逊担任国务卿。亚历山大·汉密尔顿则担任财政部长。制宪会议上的一位关键人物，埃德蒙·伦道夫任总检察长。这恰是激活“从未适用过的宪法中的一些条款”的一个有力的开端。

谁来担任首任总统事关重大，因为这个总统制需要华盛顿和亚当斯有可能给出的合法界定。杰斐逊则持一种不同观点，他极不支持强大的中央政府和影响力强的行政机构。从杰斐逊的总统任期到20世纪，不同总统对总统领导权角色的认知也大相径庭。一般而言，诸如经济衰退、对外战争，以及最显著的美国内战等，这些事件在确定哪位总统最为积极能动的问题上影响深远。这些事件有助于界定总统领导权，并解释了除华盛顿外历史学家们对安德鲁·杰克逊、亚伯拉罕·林肯、西奥多·罗斯福和富兰克林·罗斯福、伍德罗·威尔逊、哈里·杜鲁门以及罗纳德·里根的较高评价。

直到20世纪，总统才得到许多帮助，来把自己嵌入一个不断扩张的政府。总统作出人事任命，但是极少在白宫中获得私人的专业协助。二战之后，这种情况发生了剧烈变化。现在，总统在白宫办公室（White House Office）拥有几百名助理，总统办事机构（Executive Office of the President）的各个部、局则拥有更多

---

① Leonard D. White, "Public Administration Under the Federalists," *Boston University Law Review* 34 (June, 1944): 145.

② Ibid., 182.

的助理(见第五章)。这些数目众多的助手和支持机构在大量行政、立法和司法机构之间作为联络组织而存在,实际上就是总统在政府体系中的触手。

适应环境

通常情况下，承担一份新工作，要做的不仅是读懂岗位描述,密切注意组织的增长。这里还要求进行更多微妙的考量,特别是就职之时岗位所处的地位。即将离任者所作的决策有什么影响?人们对前任的表现是否满意?针对决策和行为,人们有什么期待? 一位杰出的学者还向总统们多提了一个问题:“总统们如何担负起将他们的地位融入历史的任务；这些地位是否易于根据总统制的设计来塑造？”①

在获得工作岗位之前，人们便应该充分考虑其真正性质和复杂性。实际上,在下定决心参加竞选时,应该问的最重要问题之一便是:为什么我想成为总统?对前面所提问题的解答应该有助于回答这个关键问题。胜选之后,总统的关注自然而然地转向调整相关安排使之符合寻求这份工作的目的。但是,选举之后,并不能将一切推倒重来。有一个组织已经存在。目的是由前任行政机构和国会设置的政策来促成的，可谓铁打的政府流水的领导权。

新总统面对挑战的例证无处不在。考虑一下,大萧条期间富兰克林·罗斯福接掌国家大权时的情形如何。对他而言,也是对国会而言,可怕的挑战迎面而来。在这种情形下,政府组织不足

① Stephen Skowronek, *The Politics Presidents Make: Leadership from Adams to George Bush* (New Haven, CT: Yale University Press, 1993), 18.

以应对经济和社会问题。必须建立新的机构来管理大胆且全新的政策。多位总统一上任就要应对战争遗留问题——杜鲁门面临着第二次世界大战；艾森豪威尔面临朝鲜战争；尼克松面临越南战争；小布什后的第四十四任总统[①]则面临反恐战争。这些总统希望达成的任何其他目标，都必须考虑到与他们所接手的战争相关的决策。

其他总统则就职于政府服务急剧扩张的时期。作为拥有大半生军旅生涯的总统，艾森豪威尔要为罗斯福"新政"和杜鲁门"公平施政"这两个社会项目善后。尼克松则继承了林登·约翰逊的"伟大社会"国内项目，这是一项一揽子政府津贴计划（例如老年保健医疗、医疗补助、联邦教育补助和食品券等），实际上，尼克松对此基本上是不支持的，至少在这些形式上不支持。

国家经济状况和联邦负债也会影响总统迈向白宫的路径选择。里根优先考虑的，是由卡特任期末期的两位数通货膨胀、失业率和利率所决定的。里根的减税方案刺激了经济，但他基本上未能削减政府支出。因此，他离任时留下了政府赤字和公共负债，这将限制其继任者的选择。由于1991至1992年的衰退，克林顿必须首先着眼于经济，也因此必须延缓其他重点关注的事项。

丑闻也会将延期效应加在新总统身上。例如，杜鲁门（任人唯亲）、尼克松（水门事件）、里根（伊朗门事件）以及克林顿（政治募款丑闻和莱温斯基绯闻），每个丑闻都影响着总统履职，并影响着下一位白宫主人对什么是必要行动的判断，大多数情况下他们会承诺去制定并执行伦理准则。

最后，一届总统任期确立的改革措施经常影响到另一总统

① 即2008年当选的巴拉克·奥巴马总统。——译注

任期。这是第七章讨论的主题。在这里只需要指出的是,改革措施(例如《战争授权法》和《国会预算和截留控制法》)一旦确立,继任总统或国会很少抛弃,即使这些措施是无效的。相反,它们会成为制度的一部分,因此必须被融合进总统的履职方式之中。

前任的影响

这样想想：总统们正在经历着一个他们不能创造却可以影响的历史过程。前任们遗留的问题需要他们来解决,同时,他们还要处理自己任期中发生的事件，忙于自己的议程中设定的议题。要判断如何适应角色，大可从个人登上总统大位的方式中得到一些启示。富兰克林·罗斯福、约翰逊和里根等总统以巨大的差额赢得大选，反映了公众对于变化的热切期盼。这些总统中的每一位都被公众期待着去启动大规模的纲领性变革。在获得总统大位的早期,他们被鼓励应该**极度自信**。总体来看,他们的履职情况是近代历史上主要政策变革中最有成效的——罗斯福和约翰逊偏向具有扩张倾向的政府,里根则偏向于巩固性和收缩性的政府。

更为经常的是,新总统被建议做**审慎**的领导人,因为公众情绪很难让人读懂。他们以微弱多数或者相对多数赢得选举,因此很难通过选举结果解读政策信息。适应环境则要求以同样的力度关注缺点和优势。以47%的平均普选得票率当选,肯尼迪、尼克松、卡特、克林顿和小布什都必须听从这个建议。有些总统没有听从。卡特(发起广泛的能源计划)、克林顿(将国民健康保险视为头等大事)和小布什（在第二任期中发起针对社会保障的主要变革),在对大规模变革的有限的政治或公众支持下,虽然奋力推进,最终却都成果有限或全无成果。

某些总统本是**备位人**（custodial），他们在前任去世之后承继了总统职位。对杜鲁门和约翰逊而言，适应环境还包括要对两位广受欢迎的总统（富兰克林·德拉诺·罗斯福和约翰·菲茨杰拉德·肯尼迪）所留遗产作出敏锐反应。当然，也有观点认为应该将老布什[①]视为里根的继承人。有人说，他是在担任里根的第三任期。在每种情形下，继任总统必须尊重前任遗产，同时努力塑造符合其自身偏好的总统职位——这并非轻而易举之事。杜鲁门和约翰逊足够成功地凭借自身条件在随后赢得竞选；老布什则功败垂成。

在其他情形下，因为前任的丑闻，总统被寄予期望成为制度**复兴者**。因为前任的丑闻（见先前的讨论），艾森豪威尔、福特、卡特和小布什便面临着将强调伦理作为优先事项。其中，在水门事件的广泛影响和尼克松总统辞职事件的影响下，福特面临的挑战最大。他面临的局限包括：他是被任命为副总统的，而非通过选举产生；在宣誓之后立即对尼克松实行特赦；以及1974年民主党在国会的多数优势大幅度增加。福特的经历赋予了“永久的考验”新的含义。

结论

总统们面对着就如何任职作出判断的棘手任务。人们对他们的任职表现有着不同的期待，却大多寄予很高期望。最初，总统必须在解读自己的权威时审慎行事。如果表现得过于咄咄逼人，就会有一些改革措施来限制他们的权力。通观历史，总统必须调整自己，去承担与日益增长的人口、土地和官僚机构相关

① 原文作第41任布什，全部译作老布什。——译注

的较大责任。总统们如何因应变化，不可避免地会影响继任者工作岗位的性质。相应地,宪法权威、这些特权如何被解读并运用于实践、相关事件及其对治理和政府的影响，以及前任总统的表现甚至是私人行为，这些都会结合在一起勾画出总统的岗位描述,并影响公众对总统的接受程度。

正如我们将在第三章讨论的，并非所有总统都可以拥有平等的有利条件，去找到他们在政府中的位置。有些人几乎没有在联邦政府工作的经验便入主华盛顿。其他人因为机缘，或者是因为他们作为副总统所辅佐的总统死亡或辞职（迄今为止只有一例),而登上总统大位。这些情形下的每一位总统,在寻找自己的位置时都面临着一些独特的问题。

第三章

选举总统
（兼论入主椭圆形办公室的其他方式）

创新即做与众不同之事。开国元勋们创造了一种确认行政领导权效力的崭新方式。他们的方案不仅设定了一种从未尝试过的选举体系，而且也有助于塑造机遇，确定总统权力的疆界。人们对于那些顶着“总统”头衔的人往往寄予很多期待，但是他们的当选为满足这些要求提供了非常不同的政治资本。并且，有一些总统——20世纪担任总统职务者的四分之一——在首次任职时并非通过选举。

这个方案运转良好吗？对此，在肇始时刻，没有人百分之百地有把握；事实上，除了接受乔治·华盛顿作为首任总统之外，没有人确切地预料到下一步将会发生什么。这是多么惊心动魄的故事啊！今天的许多人都认为，选举人团运转的神秘之处，可能对这个制度的延续起到了作用。将改革者的热情放到一边，我们必须钦佩这种卓越才智，这种才智塑造了一种与快速变化极不相容的连锁体系。对某一部分的修修补补（如任期、选举人的遴选、计算选举人票、替代性的普选等）充满着难以预料的后果。

何妨一试。选择一种对总统选举方式的最中意变革。然后，对你的变革效果进行一个现实的检验，全盘地考虑这个体系。

本章或许有助于分析这个问题。下面的内容基本上会显示，宪法构造和历史现实都支持去维系开国元勋们设计的独特方法。

在乔治·华盛顿于两个任期内的实际加冕之后，最初规划所具有的政治敏锐并未能阻止选举中异常情况的发生。要做的是纠偏而非改革。例如，1796年，在华盛顿退休之后的第一次选举中，约翰·亚当斯和托马斯·杰斐逊都是情理之中的选择；那时，亚当斯担任副总统，杰斐逊则拥有作为《独立宣言》主要撰写人以及第一任国务卿的全国威望。亚当斯险胜。因为得票名列第二，杰斐逊便在亚当斯任内担任副总统。如果将其放在当代背景下，这近似于艾尔·戈尔和随后的约翰·克里在2000年和2004年选举后担任小布什的副总统。

1800年，还是这两位候选人——亚当斯和杰斐逊——参加竞选，这次他们都得到国会党团会议（congressional caucus）的支持：联邦党人支持亚当斯，民主共和党人支持杰斐逊。随后得到的结果是一个平局，并非在亚当斯与杰斐逊之间，而是杰斐逊与其竞选搭档阿龙·伯尔之间的平局。这个异常情况必须予以纠正，于是通过了第十二条修正案。

宪法规定，总统选举人通过由各州立法机构决定的方法而任命。分配给每个州的选举人数目，设定为众议员数目加上两个参议员席位。选举人们在各州相聚并对两个候选人进行投票。随后，他们的投票结果被送到参议院议长处进行计算。获得多数选票的人当选总统。最初，如果两个候选人获得相同的多数（如1800年杰斐逊与伯尔的得票数），众议院将进行选举，每州一票。如果没有候选人获得选举人票多数，众议院将从得票最多的前五名候选人中进行选举。在这两种情形之下，获得选举人票第二多的候选人便将担任副总统，如果两个或更多的人获得相同数量的选票,参议院将作出选择。

以任何标准来衡量,这种选举方法都不寻常。它忽略了政党发展的可能性。它允许普选选举人，但并不要求必须如此。这样，在普选的民主方法之外，它也允许贵族式的任命选举人的方法。并且，副总统的选举是一件无关政党的事——实质上无论是谁，只要得票第二便可任职，就像杰斐逊担任亚当斯的副总统一样。

这个体系是如何开始运转的呢?1789年第一次选举中,华盛顿囊括所有的选举人票。因为他没有对手，如何任命选举人的问题便无关紧要。尽管如此，选举人的任命方式在各州中依旧各不相同。一些州的立法机构通过联合会议任命或共同任命选举人；其他的州则规定了变化的形式，即通过普选以及由州立法机构选定。1789年,有三个州未参加选举人投票:纽约州是因为其参众两院未就方法达成共识，北卡罗来纳州和罗得岛州是因为那时尚未批准联邦宪法。华盛顿获得了69张选举人票。选举人们要投两次票，虽然华盛顿没有明确的反对者，对于第二个选择,则存在不同的观点。约翰·亚当斯得到最多的第二轮选举票数。

在某个方面,第一名和第二名的问题必定会产生麻烦。如果两个人获得同样多的选票该怎么办？宪法规定,如果这样,其竞争将移到众议院。但是如果这种情况经常发生，恰如一些开国元勋们所认为的，分权原则就可能会遭到颠覆，因为实际上是由国会在作出选择。进一步来说，例如杰斐逊担任亚当斯的副总统，一个总统的对手可能会在这个总统死亡或辞职之后接掌权力。

没过多久,这些问题便得到应对。1800年,副总统托马斯·杰斐逊是总统候选人。阿龙·伯尔想必是希望竞选副总统。两人都得到73张选举人票。宪法明确规定,选举人应“每人投票选举二人”，但并未规定分别投票给总统和副总统。在这些情形下,众议院应按要求“投票选举其中一人为总统”(第二条第一款)。作为参议院主席,杰斐逊宣布结果:平局。

如宪法第二条之规定,众议院中的投票以州为单位,无论有多少众议员,各州只有一个投票权。在第一轮投票中,杰斐逊赢得8个州的支持，伯尔赢得6个州的支持，两个州的代表发生意见分歧而并未投票。要赢得选举必须获得9个州的支持。总共通过36轮投票和大量的政治妥协，最终杰斐逊获得第九个州的支持。

1803年,国会通过一条宪法修正案,要求选举人“投票选举总统和副总统”,从而区分了两个职位。这条修正案很快被批准为第十二条修正案,并运用于1804年的总统大选。选举人团的选举方法并未成为其他宪法修正案的主题。然而,伴随时间推移,提名和选举程序也发生了演变,从而与早期的竞争大不相同。

不断演变的体系

1800年选举显示出的歧义问题只是需要解决的许多问题之一。谁将是候选人?政党是否会出现?总统和副总统候选人能够作为一个团队进行竞选吗？如何遴选选举人？对这些问题进行解答显示出启动改革所面临的复杂性。制度开始变得日益相互联系；鉴于团队获胜的利害攸关，政党对候选人遴选怀有浓厚的兴趣。

缔造美利坚合众国的各种重大事件必定会诞生出可能的总统候选人。乔治·华盛顿的事例已经在前文中讨论过。然而,还有其他大量的著名人物积极地投入到公共事务中，包括约翰·亚当斯、托马斯·杰斐逊、亚历山大·汉密尔顿、阿龙·伯尔、托马斯·平克尼、约翰·杰伊、詹姆斯·麦迪逊和乔治·克林顿等，这些人不过是其中的一小部分。本杰明·富兰克林也是一位卓越的人物，但是在建国之时他已年迈，并在一年之后离世。太遗憾了。倘若由富兰克林担任总统，本来可能使政府、政治和社会生活更具生气与活力。读者可以通过阅读费城一代的任何一本传记来理解个中缘由。

国会党团会议

国会党团会议即具有相似思想的参议员和众议员举行的会议，它在早期的几次选举中作为提名总统候选人的途径发展而来。国会党团会议的出现被一些人视为对制宪会议达成的机构分立原则的损害。因为，如果总统们首先必须由国会议员提名，他们难道不会觉得对议员们有所亏欠？然而事实上，这一时期(1804—1824)的党团会议，选出的基本上都是众望所归的(即使并不总是必然的)人选。1812年和1820年两次总统选举中，民主共和党人提名了时任总统麦迪逊和门罗。这段时期，联邦党人日益没落，到1820年之前已经变得无足轻重。

从1824年至1832年，对总统提名和政党发展而言，这段时期事后看来非常关键。1824年，国会党团会议体系成为一个议题。民主共和党人中一小部分人召开党团会议，提名财政部长威廉·克劳福德为总统候选人。其他的地区候选人并不接受这个决定，并在各自州内得到提名。结果，选民和选举人面临四个选择：来自田纳西州的安德鲁·杰克逊；来自马萨诸塞州的约翰·昆西·亚当斯；来自佐治亚州、由小型党团会议提名的威廉·克劳福德；以及来自肯塔基州的亨利·克莱。

杰克逊赢得普选和选举人投票的相对多数，但是在两项投票中得票都未过半。因此，按照第十二条修正案，选择权落到众议院手中，再一次由各州投票，但这次选择对象是得票最多的三个人，即杰克逊、亚当斯和克劳福德。得票名列第四的克莱，转而支持亚当斯，因此亚当斯在第一轮投票中便得到获胜需要的多数，即13个州的支持。可以理解，杰克逊被激怒了。作为回报，亚当斯总统任命克莱为国务卿。有意思的是，历史上两次最有争议的选举，1824年和2000年，都涉及前总统的儿子，即约翰·昆西·亚当斯和小布什。

政党全国代表大会

国会党团会议作为候选人提名组织的短暂时代已经结束。这种提名方式终结的大环境表明，必须找到一种更受欢迎的总统候选人提名方式。到1824年，已经明晰起来的是，公众并不支持国会议员控制他们对总统的选择权。1824年选举也标志着开国元勋一代的结束，以及联邦党人作为政治力量的逝去。此外，因为未能团结起来支持同一个候选人，民主共和党人也衰落了。

1828年，安德鲁·杰克逊再一次得到田纳西州议会提名，并成为新的民主党的共推候选人。那些支持约翰·昆西·亚当斯总统连任的人自称为国家共和党。1828年选举结果并无争议；杰克逊以大于2比1的优势赢得选举人团选举。

如果总统提名来自华盛顿特区之外，某种形式的政党大会就在意料之中了。1831年9月，两党之外的第三党——反共济会党首次召开了这种秘密会议。国家共和党随后于1831年12月召开了一次全国大会，并且制定了第一份政党纲领；民主党人于1832年5月召开了首次会议。这种新的提名方式，尽管伴随着时间发展而拥有了不同的功能，一直延续了下来。从1831年至今，每一个主要的政党候选人都是通过全国代表大会来获得正式提名的。

同样可以预见的是，人们的注意力将最终转到提名大会的代表选择上来。那些希望影响总统或者期望获得总统回报的人们，试图首先控制各州代表。当政党实力增强，各州和地方的头面人物便开始与候选人组织就人事任命和政策议题讨价还价。

在有些情形下，磋商一直持续到代表大会召开，争议主要围绕着代表席次、施政纲领撰写和总统候选人选择等。在总统预选产生之前，往往要通过多轮投票来提名总统和副总统候选人，特别是民主党，因为它要求候选人需要以三分之二多数来赢得提名。从1832年到1924年的24次民主党代表大会中，有13次经过了多于一轮的投票。7次大会经过了超出10轮的投票，4次大会超过40轮投票（最高纪录是1924年的103轮）。1936年，民主党放弃了三分之二多数规则，自那以后，只有一次民主党代表大会经过多轮投票（1952年）。

共和党在提名总统候选人时自始至终规定简单多数规则。从1856年建党到1920年的17次代表大会中，有8次大会经过多轮投票。只有一次代表大会投票超过10轮，即1880年的36轮投票。随后，除1940年和1948年两次大会之外，共和党人全部通过一轮投票完成候选人提名。在失去挑选候选人的戏剧情景之后，代表大会一方面仍然保留着其他的目的，特别是团结全党展开全面的竞选；另一方面，它对公众的吸引力也降低了。

总统初选

在现代，总统初选制度的发展与完善是全国大会上只需单轮投票的主要原因。1901年，为遴选全国代表大会代表，佛罗里达州成为实施初选制度的第一个州。随后，威斯康星州于1905年，宾夕法尼亚州于1906年，俄勒冈州于1910年，先后实施了这一制度。到1912年全国代表大会时，已经有12个州采取了某种形式的初选（或者选举代表，或者允许选民在不同候选人之间表达偏好，或者两者兼而用之），到1916年，又有8个州也采用这一方式。在1920年代和1930年代，人们对于初选制度的热情开始衰退。有几个州相继废止了相关法律规定。大多数政党领导人不再热衷于初选制度，因为初选用地方和各州领导对代表席位的控制取代了选民的选择。在1930年代，伴随着罗斯福总统主政，公众的注意力集中于大萧条和第二次世界大战。1920年的初选次数为20次，1940年只有14次，在两党内部，这些初选几乎都没有受到认真对待。

第二次世界大战结束之后，总统初选作为候选人提名的普遍方式得到复兴。如果候选人能够获得足够的代表支持，即使得不到政党领导人的支持，他们也能赢得胜利。交通和通讯条件的改善，使有希望的候选人能够实施全国范围的竞选，在全国大会之前预先确立领先优势。

1952年，对民主与共和两党而言，初选都非常重要。来自田纳西州的参议员埃斯蒂斯·基福弗通过初选竞选挑战民主党领导人。他在1952年赢得15场竞争中的12场，并使全国代表大会进行了3轮投票（伊利诺伊州州长阿德莱·史蒂文森以不足2%的初选票获胜）。共和党方面，德怀特·艾森豪威尔将军成功地挑战了来自俄亥俄州的罗伯特·塔夫脱的候选资格。艾森豪威尔赢得了他参加的9场竞争中的5场。

从那时起，人们就期望候选人参加初选并在初选中确立领先优势，即使大多数代表是通过其他方式来参加初选的（大多通过各州政党党团会议）。从1952年到1964年，总统初选的场数增长幅度不大(在15场到19场之间变动)。但是，获得最多初选票的候选人每次都会获得提名。

民主党的1968年提名事后看来是巩固初选之重要性的关键事件。总统林登·约翰逊决定放弃连任，从而为提名提供了一次公开竞争机会。主要的候选人是来自明尼苏达州的参议员尤金·麦卡锡和来自纽约州的罗伯特·肯尼迪。在肯尼迪参选之前，麦卡锡就赢得了早期的初选。肯尼迪赢得了关键的加利福尼亚州初选，但是就在获胜的当晚被人暗杀。副总统休伯特·汉弗莱未参加初选，只能获得“另选他人”(write-in)的选票。当时的主要议题是越南战争，麦卡锡和肯尼迪反对这场战争，汉弗莱则代表着约翰逊政府的一贯态度。

这场全国代表大会可以说是历史上最为热闹的一场。汉弗莱是政党领导人选定的，但是未经初选的检验。刚刚浮现的热门人选肯尼迪已经身亡。反战活跃分子孤注一掷。汉弗莱获得提名后，代表大会所在城市芝加哥发生了若干起骚乱。代表大会后的改革委员会聚焦于确保建立一个更为开放的程序，以更好地代表所有群体。

这些变化鼓励着其他更多的州采取总统初选制度。采纳初选制的州数目在1976年时为25个左右，在1980年代达到35个左右，到了1990年代有将近40个，世纪之交已经超过40个。

到20世纪末，提名机制已经在总统初选制度中确立下来。从

1972年到2004年，每个党的领先者都得到提名。全国代表大会成为已经选出的候选人的批准机构。此外，各州开始让初选"前期吃重"(front-loading)，即将初选制度在日程上前移。于是，提名竞选更早地得以展开，领先者从最初阶段的初选中便脱颖而出，全面的大选造势较过去提前了几个月。不难理解，这些变化增加了竞选总统的成本，并且提出了竞选筹款改革的要求。

"初选竞选与电视这样的可视媒介被证明是完美搭配。"[①] 通讯手段的急剧发展对提名过程具有深刻的影响。恰如赛马，竞选也会吸引人们兴致勃勃地去关注。竞选在公开场合举行，赌注可观，并设有终点线——选举日。但是，电视、网络和其他的通讯方式也以大幅攀升的金钱代价和组织化努力而被纳入个人竞选之中。

从历史角度看，总统候选人提名经历了几个阶段的演变：(1)选择众所期待的国之栋梁；(2)国会党团会议背书；(3)全国政党代表大会；(4) 由初选制度作为补充的全国代表大会；(5)确立领先者的初选制度；以及(6)决定最终选择的初选制度。这些阶段演变反映出把公众纳入其中的意图，主要是回应普遍的民主化进程，例如政党的出现、选举权的扩大、各州选举人制度的改革以及大众媒体的成长。

政党：赢得选举

詹姆斯·麦迪逊在《联邦党人文集》第十篇中针对"党争危害"提出警告，并强调控制其影响的必要性。麦迪逊将宗派

① Rhodes Cook, *The Presidential Nominating Process: A Place for Us?* (Lanham, MD: Roman and Littlefield Publishers, 2004), 37.

(faction)定义为“全体公民中的多数或少数,团结在一起,被某种共同情感或利益所驱使,反对其他公民的权利,或者反对社会的永久的和集体利益”①。他相信开国元勋们已经发现了规制宗派的方案:跨越“更多种类的宗派和利益”的代议制政府。简言之,即缔造共和制度,拓展其涵盖范围。

在《联邦党人文集》第五十一篇中,麦迪逊通过对控制之必要性的类似承认,证明了分权和制衡的合理性。“野心必须用野心来对抗……毫无疑问,依靠人民是对政府的主要控制;但是经验教导人们,必须有辅助性的预防措施。”② 因此,恰是开国元勋们才使得宗派控制整个政府体系实际上成为不可能之事,不管这里的宗派是一个政党,还是一个利益团体。

然而,宪法方案中并未禁止宗派或者政党。麦迪逊阐明,消除共同情感冲动或利益冲动产生的原因,这是错误的或者不可能的。自由社会的繁荣系于民众组织起来维护共同利益的权利。因此,这是一个政党**何时**以及**如何**发展的问题,而不是**是否**发展的问题。表3.1显示了出现过的主要政党,以赢得总统选举为存在标志。如表所示,从1856年至今,竞争主要发生在民主党和共和党之间。一路走来,小党也是重要要素,但是1856年后,从未有过小党获得持续的全国竞争力。

政党是如何发展的?它给总统带来了哪些不同之处?要对这些问题予以回应,指出麦迪逊及其同仁设计了有效的控制机制意义重大。联邦主义、权力分立、选举分离、制衡原则、两院制、

① 译文参考自:[美]汉密尔顿、杰伊、麦迪逊:《联邦党人文集》(程逢如、在汉、舒逊译),北京:商务印书馆1980年版,第45页。——译注

② 同上,第264页。——译注

表3.1 角逐总统大位的主要政党,1789—2008

时期	政党A	政党B
1789—1796	联邦党	——
1800—1816	联邦党	民主共和党
1820—1824	独立的民主共和党	民主共和党
1828—1832	国家共和党	民主共和党
1836—1852	辉格党	民主党
1856—2008	共和党	民主党

来源：作者汇编自Harold W. Stanley and Richard G. Niemi, *Vital Statistics on American Politics*, 3rd ed. (Washington, DC: Congressional Quarterly Press, 1992), 111–15.

不同的任职期限以及选举人团等决定着政党如何发挥功能。这种设计并不限制政党或宗派的出现，但是它创造了使这些政党各安其职的环境。

这个宪政结构将政党塑造为松散的、以选举为基础的、基本上无意识形态的、利益驱动的组织，党员身份基于自我认同。更有纲领性和意识形态导向的第三政党都好景不长。的确，共和党倾向于更为保守，不大可能推动政府来解决问题，并代表商业利益。民主党则倾向于更为自由，更有可能支持政府发挥较大功能，并代表劳工的利益。但是，这两顶"帐篷"都很大，并存在重大的区域差异。

人们一直都说，银行被抢劫恰是因为它是有钱的地方。同样地，政党得以组织正因为那里存在着选举。并且，根据宪法的意图和允许，选举无处不在。对总统而言，最为重要的是那些争夺总统职位以及竞争众议院与参议院席位的选举。从多个方面而言，这些都是**州**选举，受制于那个层面的规范。相应地，政党需要适应州的法律，这些法律规定着它们如何组织、如何遴选候选人、如何实施选举以及如何募集和支出资金。

任职期限长短影响着政党的组织和运转。如果总统、众议员和参议员都拥有共同的四年任期，可以想象，政党就可以协调竞选信息，并提出治理的领导战略。然而，总统选举之时，众议员两年之后便会重选；只有三分之一的参议员将任职六年，除非总统获得连任，否则这部分参议员的任期将比总统多两年。

开国元勋们通过错开选举来强化分权。与议会制体系截然不同，美国政党组织起来是为了赢得三大机构，即众议院、参议院以及总统的选举。每个党都在众议院和参议院中设立竞选委员会，来募集资金并协调选举活动。总统候选人也有自己的竞选委员会，全国性的政党委员会努力使这些委员会和谐共进。政党结构的这种内部分立是由三种类型的全国选举（总统、众议院和参议院）之间的种种区别所塑造的。每种选举的竞选各不相同，这体现在募款、议程、利害关系（不同的任期）、适用法规、候选人类型以及与各州和地方政党的关系等方面。所有这些组织之间的协调问题竟是通过无人负责来避免的！

将全国性的选举错开所带来的一个清晰且完全是宪法性的影响是，允许两个政党都取得胜利。例如，1996年民主党人克林顿总统轻而易举地获得连任，共和党人则继续把持着在众议院和参议院的多数席位。这种政党分裂（split-party）的结果使宣布授权变得困难起来。看来，选民们经常采纳棒球选手约吉·贝拉的建议："行经三岔路口，请一往直前即可！"

如表3.2所显示，在两个政党和三种选举之间，共有六种分裂的可能。自1856年现存两党制成型以来，所有六种情形都曾经在现实中出现过。在19世纪的下半叶，政党分裂的结果非常普遍，发生在这个时期的将近50%的时间里。在20世纪的上半叶，一党主政白宫，一党占据国会多数的情况比较罕见。然而，在第二次世界大战之后，政党分裂的政府又成为普遍形式。这段时期，11位总统中的8位曾经面对着国会一院或者两院中的反对党多数。引人注目的是，在1981至1993年的整整12年中，不同政党分别控制着总统职位和国会，并且，这种情况占据了从1969至2009年期间75%的时间。

对政党而言，选举错开和任期分割的影响甚为广泛。在总统选举中被击败的政党可能掌控众议院和/或参议院的多数席位。在这种情况下，总统在推行一个项目时，必须寻求跨党支持。面对反对党控制国会这种情形的总统还发现，针对反对党的太多妥协会导致来自本党支持的流失。有时，你即使赢了选举，甚至也不能算赢。

显而易见的是，总统希望他们的政党能够在参众两院占据多数席位。然而，这种有利形势并不必然保证忠诚。任期的分割（2年、4年和6年）意味着所有的众议员和三分之一的参议员将在两年之内面临选举。国会山的强烈动机是向总统的各种需要注入以选区为导向的视角。各州利益和地方利益经常压倒政党忠诚。

持续的检验

总统选举和国会选举都是按照日程表，而不是根据危机、信任投票甚至是当事人死亡展开的。因此，在某次选举中，完全可能只有相对极少的议题；1988年选举恰是这种情形。根据法律，总统选举和国会选举在11月第一个周一过后的首个周二举行。有一个确定的选举日期，这在组织动员、候选人活动和资金支

表3.2 政党分裂格局,1856—2009(附示例)

总统	众议院	参议院	示例
民主党	共和党	共和党	克利夫兰,1895—1897;威尔逊,1919—1921;杜鲁门,1947—1949;克林顿,1995—2001,总计12年
民主党	共和党	民主党	布坎南,1859—1861,总计2年
民主党	民主党	共和党	克利夫兰,1885—1889,总计4年
共和党	民主党	民主党	海斯,1879—1881;艾森豪威尔,1955—1961;尼克松—福特,1969—1977;里根,1987—1989;老布什,1989—1993;小布什,2007—2009,总计24年
共和党	共和党	民主党	加菲尔德,1881—1883;小布什,2001—2003,总计4年
共和党	民主党	共和党	格兰特,1875—1877;海斯,1877—1879;阿瑟,1883—1885;哈里森,1891—1893;塔夫脱,1911—1913;胡佛,1931—1933;里根,1981—1987,总计18年

来源:作者汇编数据自Norman J. Ornstein et al., *Vital Statistics on Congress, 2001–2002* (Washington, DC: AEI Press, 2002), 56–58.

出方面决定着竞选活动。日程上的其他重要日期包括，总统初选、两党全国代表大会以及候选人辩论。

民意调查活动持续地展开，经常主导着媒体竞选的报道。在第二次世界大战之后，只有一家民意调查组织，即盖洛普民意测验。时至今日，已经有若干家相关机构。大多数主要媒体——全国性的报纸和杂志、网络、有线电视——都会发起民意调查，州和地方的媒体也会发起相应层面的民意调查。大学和研究机构同样会进行调查和民意测验。候选人机构和政党也开展自身的民意调查活动。

公共舆论的此类测量大多针对候选人展开。目前谁领先？领先多少？测试也会针对具体议题，并有可能影响竞选的言辞和辩论。选举日通常会决定谁将成为总统。一个例外是2000年的总统选举；当时佛罗里达州的重新计票将最终结果的公布延迟到12月中旬。直到最近，竞选活动还是在选举日停止，并且由新团队主导的第一阶段的治理工作会随即开始。政治顾问会转向其他的客户，民意调查者减少测验。但是现在，所有这些都发生了急剧的变化。

现在，持久的竞选已经成为治理的显著特征。各种民意调查会常规性地针对主要议题展开，总统的工作满意度会经常性地得到检视。在乔治·W.布什总统任职的前三年中，他总共受到了630次关于工作表现的评价；也就是一年210次，每月将近18次。小布什每周面临评估的次数与杜鲁门总统一年面临的次数相同。[①]

---

① 参见 Charles O. Jones, *The Presidency in a Separated System* (Washington, DC: Brooking Institution Press, 2005), 136.

关于公众对总统工作表现的看法的测试次数呈现指数增长趋势，怎么解释呢？民意测验技术的改进是部分答案。与过去相比，在当今时代，获得、分析和发布民意测验结果变得更加容易。为什么这些结果会引起兴趣呢？毕竟，总统已经身处固定的、四年的任期中。政党分裂的政府、更为公开的政策过程，以及近年的“微弱优势”(narrow-margin)政治，这些都有助于解释为什么会有更多的民意测验，为什么我们会关注结果。每个原因都值得一说。

总统与反对党占多数席位的国会山一道工作，这引发了人们对其在两党之间所处政治地位的兴趣。工作满意度好评被视为公众支持的证据，至少是民意测验之时的支持，因此也是总统的潜在优势。国会成员，特别是那些来自总统赢得选举的各州和选区的成员，会理所当然地关心这些评价。

与这个变化相关的，是使政策辩论日益向公众开放的趋势。实质上，现在的所有主要立法都已经成为电视广告、谈话类节目和有线新闻台讨论热点、互联网博客分析重点，有时还是公众示威的主题。因此，正如存在着**候选人**赛局，也存在着**政策**赛局。一般的看法是，判断谁将获胜的方法便是开展民意测验。

“微弱优势”政治推动了这些变化。2004年总统选举是1988年以来获胜者首次囊括普选票多数的大选，但也只是51%。从1995年到2007年的12年中，众议院和参议院多数席位一直是微弱优弱，这就为跨党联合提供了激励因素。同样，由公众支持来衡量的总统政治地位，是在势均力敌的国会中实施有效领导的影响因素。

这些民调、政策和政治方面的发展趋势，鼓励总统活跃且持续地展开竞选。诚如一句短语所言，当代总统“公开了自己”(go

public)[①]。现在,总统在宣布重大提案之后走向街头巷尾,是很平常的事。在某些情况下,如2005年小布什总统提出社会保障改革时,甚至会进行正式的造势。一言以蔽之,现代总统要接受持续地评估，他们将其视为工作的一部分，从而影响这些评价来维持政治地位。

谁是赢家?

总统竞选中的获胜者罗列在本书附录之中。本节的讨论将聚焦于1856年现代两党制形成之后的时期。表3.3 显示出总统大选获胜的一些基本情况。在1856到2004年之间,共有38次选举和25位总统当选（未计入安德鲁·约翰逊、切斯特·阿瑟和杰拉

图3.1 克林顿总统在为竞选和政策造势方面表现出色。

① Samuel Kernell, *Going Public: New Strategies of Presidential Leadership*, 3rd ed. (Washington, DC: Congressional Quarterly Press, 1997).

尔德·福特，他们担任总统却未经选举）。在本时期内，共和党人赢得38次选举中的61%。民主党人只在一段时期，即1932年到1952年之间连续占据着总统职位，其中富兰克林·罗斯福当选4次加上杜鲁门当选1次。共和党人赢得1856年到1928年之间74%的选举，并赢得1952年到2004年之间64%的选举。

从1856年到2004年，只有3位民主党人（威尔逊、富兰克林·罗斯福和克林顿）成功连任（富兰克林·罗斯福连任三次），尽管克利夫兰担任过两个不连续的任期。7位共和党人（林肯、格兰特、麦金利、艾森豪威尔、尼克松、里根以及小布什）得到连任。在这些连任的总统当中，林肯、麦金利、富兰克林·罗斯福和尼克松并未完成任期（富兰克林·罗斯福未完成第四任期）。如表3.3所显示，2位民主党总统和4位共和党总统在寻求连任时折戟（其中之一克利夫兰随后当选第二任期）。

总统如何当选因人而异，这种差异对总统在华盛顿的政治影响力具有深刻影响。政党分裂之下政府的性质和引发的结果已经在前面讨论过（见表3.2）。表3.4罗列出1856年后的若干场选举，其中的获胜者在普选或选举人团或者两者中都未获得决定性的胜利。以下几点值得注意：

- 超过半数的选举（38场中的21场）势均力敌。
- 势均力敌的选举获胜次数基本平分在两党之间：民主党10次，共和党11次。
- 势均力敌的选举中有三分之二（21场中的14场）的总统未获得普选票的多数，包括三位普选失利者（海斯、哈里森与小布什）。这14场选举占1856到2004年的所有选举次数的37%。

表3.3　总统选举获胜，1856—2004（38次选举和连任选举）

特征	民主党	共和党
首次当选与连任当选*	15（39%）	23（61%）
人数*	（36%）	16（64%）
连任	3（富兰克林·罗斯福连任3次）	7
不连续地两次当选	1（克利夫兰）	0
连任失利	2（克利夫兰、卡特）	4（本杰明·哈里森、塔夫脱、胡佛、老布什）
副总统继任	2（杜鲁门、林登·约翰逊）	5（安德鲁·约翰逊、阿瑟、西奥多·罗斯福、柯立芝、福特）
继任者当选并任满任期	2（杜鲁门、林登·约翰逊）	2（西奥多·罗斯福、柯立芝）
继任者竞选失利	0	1（福特）

*　不包括从未参加总统选举的安德鲁·约翰逊、阿瑟和福特。

来源：作者汇编数据自Michael Nelson, ed., *Guide to the Presidency*, 2nd ed. (Washington, DC: Congressional Quarterly Press, 1996), 1667–69.

● 在表3.4列出的三分之一场数的选举中（21场中的7场），获胜者同时在普选和选举人团中获得微弱优势。两位总统在普选中失利，却在选举人团获得勉强多数（1876年的海斯与2000年的小布什）。另一位总统，本杰明·哈里森，也在普选中失利，但是获得58%的选举人票。

- 最后，在势均力敌选举中产生出的21位总统中，超过三分之二也面临反对党在其任期的某个时期控制国会的一院或者两院（见表3.2）。此外，以相当大优势取胜的7位总统也面临过反对党控制的国会山（艾森豪威尔两次、第二任期的尼克松、老布什、格兰特、胡佛和第二任期的里根）。

对于理解分权体系中总统职务的政治地位和所面临的政策挑战，这些数字非常关键。伴随着以普选票和选举人票的具体组合来衡量的不同的公众支持，再辅以国会选举的独立结果，总统入主或再次入主白宫。如表所示，较多的总统在势均力敌的选战中获胜并且/或者在某个时段内面对着由反对党控制的国会。对许多总统而言，胜选赋予其一个行使权力的地点——白宫，但是并不能在一开始为总统带来什么政治资本。毫无疑问，合法地入主总统办公室是对职位和体制地位的确认。但是，值得注意的是，从1856年到2004年，有超过一半的总统实质上必须从就职仪式开始加强自身的地位。如此行事的动机一目了然，因为不管是否拥有政治资源来进行统治（rule），他们都需要对治理（governing）承担责任。事实似乎是这样的：当选总统只是施展权力的第一步。

以其他方式成为总统

如表3.3所示，7位副总统继其所服务的总统之后成为总统。其中6次是因为在任总统死亡，1次是因为辞职（尼克松）。这种情况总共占全部总统的16%。7位继任总统中的5位试图通过选举获得连任，4位成功（民主党中的杜鲁门和林登·约翰逊；共和

表3.4　势均力敌的总统选举，1856—2004

结果	民主党(年)	共和党(年)
普选		
以相对多数获胜(12)	9:布坎南(1856)、克利夫兰(1884,1892)、威尔逊(1912,1916)、杜鲁门(1948)、肯尼迪(1960)、克林顿(1992,1996)	3:林肯(1860)、加菲尔德(1880)、尼克松(1968)
以50±52%获胜(6)	1:卡特(1976)	5:麦金利(1896,1900)、塔夫脱(1908)、里根(1980)、布什(2004)
失利(3)	0	3:海斯(1876)、本杰明·哈里森(1888)、布什(2000)
选举人团		
以50±55%获胜*(7)	3:克利夫兰(1884)、威尔逊(1916)、卡特(1976)	海斯(1876)、麦金利(1900)、布什(2000,2004)

*　这7场选举，是本时期内最为势均力敌的，代表着他们获得的普选和选举人团支持很有限。有两场，即海斯和小布什的竞选，总统在普选中失利。

来源：作者汇编数据自Harold W. Stanley and Richard G. Niemi, *Vital Statistics on American Politics*, 3rd ed. (Washington, DC: Congressional Quarterly Press, 1992), 113–15；近年选举的互联网数据。

党中的西奥多·罗斯福和柯立芝),一位功败垂成(福特)。继任的各位副总统只任职35年多一点(1789年到2005年间总时长的16%),自1901年以来共任职28年(这段时期总时长的27%)。

的确,副总统随总统一起当选,但是对他们的选择一般更像是任命。总统候选人挑选竞选伙伴,基本上都是看这个选择对自己的选举有多大帮助、如果当选对自己履行总统职责又有多大贡献。副总统一般不能预测是否或何时将入驻椭圆形办公室。他们不能以任何严肃的方式计划此事。他们从与总统的亲近和完成总统分配的任务中获得收益。近年来的总统,至少从卡特到小

图3.2 就职仪式:为新当选总统或连任总统举行的全国仪式与公众庆祝。本图是克林顿总统1993年1月20日的就职仪式。

布什，都曾经给副总统分配重要职责。从1977年到2005年这段时间内，3位副总统——1984年的蒙代尔、1988年的老布什和2000年的戈尔——曾经竞选总统。只有老布什成功当选。

总统的亲近与倚重使副总统日益熟悉总统领导权的重要性与相关程序。当意外发生，副总统宣誓就职时，他们所承担的总统领导权是为另一人所创造和塑造的。通常，试图在短期内重新组建总统办公室、内阁和其他主要职位来适应新任总统的风格与目标，这并不可能。全面的改天换地并不可行。为什么呢？因为继任者需要幕僚人员和机构主管来协助过渡，有天赋又有经验的幕僚并不会立即就位，并且突然的变动很容易被视为对离任总统的摈弃。这些问题在建国早期并不如此重要，因为当时人员规模较小，人事任命较少。但是，在当代，这些问题非常关键。在重新塑造前任的总统职位，以适应自己的执政风格之前，继任者可能必须等到自己通过竞选赢得一整个任期。20世纪的4位继任者曾经拥有这种机会，即西奥多·罗斯福、柯立芝、杜鲁门以及林登·约翰逊。

小结

开国元勋们设计了一个独特的选举体系；它是如此特别，以至于人们并不确定这个体系到底将如何运转。总统由选举人选举来担任4年任期，而非由人民直接选举。众议员由民众选举担任2年任期，参议员则由各州立法机构选举担任6年任期（在很长时间之后，宪法第十七条修正案将其修改为普选）。这个经过修正的民主制度塑造了全国政治的大多数内容，并详细规定了界定总统权力的机会与限制。如上所述，历史充满着将总统及国会成员的提名和选举进一步民主化的努力，某些变革已经被写入宪法修正案之中（尽管只有一个变革选举人团的第十二条修正案）。

很明显，错开选举和任期分割保证了权力分立。政党的首要功能是，通过其委员会和领导人在整个联邦体系内相互依赖地运转来组织选举。恰是因为不存在单个的决定性的选举，所以不存在压倒一切的政党部门。根据这个体系的本质，政党的实力以其适应以下差异的能力来衡量，这些差异存在于地区、各州条例、选举职位、任职期限以及选民的政策偏好等方面。美国体系成熟的标志正在于，两个主要政党已经持续存在了150年。

各位总统在极不相同的政治条件下入主白宫。一些总统任职时，本党在国会拥有多数席位；许多总统则需要面对反对党占多数的国会。更多的总统在势均力敌的选举中获胜，一些总统赢得普选的相对多数票，另一些总统则在普选中失利。我们选举全国政府的方式允许两党都能够获胜，这就迫使总统必须跨越政党界限来寻求对其施政项目的支持。

越来越多的民意调查机构正在越来越频繁地评价总统的表现。因此，宣传造势已经成为白宫生活的常态。曾经，四年一度的选举是公众评价总统表现的主要时机。现在，评价在一个月之中就可以进行多次（欲知次数多少敬请访问realclearpolitics.com）。总统们则通过直接向民众传递信息的方式予以回应。

20世纪总统中的四分之一最初任职时并未经过选举。在为其他人量身打造的总统职位中，接任的副总统在一开始面临着特别的治理挑战。鉴于选举是根据日程而非议题来设定，作为继任者的总统寻求选举的合法性要等待选举年的到来——杜鲁门等待了将近四年。然而，这种安排是在分析美国总统制及其在政府体系中的地位时，需要说明的另一个变量。

第四章
担任与连任总统职位

总统们进入的通常是业已运转艰难的政府。分权体系必然以机构的各组成部分之间不同的任期和工作习惯为特征。民选官员来来往往,通常依循着不同的时间框架。文官则继续"官僚化",法官继续从事审判,游说集团和记者群体也一如既往。

高层的变动毫无疑问至关重要,但是已经存在的施政方案和已经在职的人员说明了华盛顿发生的大多数事情。并且,以管理的项目和支出的金钱来衡量,工作负担在增加。直到1962年,联邦政府的支出达到1000亿美元。20年后,政府支出超过7000亿美元;再过20年之后,也就是2002年,支出突破2万亿美元大关。这40年中有9位总统任职,每位总统都继承了前任总统经历过的支出膨胀的责任。

为管理耗资数十亿甚至数万亿的项目,庞大的官僚体系应运而生。许多这类工作在内阁各部门中完成。1945年第二次世界大战结束之时,有10个部门,其中2个(战争部与海军部)随即合并为国防部。在随后的60年中,增加了5个部门,每一个都代表新的或者大为提升的联邦事务(例如卫生、教育、能源与国内安全等)。在小布什任期内,美国卫生与公众服务部的支出超过卡特总统任期内整个联邦政府的支出;国防部支出数额紧随其后。

未来的总统被期望能够掌管这个利维坦式的庞然大物。在一个由各州联邦单位、项目、规则、程序，以及与其他国内和国外政府机构的关联所组成的迷宫中，他们要为所发生的一切负责。当新当选的总统审慎考虑踏上职位、接管事务这样的任务时，他们也同时观察卸下职务的人——那些精于为留驻华盛顿的政府常任雇员担负责任的人。新总统及其幕僚与那些离任者大多数情况下分属不同政党，因此在交接之时很少说些什么。新的执政团队必须边干边学。并且，所干的工作就是要使总统班底有足够的能力，为政府中发生的一切承担责任。以下的部分是必须要做的事。

顶层位移

想象一幅画面，许多小三角形在一个大三角形中跳跃。现在想象，三角形的顶部被移除，构成了梯形。这些几何意象传达了高层发生变化时所出现的情形。白宫清空了，各个部门与机构领导的办公室也是如此。总统拥有宪法赋予的职责，"经征求参议院的意见和同意"（第二条第二款）来填充许多这类位置。在19世纪的大部分时期中，政治分赃制（patronage），即对党人的任命，深入地延伸到各个部门和机构中。随着《彭德尔顿法》的通过，职业的公务员机构得以创立，从此将任命限制在了高层领导职位上。

总统拥有权力进行多批人事任命。最为重要的是任命白宫幕僚、内阁和其他高级行政官员、机构首领和其他高层职位、规制性委员、委员会成员以及大使与领事。联邦法官的任命权也被授予总统，但是必须等待空缺出现。联邦法官并不会随着新总统的当选而大规模退出。总统并“在参议院休会期间，如遇有职位出缺，有权任命官员补充所有缺额”（第二条第二款），这是允许总统临时任命应由参议院提名的官员的一项条款。

如前面所指出的，在建国后的第一个百年中，政治分赃制非常普遍，并且这一制度现在依然主导着主要的政策职位以及总统的私人幕僚。人们于是期待，总统将任命那些表现出对政党及其领袖的支持的人。然而，近几十年来，有人呼吁总统应该在内阁中至少任命一位他党成员。二战后的大多数总统都试图如此行事。因此，举例来说，来自缅因州的共和党人、参议员威廉·科恩得以担任克林顿任期的国防部长；来自加利福尼亚州的共和党人、前众议员诺曼·峰田被任命为小布什总统的运输部长（峰田也是克林顿总统的商业部长）。

只是近来，性别、种族和民族多元性才成为评价内阁的一个标准。从1945年到1977年（从杜鲁门到尼克松—福特），97%的内阁部长是高加索人①。艾森豪威尔任命了一位女性，约翰逊任命了一位非裔美籍男性，福特总统任命了一位女性和一位非裔美籍男性。这些任命中的每一项都是为了接替前任或者领导一个新建部门。这段时期四位总统的最初内阁清一色都是白人男性。

1977年到1989年之间的内阁在某种程度上更为多元。卡特总统任命了三位女性，包括一位非裔美籍女性。三位中的两位是初始内阁成员。里根任命了两位女性，并且还任命了非裔美籍男性与西班牙裔美籍男性各一位。

自1989年以来，内阁职位的多样性成为衡量未来总统人事任命的标准。从1945年到2005年，76%的多样化人事任命就是在

① 即白人。——译注

这第三段时期进行的：老布什总统作出6次这种任命；克林顿作出16次，小布什作出13次。白人男性主导着第一段和第二段时期（分别为97%和87%）。在第三段时期，这个比例只有57%。

初始内阁成员任命的数目也大幅增加：老布什在其初始内阁中任命了3位，克林顿任命了8位，小布什任命了7位。在克林顿的内阁中，白人男性处于少数地位。在小布什的内阁中，白人男性占据一半。鉴于这种趋势代表着女性和少数族裔更广泛的政治参与，我们没有理由期待它会逆转。

另一个重要的变化是，多元化的人事任命开始指向克林顿和小布什的内阁高层职位。克林顿首次任命女性出任总检察长（珍内特·雷诺）和国务卿（马德琳·奥尔布赖特）。小布什首次任命非裔美籍男性和女性担任国务卿（科林·鲍威尔与康多莉扎·赖斯）以及首位西班牙裔美国人担任总检察长（阿尔韦托·冈萨

图4.1　里根总统在白宫内阁会议厅与内阁成员会晤。（国家档案与记录管理局）

雷斯)。

从竞选到治理

竞选不同于治理。以下是里根总统的一位幕僚对两种活动的比较:"[竞选]是我们与他们之战。是共和党人对民主党人之战。这与国家治理大相径庭……治理中没有多少需要祈祷'万福马利亚'的大麻烦。它每次损坏五到十码,并且让人们在你的场地一边玩耍。"另一位总统幕僚认为竞选是一场"只有一个舞台的马戏",聚焦于候选人以及宣布获胜者的确定一天。与其相反,治理是一场"有着万千舞台的马戏"①。

当然,两种活动不同并不意味着它们毫不相关。总统竞选决定着哪个团队可以执政,并且影响着他们如何执政。一般而言,竞选提供了竞争性的政策重点,或者提供一些政策建议,在这些建议中候选人们能就重点事项达成一致。总统候选人及其班底创造、管理着一个全国性组织,并且经常与国会竞选和州长竞选相交叉。这样,候选人们就有机会去了解政策议题、其他人的偏好、工作人员能力以及组织有效性等。在这些意义上,竞选具有让获胜者为治理作好准备的潜在功能。

也存在这种情况,即治理影响竞选。候选人在巡回竞选过程中搜寻议题。大多数议题都是从政府正在从事的工作中浮现出来的。例如,2004年总统竞选聚焦于反恐战争和伊拉克战争、国内安全、能源、社会保障、赤字和税收等。相应地,小布什第一任期的治理设置了竞选议程,两组候选人都检验了公众对这些议题的反应。获胜者(小布什以微弱优势获胜)于是将学到的教训

① 引自 Charles O. Jones, *Passages to the Presidency: From Campaigning to Governing* (Washington, DC: Brookings Institution Press, 1998), 52.

应用于第二任期的治理。

同时,国会成员大多开展单独的竞选活动,其议题一般是为各州和地方选区量身定做的。总统和国会将竞选经验与教训运用到国家治理上的效果，为下一次选举设置了新的议程。这两项功能——治理和竞选——是实实在在又持续不断地相互连接的,正如人们在代议制民主之下所期待的那样。

在以前，总统并不愿意广泛地巡回奔波来为其施政方案确立支持。历史上存在相关事例,著名的如伍德罗·威尔逊支持国际联盟的全国巡回。比较普遍的是募款旅行以及电台或电视演讲。约翰逊总统曾说:“有时……登上报纸和深入民心的唯一方法是与国会开战,对他们恶语相向,展示我的脾气。”在大多数情况下,他相信他应该“从内部工作”,因为走到外面去很可能会疏远国会议员。①

但是,1965年,约翰逊拥有两项有利条件:以压倒性的优势获胜,并且民主党占国会绝大多数席位。从那以后,没有哪位总统有过如此有利的政治地位。因此,随着通讯手段的发展,总统们越来越多地走向公众以寻求支持。为了更好地完成这项任务，总统将竞选顾问请到身边。最近的例子是小布什身边的卡尔·罗夫,担任副幕僚长,既在政策也在竞选方面为总统提供建议。毫不奇怪,罗夫已经成为强烈批评的目标,同样,这也将是未来在白宫中当差的政治顾问们的命运。为什么呢?因为他们代表着竞选与治理的融合,而许多批评家相信这两者应该分开。

---

① Lyndon B. Johnson, *Vantage Point: Perspectives on the Presidency, 1963–1969* (New York: Holt, Rinehart and Winston, 1971), 450.

启动:过渡期

当选的总统有大约十个星期来组织并准备其直属机构。此时,他们设置政策重点;作出关键的人事任命;确立与国会、文官、媒体以及其他政府机构之间的联系;并且,准备搬进白宫及其他政府建筑里已经清空的办公室中。这是一项极其复杂的任务,在新总统当选后,这项任务一般都会涉及政党之间的轮换(第二次世界大战后,8次政府过渡中有7次政党轮换)。政策重点的设置一般会遵循竞选过程中提出的主张。毕竟,竞选是与议程相关的。议程构成了全部辩论的基础。然而,千真万确的是,按照日程而非议题的出现来进行的选举,会在政策重点的先后次序上造成实质性的变化。1968年,没有人会怀疑结束越南战争是尼克松的政策重点;或者1976年,也没有人怀疑能源问题和政府伦理问题是卡特政府优先考虑的事。经济问题在1980年成为里根政府的首要任务,并且在1992年再次成为克林顿政府的首要任务("笨蛋,问题在于经济")。不那么清晰的,是1988年老布什的政策重点,那次的竞选被指责为缺乏议题;还有2000年小布什的政策重点,当时对好几个议题都进行了辩论,但是没有哪个议题在公众中被确立为重点。布什自己将减税视为最优先的政策。确立一个清晰主题是向治理阶段过渡的显著优势,因为它设定了此一总统任期的目标和方向,也有助于确定谁将得到任命。

可以理解的是,过渡期中的媒体注意力会聚焦于关键的人事任命。人们有强烈的兴趣来关注"盒子",即关键的内阁职位和总统的主要幕僚的填充。对许多期望得到任命的竞选幕僚而言,过渡期是一个令人焦虑的时段。并且,与政府有业务往来的集团,以及与白宫和内阁各部有合作关系的国会各委员会及其工作人员,也兴趣高涨。表4.1列出了2006年秋季时的内阁各部门及其部长,包括总检察长。

在作出人事任命方面,已经形成了一些惯例和次序,如果在选举之前已经对过渡期有过规划，大多数人事任命都会得到有效地执行。其中部分规则如下：选择一位具有联邦政府工作经验的任命主管，快速行动，尽早地任命白宫幕僚和主要的内阁职位(国务院、财政部、国防部、司法部),尽快确定亲密顾问的未来，使人事任命代表政策议题，将竞选善后的各项职能从人事任命中区分出来。对继任者而言，这些实践经验合在一起构成了头脑清醒且有逻辑的规划，施政方案与人员得到完美协调,传达出清晰的使命感。以这些标准来衡量,肯尼迪(1960)、里根(1980)和小布什(2000)过渡期得到很高分数,卡特(1976)、老布什(1988),以及特别是克林顿(1992)过渡期得到较低分数。顺利的过渡并不能保证有效的总统任期，但是它的确更有可能创造一个有效的开端。

"清白无辜直到被提名",这是老布什的顾问伯登·格雷描述的人事任命过程。总统人事任命专家保罗·莱特曾说:"人事任命过程本身便是"说服优秀管理人才进入政府的"最大障碍"[①]。被提名人必须通过联邦调查局的背景调查，提交详细的财务公开表格，由参议院委员会人员进行审查，在确认听证会上接受质询，并且由媒体和利益集团密切监督。所有这些检查都会耗费时间。在关键岗位,尤其是高级行政官员的填补方面的拖延,对即将承担治理责任的新总统而言，会使富有挑战性的任务变得更加复杂。

① 莱特引用自 Charles Babington, "Presidential Appointment Process Questioned," *Washington Post,* January 10, 2001.

表4.1　2006年的内阁各部门和任职人员

部门	创立于	2006年任职(任次)*
国务院	1789年	康多莉扎·赖斯(第64任)
财政部	1789年	亨利·保尔森(第74任)
国防部	1789年设立战争部； 1798年设立海军部； 1947年设立国防部	唐纳德·拉姆斯菲尔德(第21任国防部部长)
司法部	1792年设立总检察长;1870年设立司法部	阿尔韦托·冈萨雷斯(第79任总检察长①)
内政部	1849年	德克·肯普索恩(第49任)
农业部	1889年提升为内阁级	迈克尔·约翰斯(第29任)
劳工部	1913年(最初为1903年的商务和劳工部)	赵小兰(第24任)
商务部	1913年(最初为1903年的商务和劳工部)	卡洛斯·古铁雷斯(第36任)

(待续)

① 美国司法部是在总检察长的基础上设立的。司法部成立后，由总检察长任部门长官。总检察长(Attorney General)也有人译为“司法部长”。——译注

表 4.1(续表)

部门	创立于	2006年任职(任次)*
卫生与公众服务部	1953年设立卫生教育和福利部;1979年设立卫生与公众服务部	迈克尔·莱维特(第20任卫生教育和福利部部长;第8任卫生与公众服务部部长)
住房和城市发展部	1965年	阿方索·杰克逊(第13任)
交通运输部	1966年	玛丽·彼得斯(第15任)
能源部	1977年	塞缪尔·博德曼(第11任)
教育部	1979年	玛格丽特·斯佩林斯(第8任)
退伍军人事务局	1988年	吉姆·尼科尔森(第6任)
国土安全部	2002年	迈克尔·切尔托夫(第2任)

* 如果任职人员在该位置上任职时间超过一位总统任期,并不重复计数。

来源:作者汇编信息自*The United States Government Manual, 2005–2006* (Washington, DC: Government Printing Office, 2005).

党派问题也增加了对新行政团队的考验。公认的一点是,总统应该能够任命自己中意的人。因此,参议院对大多数任命都会同意。然而,近几十年来,更常见的情形是,总统作出的任命必须得到另外一党控制的参议院的同意(如不同时间内尼克松、福特、里根、老布什、克林顿和小布什面临的情形)。相应地,总统必须考虑被提名人遭到否决的可能性;例如,老布什高调提名来自得克萨斯州的共和党人、前参议员约翰·托尔到内阁中任国防部长。引人注目的是，托尔在参议院中的许多前同事投票反对这项任命。有趣的是，老布什接下来提名的是理查德·切尼，他后来成为老布什之子的副总统。

尽管遵循不同的程序，司法任命也变得非常富有争议。这些人事任命并不是建构总统制的一部分。相反，在任命"最高法院大法官"方面（第二条第一款①），他们代表总统宪法权威的运用；并且对"低级法院"法官的任命（第三条第一款），是由法律所规定的。这些任命是为了填补第三分支的职位空缺，并且实际上是终身任职，而不是与总统任期相符。

图4.2　一届政府向下一届政府过渡——从艾森豪威尔到肯尼迪（德怀特·艾森豪威尔图书馆）

① 应为美国宪法第二条第二款，原文疑有误。——译注

与行政系统的人事任命一样，总统选定的大多数法官人选都能得到批准。但是，总统与参议院之间的政党分裂控制使得征求“意见和同意”的过程日益紧张，特别是对上诉法院和最高法院人选提名而言。人事任命可能被司法委员会搁置，或者在极少数情况下在参议院议席上被否决。在第108届国会（2003—2005）上，少数党派民主党动用阻挠议事（filibuster）程序，挫败了小布什对上诉法院法官的多项任命，这项程序到第109届国会（2005—2007）时经两党协商至少暂时停用了。

人员流动：重塑总统制

各直属机构已经组织完成，参议院已经同意对内阁的任命，新团队已经嵌入常任政府（由长期任职的官员、议员连任率高的国会和终身任职的法官组成），此后，总统们只能寄希望于各直属机构能够有效地形成合力。然而，这毫无保证。被任命者往往来自大相径庭的背景。在议会体制中，内阁一般由具有相似政治经历的部长组成——大多是议会议员。但是，这种情况并不会发生在美国的分权体系中。内阁各部长分别来自公共领域和私人领域的各种背景。例如，克林顿和小布什的第一届内阁分别来自商界和银行界、法律界、国会、教育界、州和地方政府以及军事部门。大多数人过去从未一起工作过；一些人甚至与总统并不熟识。此处的挑战是，如何确保若干彼此迥异的部门领导支持总统的施政方案，并且正确地实施这些方案。

一般情况下，白宫幕僚的确都拥有一些共同的政治经验。大多数人都在刚刚结束的竞选中非常活跃。这些竞选幕僚很少在第一届内阁中得到任命。然而，他们却非常熟悉总统的施政方案，以及这些方案在竞选中是如何形成的。因此，他们非常适合来监督各种提案是否及如何得到处理，是否及如何在各个部门和机构中得到推动，至少那些拥有十足的经验、非常了解华盛顿的人是适合的。

幕僚人员和各部门以及机构领导之间的冲突并不少见，这些人与资深文官的意见相左也不少见。当总统任命的人进入各自部门与机构的岗位，“走向本职”时，有时会得到一些参考意见。这里的关切是，他们会对现存的施政方案，而非对总统的改革议程表达更多的忠诚。

为总统服务是一项临时性的工作。毕竟，第二十二条修正案为总统任职设置了最多两个任期的限制。很少有内阁部长曾经任满两个任期，自从1951年任期限制修正案被批准以来，只有10位：艾森豪威尔任期有2位；肯尼迪—约翰逊任期有3位；里根任期有一位；以及克林顿任期有4位。人员变动率尽管在各个总统任期内有差别，但是的确很高。内阁部长在两个任期的政府（包括由副总统继任的，如肯尼迪—约翰逊和尼克松—福特政府）中任职月数的中位数，位于克林顿8年的48个月到尼克松—福特8年的24个月之间。尼克松和福特任期总共有43位内阁部长得到任命；艾森豪威尔任期只有20位。比较显著的是，总共有5位总检察长和5位劳工部长在尼克松和福特时期任职，对这两个职位而言平均任期只有19个月多一点。

怎么解释在人员流动方面的这些显著差异呢？无疑，总统的变更（如肯尼迪死亡以及尼克松辞职）意料之中地会引起人员流动，因为继任总统最终会带来他们自己的团队。不过，就尼克松而言，甚至在他辞职之前，也存在着较高的人员流动率。在一开始就将人任命到合适的位置上，这对人员留任而言显得非常重要。与之相关的，是与总统和白宫幕僚之间保持良性的工作关系。不过,即使在这些条件都得到满足时,人员流动率也相对较高。工作要求苛刻,各种批评不可避免,薪水却相对较低。因此，不原隐忍的人经常会宁愿返回私有部门，从事收入较高的工作。

从克林顿和小布什的任期来看,情况或许已经有了变化。在20世纪,克林顿内阁的人员流动在所有八年总统任期中最低,同时任职贯穿整个八年的人数最多。小布什内阁在第一个任期中创造了辞职人数最少的当代纪录，只有两位内阁部长发生变动——一个是自愿辞职,一个是非自愿辞职。随后,另外一个纪录诞生:在第一任期和第二任期之间内阁人员变动最多。也许，伴随更大的稳定性，未来的人员变动将会减少。这样的结果当然会受到欢迎，因为高层的频繁变动会引发文官机构与白宫、国会、各州和其他政府之间必须重新确立衔接关系。

第一任期和第二任期

第一任期和第二任期是非常不同的。在第一任期内,有很大的压力去作出满足各色人等期望的人事任命，这些人包括竞选工作者和其他贡献者、国会议员、利益集团、政党组织和媒体等。每项人事任命都会受到评估，看它在政策和政治方面反映了新的总统班底怎样的倾向。

第二个任期的任命也会受到关注,形势却显著不同。某些关键人员可能决定继续任职，总统在填补职缺方面具有某种程度上的更大弹性,潜在被提名人的选择范围将包括许多在部门或机构拥有经验,或者在从事相关工作时得到总统信任的人。

8位总统得到连任(1896—2004):麦金利、威尔逊、连任三次的富兰克林·罗斯福、艾森豪威尔、尼克松、里根、克林顿和小布什。他们的纪录显示，在连任获胜时重组内阁，这是现代才有的现象。第一组的4位总统——麦金利、威尔逊、第二任期的罗斯福和艾森豪威尔——在连任当选时没有作出任何人事调整。罗斯福在第二次连任和第三次连任（1940年与1944年）时的确作出了一个调整。

第二组4位总统——尼克松、里根、克林顿和小布什——则在连任当选时作出了重大调整。1972年，尼克松要求白宫幕僚和内阁辞职。据说，尼克松曾对他的幕僚说："没有什么东西是神圣不可侵犯的……我们将要刨掉豆田。"[①] 内阁6个职位发生变动（50%的人员变动），幕僚得以重新组织。里根和尼克松也一样作出6次变动；克林顿任命5位新的内阁部长；小布什则创造了8次人事变动的历史纪录。在后面三种情况下，人员变动更多地与内阁部长的偏好而非尼克松式的"大扫除"相关。当然，其效果是，伴随45%的平均人员流动率，这三套总统机构都经历了一次更新。

经常有人声称，总统们存在一个第二任期诅咒，即连任的总统注定失败。这个说法的原理在于，总统的多数施政方案都是在第一任期内制定推行的——华盛顿圈内人将第二任期的总统视为"跛脚鸭"，并且第二任期会放松约束，容易引发丑闻。历史记录的简短回顾显示，第二任期发生的一切更多是一种偶然，而不具有历史必然性。在现代，获得连任的总统比较少。回顾每个具体案例时，这一数字就变得更小了。

麦金利被暗杀，威尔逊在连任一年内便严重中风。罗斯福三次获得连任，因此很难说他受到了诅咒。因为水门事件的调查，

① 报道于Stephen E. Ambrose, *Nixon: Ruin and Recover, 1973–1990* (New York: Simon and Schuster, 1991), 14.

尼克松在第二任期的第二年中便辞职。本书撰写之时，小布什尚未完成其第二任期。因此只留下三个完整的情形：艾森豪威尔、里根、克林顿。

三位总统中的每一位都确实沾染了丑闻，只是丑闻属于不同类型。艾森豪威尔的幕僚长谢尔曼·亚当斯曾经接受商人伯纳德·戈德法因的馈赠，并试图为了他去影响相关联邦机构。亚当斯最后辞去了职务。里根时期的主要丑闻涉及一个复杂的计划，即以向伊朗秘密出售武器获得的利润，来支持试图推翻尼加拉瓜左派政府的反政府军。总统承担了责任，幕僚长唐纳德·里甘被免职，随后，对国家安全人员进行了改组。

克林顿在第二任期的丑闻涉及总统本人的私人行为。那时，他已经成为独立检察官肯尼思·斯塔尔的调查对象，主要针对阿肯色州的一起土地交易以及对保拉·琼斯的性骚扰指控。1998年的新丑闻，涉及克林顿与白宫实习生莫尼卡·莱温斯基关系的曝光。斯塔尔向众议院提交的报告导致众议院以带有明显党派倾向的投票决定弹劾总统。但是，参议院的审判最终并未导致其免职。

第二任期的这些丑闻在每种情形下都破坏总统机构吗？当前证据并不足以推导出存在“诅咒”。共有四个因素与之相关：丑闻的发生时间、总统的工作满意度评价、中期选举结果以及重要法规的出台。如下便是事实：

- 艾森豪威尔：丑闻曝光于1958年（亚当斯在中期选举之前便辞去职务）；总统工作满意度评价在丑闻之前便持续下降，随后上升；民主党在1958年获得参众两院的巨大胜利；与第一任期相比，第二任期通过了数量略多的重要法规。

- 里根：丑闻曝光于1987年，一直延续到1988年；总统工作满意度评价在丑闻之前下降，在任期将尽时上升；民主党人重新控制参议院，并在丑闻曝光之前得到众议院席位数的小幅净增长；第二任期出台的主要法规数量比第一任期内有大幅增长（1987—1988年是出台数量最多的两年）。
- 克林顿：莱温斯基丑闻曝光于1998年初，一直延续到1999年参议院审判为止；总统的工作满意度评价在1997年就职之后呈现上升趋势，1998年中度下挫，然后在其第二任期末又有上升趋势；民主党人打破了所谓的“第六年之痒”，并在1998年使众议院席位数实际上得到小幅净增长，参议院席位数并没有净减少；与第一任期相比，第二任期通过的重要法规数大大减少。

总而言之，这些混合的结果使得人们难以对第二任期持一种总体的看法。丑闻与工作满意度评价以及选举结果的关联并没有那么紧密。重要法规可能并且的确在第二任期中得到通过，数量有时甚至多于第一任期。与第二任期诅咒的暗示相比，一个更站得住脚的结论是：一组变量因素结合起来影响着分权体系的运转和产出，这符合人们对开国元勋们的政府创制之道的期待。需要注意的是，最初的设计并没有任期限制，因此也就没有“跛脚鸭”总统的结构基础。

结论

总统制是一种动态机制，不断地被塑造和重塑着。与该制度的民主基础相关联的两个主要因素，有助于我们理解其蓬勃的生命力。第一，就实际发生的情形而言，总统进进出出相当频繁。他们被赋予在某些限制之内组织直属机构的自由。如果得到连任，他们会重新塑造自己的组织机构和施政方案，乃至使其重获新生。第二,出于有意设计和历史原因,总统制是代议式的。相应地，人们可能期待总统以纲领性和组织性的调整来对各种重大事件作出回应。

机制的活力并不意味着不稳定或者剧烈变革。实际上,分权原则便是设计出来防止行政分支的结构和组织发生剧烈重组的。总统们的确作出了可能会被纳入未来白宫运行机制的各种调整。在过去半个世纪中,总统制经历了渐进的变化,如第六章和第七章将显示的。一般而言,这些转变都反映了社会、经济和技术变迁,这对代议制民主来说是意料之中的事。

第五章

衔接并领导政府

合理警告:有些主题因过于重要而不那么有趣。第五章和第六章便充满这些话题——组织、管理、联络、政策提出、法律制定、预算等。请继续下去。我一直试图让相关讨论变得易读。在开国元勋们设计的分权体系之下,这些主题的重要性不是我能改变的。他们意识到领导力的必要性,却警惕着易于实现的控制力。因此,以下两章将详细描述总统面临的一项挑战,即超出既有权力去竭力满足民众对领导力的期待。稍加思索,这听起来既饶有趣味又非常重要。

宪法第二条首句,“行政权力赋予美利坚合众国总统”,或许本来暗含着如下措辞:“总统负责衔接政府其他部分。”开国元勋们创造了由若干部门组成的政府。作为唯一的全国选举的领导人和官僚分支的首长,毫无疑问,总统将为所有其他部分负责。这个事实本身,就会促进总统留意整个政府所发生的事。

那么,看看政府变成了何种模样。《2005—2006年美国政府指南》列出了行政分支中的下列单位[除将要在下面讨论的总统办事机构(Executive Office of the President)外]:15个内阁部门;59个独立机构和政府公司、51个各种委员会、理事会;4个准官方机构和若干多边或双边组织。并且,这些机构只是冰山之一角。例如，国防部拥有3个部门，每个军种一个部门[①]，16个部局，以及若干作战司令部和野外行动部门。最近创建的国土安全部拥有2位助理部长、7位主管、1位副部长、5位业务副部长和1位海岸警卫队司令。行政分支中还有若干独立的组织单位，负责期货交易、产品安全、人文艺术、邮政资费、交通安全，以及其他各个方面。

组织机构管理着工作人员，在联邦政府中就有几百万工作人员。表5.1显示了具体人数。联邦雇员总数，包括文职人员与军队人员，逼近400万人——大约是洛杉矶总人口的规模。表5.1还显示了位于华盛顿的选任官员数目。请注意，立法者的数目增加，对参议院而言反映了州的增加，对众议院而言则反映了人口数目的上升——直到1911年众议院席位被限定于435个。行政长官的数目则保持在一位总统和一位副总统。现在，来看看雇员数目：由两位民选长官管理的几百万人；立法者们管理的超过3万人。

但是，你猜怎么样？因为多方面的原因，近年来联邦雇员人数实际上下降了。现在，更多的联邦政府工作改由州和地方来完成，在过去20年中，州和地方雇员数量增加了40%（现在逼近2000万）。也存在这种情况，即以前由政府雇员从事的工作现在转包给私人公司。并且，兵役现在是志愿的（并非义务役）和“高科技的”。这些变化减少了雇员数目，却增加了管理问题和问责问题。联邦项目，如医疗补助制度和犯罪控制等，可能会交给下级政府去处理，但是总统依然要对最终结果负责。

① 指陆军部、海军部和空军部。——译注

表5.1　2003年联邦雇员

部门	2003年雇员	
行政:文职人员	2,677,294	
行政:军队人员	1,045,067 *	
立法	31,297	
司法	34,472	
总计	3,788,130	
民选官员	**1789年**	**2006年**
行政	2	2
立法:众议院	65(13个州)	435(50个州)
立法:参议院	26(13个州)	100(50个州)
司法	0	0

* 2002年数据。

来源:*Statistical Abstract of the United States, 2004-2005* (Washington, DC: Government Printing Office, 2005), 322, 331.

成本问题同样解释了总统对衔接工作的关注。尽管努力控制支出,成本数字还是缓慢增长并逐步扩大。表5.2显示了近几十年的统计情况。以前难以想象的政府赤字已经构成全部债务的极大份额。这些数字的单位是十亿美元,意味着许多项目的支出当以万亿来计算。2000年,资金收入实际上超过了支出,这是20世纪末代表经济蓬勃发展的一个显著成就。即便如此,联邦总债务还是继续攀升。从1980年到2004年,收入增长超过3倍,支出却增长4倍。然而,衡量经济的标准指标,即支出占国内生产总值的百分比,一直保持在将近20%。更加令人苦恼的是日益攀升的总债务,它已数以万亿计,占国内生产总值的比重从三分

表5.2 支出、赤字与债务(单位:十亿美元)

预算 特征	年份 1980	1990	2000	2004(估算)
收入	517.1	1,032.0	2,025.2	1,798.1
支出	590.9	1,253.2	1788.8	2,313.8
结余或赤字	−73.8	−221.2	+236.4	−520.7
支出占GDP百分比	21.7	21.8	18.4	20.2
联邦总负债	909.0	3,206.3	5,628.7	7,486.4
债务占GDP百分比	33.4	55.9	58.0	65.3

来源:*Statistical Abstract of the United States, 2004–2005* (Washington, DC: Government Printing Office, 2005), 308.

之一扩展到三分之二。

一万亿有多少?这很难以人们的日常词汇来解释,但是当债务总额为1.5万亿时,有人曾经以美元钞票重量来计算,它相当于15艘航空母舰、12艘驱逐舰、2艘战列舰、2艘巡洋舰和17艘小舰船的重量之和。在本书写作之时,债务总额正朝向8万亿美元迈进。你可以自己计算,然后谈论一下瘦身的必要性吧!

就目前的意图而言,表5.2中的数字清楚表明了总统为施展行政权力,与政府中的常任官员建立联系的紧迫性。现存的施政方案拥有来自运作它们的组织,以及它们所服务的委托人的支持力量。在管理这个庞然大物的问题上,新一任总统早已落后于预定计划。即将离职的总统及其幕僚编制合适的预算,并准备好下一财政年度的支出和税收计划。然而,已在册项目的支出和执行效果不久就将由新一任领导人来"照看"。

与谁衔接?

总统必须与谁衔接,或者衔接什么内容?不管他们对发生之事负多大责任，事实是总统对其他治理部门的指导与控制有很大不同。就某些部门而言,总统能够招揽人马或解除任命,在一定程度上重新组织，并施展预算权力。其他部门则拥有不同程度的独立，从拥有自身合法性来源到公众或委托人的支持力量等。其类型——受白宫控制的程度由大到小——包括:与总统任期基本一致或根据总统意愿而任命的内阁各部及机构，任期重叠或长期任职的独立机构，联邦政府的其他分支，媒体以及其他政府与国际组织等。

内阁各部及主要机构

人们普遍承认,总统有权管理庞大的部门和机构。毕竟,总统拥有民主制之下合法性的“黄金标准”——经选举而任职。总统任命各部部长、行政官员和主管，这些人将会实现总统的政策偏好。集中的预算控制和对项目动议予以批准是总统施行其决策的杠杆。那些无法满足总统要求的人可能被免职。最近的例子是：克林顿总统在上任后不久便将国防部长莱斯·阿斯平解职,财政部长保罗·奥尼尔被小布什总统解职。

独立委员会

国会已经设置多个政策领域的委员会，这些领域被视为不宜受到党派之争的影响。这些委员会大多处理经济和规制方面的议题:证券交易、银行业、利率、贸易、航运、通讯和劳工关系等。这些委员会中最主要的是联邦储备体系,简称“美联储”,原因在于它关于利率的决定对经济的影响。总统任命委员会主席，但通常不能免除其职务；主席任期相互交叉以便提供政策连续性，通常超出一届总统的四年任期。这些委员会的构成要求照顾两党均衡，任何一党的成员优势不能超过一人。总统可以通过人事任命来影响政策，但是情况往往是，对其独立性的更大威胁来自他们对自身主管产业的特殊照顾引起的后果。

其他分支

联邦法官终身任期制是司法机构独立性的主要基础，这也由民选官员不能影响法庭个案判决的基本理念支撑。总统有机会通过提名法官的宪法特权来影响法院的方向，参议员也可以在"建议和同意"过程中影响法院。伴随政党分裂政府和微弱多数的频繁出现，近几十年来，联邦法院人事任命变得越来越充满争议。自1968年到目前为止，共和党总统拥有最多的机会来任命法官，在这40年（1968—2008）中，共和党人占据白宫28年。然而，在许多情形下，法官本来被认定为持有某种哲学信仰，最终展现的却完全不同（例如，肯尼迪任命的最高法院大法官拜伦·怀特被认为是温和自由主义者，上任后却是一位温和保守主义者；福特任命的约翰·保罗·史蒂文斯和老布什任命的戴维·苏特，情形恰恰相反）。

总统不可能停止影响国会。相反，挑战在于与参议院和众议院中复杂而迥异的组织之间确立衔接关系。两院中的委员会和小组委员会都与行政机构的主要框架近似对等（例如，国防部和参众两院的武装部队委员会）。因此，在官僚分支机构和相对应的委员会之间早已经存在衔接关系，这就是所谓"默契小三角"（cozy little triangles）的三个侧边中的两个（第三个侧边是受当前议题影响的私人和委托人利益）。总统若出于某种原因急于改变政策，就必须通过发展自身与立法者之间（包括委员会和小组委员会中的常任工作人员）的紧密纽带，来推翻以上这些持久的关联。

与政党领袖发展密切关系的必要性也同样重要，包括要弄清这些领袖需要获得白宫的哪些支持，来确立其在立法机构中的多数位置。在某些情形下，总统所在的政党可能在国会中与反对党主席展开连年的政策争辩。例如，肯尼迪和克林顿就职之时，民主党已经在艾森豪威尔与里根—布什时期把持参议院和众议院多数达六年之久。与此相似，在小布什就职之时，共和党人也已经占据参众两院多数达六年多。曾在与白宫对峙的过程中磨练了技能，国会山的执政党现在却必须变成啦啦队队长——这并不是永远轻而易举的转变，但如果总统幕僚足够机敏，过程会容易得多。

媒体

在两类核心机构，即总统直属机构与新闻界之间，存在着永久的紧张关系。“迟早，所有总统都会把问题归咎于媒体。他们是正确的。新闻界与总统之间天生就有敌意。他们互相需要，却又憎恨这种关系。”[①] 这两类机构之间也是天生具有竞争性的，甚至是对抗性的。总统凭借其通过民选任职而成为民众的代表。记者们相信，告诉民众总统的所作所为是其职业义务，甚至是宪法第一修正案规定的宪法义务。在国家政治方面，极少有比这种关系更为敏感的关系。白宫记者团是一帮来自于纸质媒体或电子媒体的记者，他们以总统官邸为工作场所，并且追随

① Gary Wills, 转引自 Charles O. Jones, “The Presidency and the Press,” *Journal of the Press and Politics*, Vol. 1, No.2 (1996): 16.

总统的外出日程。白宫新闻传播办公室提供每日简讯，并负责通过其他渠道告知公众全国性的政策决定。白宫新闻秘书逐渐成为总统政策决定的非正式发言人。

其他政府

联邦政府与50个州和数千个地方的治理机构以错综复杂的方式相关联。根据人口普查局2002年的统计，美国有超过87,500个地方政府单位（县、市、镇和特别地区），绝大多数都接受并使用联邦资金。

2003年，联邦政府对州政府和地方政府的资助拨款总额接近4000亿美元，大约占这些政府总支出的三分之一。这笔钱中超过85%花费在医疗补助、收入保障、交通运输和教育方面——这些项目是州和地方治理的核心。有些项目的支出以惊人的速度增长：对医疗补助制度的拨款从1980年的140亿美元增长到2003年的1610亿美元；同一时期，收入保障则从180亿美元增长到860亿美元。

在联邦政府对各州和地方的社会和经济生活进行投资的前提下，如果总统希望削减或改革这些项目，则必须审慎谋划。在准备变革提案之时，他们需要利用好联邦各部与实际主管着项目的政府之间的衔接关系。他们可以确信的是，都是在各州和选区当选的国会议员们，将会特别关注改革的效果。实际上，恰是在这一层面上，对个体和家庭而言，政府会变得非常私人化，个体和家庭对改革的反应是可以预测的——往往是抵制。在此方面有关联的是，曾经担任过州长的总统（1976—2008年5位中有4位担任过）更有可能对这些需求敏感。

与外国政府和国际组织衔接则另当别论。多个内阁部门（特别是商务部、国防部、劳工部和财政部)与其他国家的对口部门拥有常规的交流，但是国务院是处理对外关系的主要机构。总统任命成为总统代表的大使，但是使馆和其他外交机构的多数人员都是驻外事务处员工，在每个地方都有一个人被任命为使馆馆长。与之相似,其他国家也在华盛顿特区设立使馆,实质上就是他们在美国的联络地点。

国务院也是负责维持我们与国际组织的关系的机构，主要通过其国际组织事务局来实现。常驻联合国代表的工作地点位于纽约的美国驻联合国使团,他们与国务卿联合工作。

如我们所见,总统对这些组织、分支和政府的影响是通过人事任命来实现的。但是，在外部的被任命人员和内部的常任官僚之间存在着普遍且易于理解的紧张关系。摩擦经常发生在专家和政治人物之间。

常任官僚会学着去为总统及其同僚服务。总统的挑战在于如何利用常任官僚的经验来制定并促进自己的施政方案。在对外政策和国家安全政策中，达成这一目标有可能特别困难。国内官僚机构大多位于美国国内；对外政策和国家安全政策官僚机构则位于美国和全世界范围内。进一步而言，态度和风格的分歧一般会产生在外交官和军事人员之间，造成总统需要应对的又一种矛盾。

是否胜任?

“明显的事实是，没有哪位现代总统完全管好了行政分支……此外,总统之所以是失败的管理者,似乎是因为他们对这项任务并无兴趣,他们的兴趣停留在别的地方。”[1] 这个由公共管理领域的一位著名学者作出的分析提出了另外一个因素:总统是否胜任其职责,即有效地担任行政首长。

1937年,总统行政管理委员会提交的一份报告,正式意识到了为总统获取更多帮助的问题。其结论是:“总统需要帮助。”[2] 两年后,总统办事机构成立。实质上,这个举动为各个单位创造了一个制度性的总部,以推动信息搜集和政策控制。伴随时间发展,总统办事机构必定会扩大功能,增加人员,这一点与它在成立时所想控制的官僚机构并无不同。这个机构从几个咨询者的规模扩展到数百名工作人员,这些人被分别划归联邦政府施政方案所代表的主要政策区域中。今天的总统办事机构就是常任行政分支的缩影。

表5.3显示了小布什时期总统办事机构的组织单位。注意,只有两个单位是1939年时的总统办事机构的一部分——白宫办公厅和管理与预算办公室那时是预算局)。[3] 两个特别重要的委员会诞生于二战刚结束时:经济顾问委员会和国家安全委员会。其他六个机构则产生于1963年以后。

---

① Peri E. Arnold, *Making the Managerial Presidency: Comprehensive Reorganization Planning, 1905–1980* (Princeton, NJ: Princeton University Press, 1986), 361–62.

② President's Committee on Administrative Management, *Administrative Management of the Government of the United States* (Washington, DC: Government Printing Office, 1937), 5.

③ 预算局最初经由《预算和会计法》创设于 1921 年。起初,它是财政部的一部分,1939 年,根据《政府改组法》,预算局移归总统办事机构管辖。

表5.3　2006年总统办事机构

单位	创设原因	年份
白宫办公厅	行政命令	1939
副总统办公室	宪法规定之官员	20世纪60至70年代人员增长
经济顾问委员会	就业法	1946
环境质量委员会	国家环境保护法	1969
国家安全委员会	国家安全法	1947
行政办公室	行政命令	1977
行政管理和预算局	政府改组法第1号令(即前预算局)	1939
国家药品管理政策办公室	国家反毒品法	1988
政策研究办公室		
·国内政策委员会	行政命令	1993
·国家经济委员会	行政命令	1993
科学与技术政策办公室	国家科学与技术政策组织及优先权法	1971
美国贸易代表办公室	行政命令	1963

来源:*The United States Government Manual*, 2006–2006 (Government Printing Office, 2005), 85–98.

总统办事机构下属的这些单位覆盖了主要的政策领域:经济、国家安全与对外政策、贸易、环境议题、科学与技术、国内议程和预算等。这些单位服务于多重目标。一些单位只负责提供咨询(经济顾问委员会、环境质量委员会、科学与技术政策办公室)。另一些单位负责协调主要的政策决定(国家安全委员会、国内政策委员会、国家经济委员会)。两个单位拥有政策制定功能:国家药品管理政策办公室和美国贸易代表办公室。行政办公室主要行使内务处理功能。

上面未提到的行政管理和预算局与白宫办公厅,是它们当中最为重要的单位(副总统办公室值得在下文单独考察)。行政管理和预算局是一个超级协调机构,其功能之广令人惊叹:准备与管理预算、审议政府效率并建议组织变革、批准各部和机构的立法提案、评估政府表现,并提出规制改革提案。① 我曾经建议许多学者,如果他们希望影响政府,就受雇于行政管理和预算局吧。

总统对行政管理和预算局的依赖程度因人而异,但是没有人会相信,在缺乏行政管理和预算局的经验与特长的前提下,总统的机构能够有效地工作。自1974年以来,国会也设置了一个对应机构,即国会预算办公室和参众两院预算委员会。这些进展有助于在这个核心功能方面推动各个分支的衔接。

核心圈子

白宫办公厅是白宫助手的核心圈子,他们是总统寻求内部建议和咨询的依赖对象。这些人组成了“团队”,他们深受总统

① 参见*The United States Government Manual, 2005–2006* (Washington, DC: Government Printing Office, 2005),全部列表见 92 页。

信任，经常是因为他们帮助总统打赢选战，并且/或者之前曾在其他职位上为总统服务。他们中的许多人是跟着总统到达华盛顿的，例如，为卡特州长服务的佐治亚州人士、跟随里根的加利福尼亚州人士、跟随克林顿的阿肯色州人士以及跟随小布什的得克萨斯州人士。在最好的情况下，这些幕僚能够站在他们所服务的总统的角度思考各种事务，明确理解总统的最佳利益所在。在最坏的情况下，这些幕僚则变成骄傲自大的"无所不知者"，为总统、为国家都不能很好尽职。

通过使幕僚敏锐关注当前政策的未来效果，与总统的同心同德可以保障总统权力。最为有效的便是那些既提供信息、又负责预警的幕僚。职位，即身为总统的地位，并不能保证在位者至高无上。因此，幕僚们可以通过既提供分析又提供批评，为总统带来极大助益。那些只围绕自我(egos)行事的幕僚带来的帮

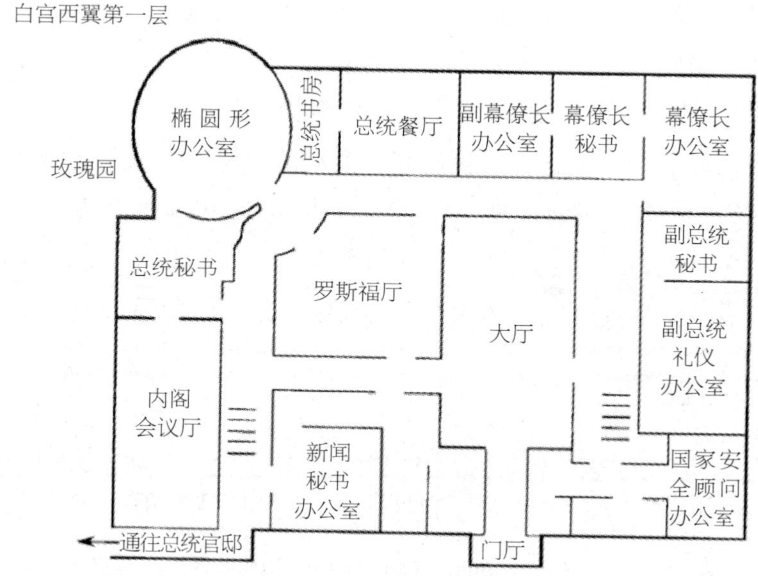

图5.1 白宫西翼：总统及其核心团队工作的地方

助将会极少。

表5.4概述了白宫办公厅当前的人员安排情况。总统在判断如何组织白宫运作时，拥有宽泛的裁量权。一些总统如肯尼迪与卡特倾向于放开椭圆形办公室，并且不希望设置幕僚长。其他总统如艾森豪威尔与尼克松则希望通过幕僚长来进行更多的控制。最初，里根总统与“三驾马车”共事，不过三人中的詹姆斯·贝克尔就是幕僚长。克林顿、老布什和小布什则两种方式并用：设置一位幕僚长，并实质性地让其他幕僚能够接近自己。①

提交给白宫办公厅的政策议题也会随全国性议程和总统偏好的不同而有所变化。引人注意的是，在小布什（见表5.4）任期内，就本土安全与信仰和社区行动倡议在白宫办公厅中设有专门职位。对克林顿而言，任职表现评估或“再造政府”是优先考虑的事。为明确表达重视与强调，林登·约翰逊希望贫困项目能够设置在白宫办公厅中。当然，维护国家安全是所有核心团体都应遵守的准则。

管理方面的功能尽管一直在拓展，但是变动较少。这些助手中的许多人，责任就在于确立并维持本章所探讨的衔接关系。除了内部的管理功能（例如，幕僚长、幕僚秘书和人事部门），大多数活动都涉及联络事宜：与立法机构、与媒体、与内阁、与公众、与各州以及与地方政府等。实际上，白宫办公厅的许多工作都带有“沟通交流”色彩。总统致力于发起并维持与政府和公共受众的联系和对话，这项任务因为信息的传播和接受方式的急剧变化而变得更加复杂。

---

① 详细内容请参见 Stephen Hess (with James P. Pfiffner), *Organizing the Presidency*, 3rd ed. (Washington, D.C., Brookings Institution Press, 2002), chs.3–10.

表5.4　2006年白宫办公厅工作人员职位

职衔与领域	数量	职责
总统助理(管理)	9	幕僚长、副幕僚长(2)、新闻秘书、幕僚秘书、沟通交流、立法事务、人事管理、发表演说
总统助理(特别)	1	副总统幕僚长
总统助理(政策)	5	国家安全(2)、信仰和社区行动倡议、本土安全、政策与战略规划
顾问(法律)	1	法律事宜
顾问(一般事宜)	1	提供一般建议和咨询
总统副助理(管理)	12	为幕僚长提供建议咨询、发起沟通、沟通政策与规划、资深顾问助理、人事任命与日程安排、准备演讲稿或新闻稿、政治事务、公共联络、政府间事务、立法事务(2)、椭圆形办公室运行
总统副助理(特别)	1	第一夫人幕僚长
总统副助理(政策)	3	国家安全、战略倡议、自由服务团
总统特别助理(管理)	3	媒体事务、社会秘书、内阁联络

来源：作者汇编数据自*The United States Government Manual, 2005–2006* (Washington, DC: Government Printing Office, 2005), 86–87.

总统们经常拥有特别顾问，这些顾问形式上的职位不大可能反映出他们实际施展的影响。一般而言，这些心腹的建议更多是政治性的而不是政策性的，但是对两者予以区分经常很困难。民意调查和其他政治交流形式的最新进展，使这些职位与过去相比变得更加专业化。在1994年共和党人获得国会支配权之后，克林顿总统向迪克·莫里斯寻求帮助，莫里斯是曾经与克林顿共事的政治顾问。开始时，莫里斯的角色是一个谜，即使对其他白宫幕僚而言也是如此。后来，当其角色被人们所知后，莫里斯成为一个争议性的人物，被某些白宫幕僚视为对自己工作的扰乱。[1]

在小布什任内，卡尔·罗夫的职位与影响从未成为秘密。人们早已熟知，他是布什竞选和连任竞选主要的政治军师。在布什的第二任期，罗夫被任命为白宫办公厅的副幕僚长，这是既能影响政策又能影响政治的一个职位。

副总统

在赢得总统宝座之前，总统就已经作出了第一项政府人事任命。一位竞选伙伴被选定，随后这位伙伴将担任副总统。就大多数历史而言，历史上副总统的首要工作是作好准备，在总统死亡、无行为能力、解职或辞职时继任。对许多人而言，这个职衔换成"副星号"(Vice Asterisk)可能更好。作个测验：谁是富兰克林·罗斯福的第一任副总统？伍德罗·威尔逊的副总统呢？(答案请见附录。)然而，9位副总统最终成为总统，其中5位随后竞选属于自己的完整任期，4位成功。

总统们并不考虑非自愿离职的事，因此在过去他们一般会选择那些能够帮助他们获胜而非随后帮助其执政的竞选伙伴。

---

① 详情请参阅 Dick Morris, *Behind the Oval Office: Winning the Presidency in the Nineties* (New York: Random House, 1997) 与 George Stephanopoulos, *All Too Human: A Political Education* (New York: Little, Brown, 1999)

但是，最近的实践证明，副总统在就职以后自有潜在的用武之地——经常是弥补总统的弱点。例如，卡特并没有华盛顿或者国会经历，他便挑选受人尊敬的前参议员沃尔特·蒙代尔担任竞选伙伴。里根因为缺乏外交政策背景，便挑选了经验丰富的外交官老布什。与卡特一样，克林顿和小布什在国会山及华盛顿的其他地方都需要协助。克林顿选择了曾经担任过参议员和众议员的阿尔·戈尔。小布什选择了理查德·切尼，他曾经担任过众议员、在白宫任福特的幕僚长、在内阁中任国防部长，这些职务使他成为历史上经历最广泛的副总统之一。

在以上每一个例子中，副总统都协助总统作好与国会和官僚机构的衔接。在治理中扮演的更重要角色使副总统有了规模更大、发声更多的幕僚人员，现在其规模比二战刚结束时的总统幕僚还要大。2005年，副总统切尼的幕僚包括如下职位：

图5.2 里根总统与布什副总统共进午餐，这是磋商的常规场合。(国家档案与文件署)

幕僚长和副幕僚长；

切尼夫人的幕僚长；

5位副总统助理，分别为：顾问、国家安全首席副助理、新闻秘书、行政助理、通讯主管；

2位副总统副助理。[1]

推动副总统活跃参与政事的一个考量因素是他希望成为总统的抱负大小。副总统竞选总统，这在二战之后几乎已经成为惯例。排除那些继任为总统者(约翰逊和福特)，这个名单包括尼克松(1960)、汉弗莱(1968)、老布什(1988)以及戈尔(2000)。蒙代尔(1976)和奎尔(2000)是在副总统任期结束之后参加竞选的。尼克松是第二次竞选(1968)，奎尔并未赢得2000年的提名。在这些人中，只有老布什作为在职副总统获得胜利，尼克松在第二次竞选中获得胜利。

认识到总统和副总统之间的独特关系，哈佛大学教授理查德·诺伊施塔特向他以前的学生、随后竞选副总统的阿尔·戈尔指出了一些"拇指法则"。其中，最为中肯的规则是这些：

> 1. 副总统会使总统想起死亡；总统使副总统想起自己的依附性。
>
> 2. 白宫幕僚活在当下，副总统的幕僚则活在未来。
>
> 3. 副总统不能被解雇，但是总统可以忽略或欺负他——如果总统如此行事，总统幕僚也将如此——并拥有相对的豁免权。

① *The United States Government Manual, 2005–2006* (Washington, DC: Government Printing Office, 2005), 88.

4. 与被忽略相比，更令人感到挫折的唯一事情是，聆听并思考你的建议，之后却并不采纳。[1]

近些年总统和副总统间的工作关系相当亲密，并且富有成效。在未来，大多数副总统想必都会有竞逐总统职位的野心。毕竟，他们处于一个绝好的位置上，可以观察并反思：如果换作自己，将如何决策。然而，最近几十年中承担最多职责的副总统理查德·切尼，已经提前宣布他无意竞选总统。

总统分支

白宫幕僚与常设政府机构衔接从而协调政策和政治的努力，不可避免地会复制他们在其他地方发挥的职能。总统办事机构需要的是熟悉政府项目、经验丰富的专家，这表明它的人员流动不能太频繁。作为面向总统个人的专门组织，白宫办公厅也需要有属于自己的政策团队与运行人员。如音乐剧《欢乐音乐妙无穷》(*The Music Man*)中那句有力的台词所说，他们都“需要知道自己的领土”。

尼尔森·波尔斯比曾说，这种对总统“协助”的制度化已经产生出一个“分离于且独立于行政分支”的**总统分支**。[2] 它所产生

① Charles O. Jones, ed., *Preparing To Be President: The Memos of Richard E. Neustadt* (Washington, DC: American Enterprise Institute Press, 2000), 131.

② Nelson W. Polsby, "Some Landmarks in Presidential-Congressional Relations," in *Both Ends of the Avenue: The President, the Executive Branch, and the Congress*, ed. Anthony King (Washington, DC: American Enterprise Institute, 1983), 3.

的结果并不像军中的情形那样，是精确的命令链。相反，它是一种采取集中协调方式的沟通，即支持总统的政策和政治偏好。

白宫幕僚的这项工作，不仅可能对内阁各部和其他机构中的官僚，还可能对这些部门和机构中由总统亲自任命者的工作产生冲突和干扰。并且，与所有扩张中的组织一样，为获得老板青睐，竞争将在成员之间产生。曾经担任过约翰逊新闻秘书的乔治·里迪将白宫幕僚的诡计类比为“谷仓旁场地中的生活，如对小鸡间啄食顺序的研究所生动阐释的那样”①。

总统需要确保这个总统分支真正为自己服务，而不是仅仅勾起幕僚的野心或者妨碍有效治理——要理解总统这么做时面临的危险，人们无须接受里迪这个相当刺耳又生动的描绘。毫无疑问的是，为总统工作将是一种重要的有证明力的经历，如果之后进入私有部门，将容易找到有地位、收入高的职位。实际上，华盛顿充斥着曾得到任命的前总统幕僚，现在为各种利益而游说。因此，总统们无法一直有把握，幕僚们的目标会与行政分支设定的目标协调一致。

总统分支内的其他管理难题包括幕僚人员变成公众人物（1937年报告建议避免的事）、幕僚人数扩张时防止信息泄露、维持总统不熟悉的人的忠诚度以及避免幕僚懈怠。

与其他问题相比，人们较少地认识到最后一点。白宫幕僚的职位在两个方面较容易变得毫无限制：工作时间和职务内容。杰弗里·伯恩鲍姆在著作《精神病院》中分析“为总统工作的私人混乱”时，认为“白宫是年轻人的地方。其他人极少能够忍受

---

① George E. Reedy, *The Twilight of the Presidency* (New York and Cleveland: World Publishing Company, 1970), xiv.

其严酷”[①]。工作节奏和缺乏清晰的职责规定都是危害之源。如伯恩鲍姆所强调的，与可能满足的期待相比，总统的期待要大得多，幕僚却有责任来满足这些期待。

小结

本章的焦点集中在新总统需要进行的与他将要领导的政府的衔接上。本文已经详细地描述了使这项任务变得日益复杂和紧张的那些变化。总统及其顾问们可以研究以前这项任务是如何完成的。但是每个总统都与其他总统不同，并且很大程度上依赖于各自的偏好、素质、能力、资源、背景和目标，这些要素会塑造新领导人的风格和方式。总统得到的建议是“快马加鞭，及时行动”（hit the ground running）。然而，在未与常任政府职员建立起可靠的衔接关系时，新总统及其幕僚大概只能原地打转。

伴随时间推移，白宫的运作的确日益改善。然而，凑巧的是，正当幕僚和主要的被任命者开始专心于治理的日常工作时，总统寻求连任的时间到了。在这个时间点上，三件事情同时发生：核心团队开始忙于竞选（经常为此专门增加工作人员）、那些依旧在职的主要的被任命者严肃地考虑辞职问题、连任选举本身改变了常任政府职员对白宫的看法——所谓的“跛脚鸭”情形。因此，总统必须在第二任期中作出组织调整，此时恰逢其衔接关系网络已经成熟。至少可以说，衔接并领导政府是一个需要耐心和技巧的动态过程。

① Jeffrey H. Birnbaum, *Madhouse* (New York: Times Books, 1996), 244.

第六章

工作中的总统:制定法律与推进政策

总统是决策者，他们从事的工作由民众期望和目标实现之间的紧张关系所塑造。这种张力大多源自开国元勋们试图创立一个运转良好的政府的手段——但是并不是太有效。开国元勋们将权威分开并限制权力。因此,作出决策一般是共同完成的。国会能够通过法案，但是要由总统签署从而成为法律。总统可以商谈条约，但是必须得到参议院三分之二的多数批准。最高法院可以否决一项法律，但是国会与总统可以通过制定一项避开最高法院议题的法律来达到目的。我情不自禁地想到，开国元勋们将会满意于分权体系的当前发展,最重要的是因为当年在费城辩论的许多制度问题依然是今天的核心问题，尤其是在下面这个背景下:总统权力应该大到何种地步?

无论共同完成与否,总统都要为华盛顿发生的事负责。经常受到检视的正是总统的工作满意度,现在一年甚至受到检视数百次。为什么呢? 一段时间内只有一位总统。总统实际上是唯一经全国民选产生的官员。他们担任最高领导人,这当然是展现着权威的一个头衔,因此人们期待他们领导众人并且达成目标。没有任何借口,更没有人会说:“但是你不理解,那是个共同事业。”

碰巧的是，人们也期望总统能够恪守其权威和地位的边界——从而避免滥用权威，承认其他分支的合法性，并且尊重人民了解决策的内容及程序的权利。让总统为整个分权政府中发生的一切负责，这公平吗？我将这个问题留给你回答。但是，历史清晰表明，总统们将出于上面陈述过的理由负责，这种责任因此是随职务而来的。那些试图角逐总统大位者必定事先便明白这一点。那些入主白宫者首先体验到的与众不同之处就在于责任方面。杜鲁门总统曾经直率且简洁地说："责任止于此处。"

本章将走进总统工作的内部世界，揭示在全国性政府中作出决策的本质以及总统在决策过程中的角色与功能。相互依赖是互相嵌入的分权体系的主要特征，每个分支都施展权力促成其他分支的工作。

法律制定及其执行为相互依赖提供了例证。总统指定议事日程并提议应该完成的事项，国会在根据设定的议程进行的立法活动中代表着选区的利益，官僚机构执行由国会通过并经总统签署的法律，法院则裁定对法律的挑战和法律的执行。各个机构的确分享权力并竞逐权力，但是，一个机构的工作很少会被误认做其他机构的。如果发生职能侵犯，那种干扰将可能受到批评，甚至会对簿公堂。

鉴于总统会在国内与国际上公开露面，他们一般需要富有前瞻性地思考，衡量各项提案与决定的效果对其未来治理能力的影响。用小布什的话来说："我认为我的工作就是要立于时代之先。总统……可能会陷入泥沼，如果你不能成为应该成为的战略思考者的话。"[1] 理查德·诺伊施塔特提供了更为细致入微的分析：

① 引用自 Bob Woodward, *Bush at War* (New York: Simon and Schuster, 2002), 136.

> 我[在思考总统制时]的基本问题一以贯之，即在既定岗位的制度背景下，如何思考自身的决定对个人未来的影响力可能产生的效果……那意味着去探寻从政治角度进行思考的本质，这是没有终点的探索，因为那是如此本能的、直觉的过程。①

对诺伊施塔特而言，“从政治角度进行思考的本质”会引导总统保护自己在未来决策过程中的影响力。例如，1994年，当克林顿威胁要否决一项自己不喜欢的全民医疗保险提案时，他实际上限制了自己在这方面的选择范围。在国会发表国情咨文演说时，总统为一项医疗保险计划进行了辩护。随后，他在半空中挥舞着钢笔并威胁动用否决权。这位前总统在回忆录中承认了这个失误：

> 我认为我的辩护言辞是卓有成效的，只有一件事情除外：演讲近尾声时……我举起钢笔，并且说我将要用它来否决不能保证全体美国人加入医疗保险的任何法案……对国会里我的反对者而言，这是一个并不必要的示警。政治讲究妥协，公众期望总统能够获胜，而不是为他们惺惺作态。②

最终，这项计划在民主党把持的国会参众两院都惨遭失败。

---

① 引用自 Charles O. Jones, “Richard E. Neustadt: Public Servant as Scholar,” *Annual Review of Political Science* 6(2003) :11.

② Bill Clinton, *My Life* (New York: Alfred A. Knopf, 2004), 577.

与国会共事

总统必须以多种多样的正式或非正式身份与无数官员和团体发生互动，例如作为外交官与他国互动、作为政党领袖与政治人物互动、作为管理者与机构人员互动、作为教育者与公众互动,以及作为三军统帅与武装部队互动。然而,其中最重要也最永久的关系是总统与国会议员之间的关系。单是预算过程就会确保总统将密切关注国会山动向。“除了依照法律的规定拨款之外,不得自国库中提出任何款项。”(宪法第一条第九款)简言之:缺乏国会的拨款,政府便会处于困境,根据宪法,它不能从财政部得到拨款，正如1995年克林顿与共和党人主导的国会在预算问题上的剑拔弩张。

在与国会的工作关系方面,总统们各不相同。总统们的政治背景和政府背景解释了这种不同的大部分原因。几个事例解释了最近几位总统的不同。

林登·约翰逊曾经担任过众议员(12年)和参议员(12年,其中10年作为领袖)。他是身为总统的**多数党领袖**。“他很早便学会且永远不会忘记政客的基本技能，这是一项将任何数字都除以二再加上一的能力。”[1] 正如约翰逊在国会中的表现,他是一个促成国会山多数以支持“伟大社会”计划的高手。

理查德·尼克松也曾在国会中任职，但是并不是国会领袖，并且任职时间为6年而不是24年。他的兴趣和专长在外交政策方面。他是身为总统的**外交部长**，更喜欢致力于国家安全和国际关系议题。因此,他并不想与国会议员保持热络联系,这些国

---

① Ralph K. Huitt, “Democratic Leadership in the Senate,” *American Political Science Review 55* (June, 1961):337.

会议员的主要兴趣在于国内议题。引述一位共和党众议员的说法："我可以确定地断言：没有私人关系，你几乎没有方法可以联系到他。"①

吉米·卡特也不欢迎与国会的真正联系。然而，原因并不相同，再一次与背景联系在一起。作为"后水门事件"的民选总统，卡特对主导着国会的妥协政治充满狐疑。他是身为总统的**政治门外汉**。忘了自己在1976年获胜时的微弱优势，他的观点是总统代表着全体人民，并且拥有资源来提出全面的施政方案。与政治性的讨价还价相比，他更强调做正确之事的重要性。

与卡特一样，里根、克林顿和小布什在担任总统之前都曾经担任州长职务。相应地，他们在与国会的工作关系方面呈现了行政倾向上的不同。与私生活中的职业一致，里根是一名身为总统的**演员**。他对自己的身份的看法，最好地概括于卢·坎农的一本书，即《里根总统：一生的角色》的副标题。与卡特不同，里根一点也不反对妥协，这契合了他对总统角色的理解。他将自己的职责视为类似于指派并界定有限的议程、委派幕僚承担职责并研议细节、同意合理的妥协、宣布胜利。在他的政治舞台上，他同意克林顿的观点："民众期待总统获胜。"

克林顿则是一位身为总统的**竞选者**。历史上，极少有总统具有如此之多的竞选公职的经验——竞选众议员、竞选总检察长及6次竞选阿肯色州的州长和2次竞选总统。即使在赢得总统大位之后，他依旧继续贩售其施政方案。每次发表国情咨文之后，他都会四处奔走来加固公众对其提案的支持。在提出法律议案

① 引用自 Stephen J. Wayne, *The Legislative Presidency* (New York: Harper and Row, 1978), 161.

方面，他比里根具有更为广泛的抱负——里根只是聚焦于一些大型项目。

小布什沿袭了克林顿既为选举也为政策宣传造势的做法。实际上,小布什超过了克林顿创纪录的巡回演说次数,以至于一位学者将小布什称为竞选式总统。[①] 当然,克林顿和小布什的风格与目的并不相同。小布什的工作方式是身为总统的**纯粹的行政长官**。他是最为奉行权力分立主义的总统之一，坚信总统与国会拥有不同的功能。他将自己的工作视为指定议题并向国会提交议案，而不是像约翰逊那样在国会山寻求多数支持。他的宣传造势首先是为了使公众确信，他拥有正确的政策重点以及最有效的方案。与尼克松一样,在国家安全问题上,他会对自己

图6.1 现任总统在征程中。小布什为寻求支持而宣传造势。(美国空军照片,由吉姆·韦基奥上士提供)

① George C. Edwards, III, *Campaigning by Governing: The Politics of the Bush Presidency* (Upper Saddle River, NJ: Pearson Longman, 2006).

的权力作宽泛解释。

第二次世界大战之后的其他总统，在对待国会的方式上同样各不相同:艾森豪威尔——**军事指挥官**;肯尼迪——**资历尚浅的参议员**;福特——**少数党派领袖**;老布什——**职业外交官**。总统们是带着个人观点来推进工作的，这种个人观点有助于塑造总统对所遇到的各种议题以及衍生这些议题的事件的反应。

权力类型与权力环境

总统们在不同类型的环境之下作出不同类型的决定。他们的政策世界步履匆匆并且情况复杂。他们需要应对政策内容及其阶段、过程和互动效果。许多事是常规性的,实质上是由文官官僚、获任命的政治官员及其幕僚、政策专家处理的,这些人很可能都关注总统的政策重点。不过,总统必须负总责,因为他们有权说是或否,或者再试一次。

政策内容

内容是指政策是"什么",即考虑中的要旨。其范围非常广泛,但是大多数议题都属于两个大类:国内议题和对外议题。这两类之间存在互动效应。能源供给和需求是一个很好的国内议题的例子，它对外交政策会产生巨大影响，反过来也受外交政策影响。然而,每一类都保持着足够的显著特征,证明着分类的合理性。其中，国会在国内事务中比在外交和国家安全议题方面扮演着更重要的角色。在两个类别之中，总统扮演的角色显著不同,他在外交事务方面具有大得多的自由裁量权。

表6.1显示了重要的国内事务的范围。表中给出了克林顿两个任期(1993—2001)和小布什的第一任期(2001—2005)期间制

定通过的主要国内立法。这些法律以总统所在政党是否在国会中占多数席位（本党主导或者政党分裂主导）来分组。首先，请注意表6.1中所列主要法律的精简标题反映出的广泛的主题范围：财政、社会、福利、环境、犯罪、医疗保险、选举、游说、机构、重组、国内安全、商业、农业、灾害等。这些事务中的每一项都在官僚机构和国会委员会中拥有一个组织机构。这些机构关照着受立法影响的委托人，那些委托人将会游说总统与国会，让两者认可并支持自己的观点。在代议制民主下，人们难以期待其他的东西，但是这的确使提出和实施变革变得复杂了，因为那些从政府项目中获益的人想要守住已经到手的东西。

第二，请观察主要法律获得通过时，总统所在的政党是否在国会山占据多数。**实际上，不论主导国会的是总统所在政党还是反对党，通过的主要法律的平均数目并无显著的不同。**第103届国会和第108届国会都是总统所在政党占据多数，平均有8.5部法律通过，非常接近于4届政党分裂的国会平均通过的9部法律。在第107届国会的几个月开会期中，共和党在参议院中占微弱多数，一项附加的主要法律在此期间得到通过。显而易见，当不同政党分别控制不同政府分支时，政府瘫痪（gridlock）并非不可避免。

第三，表6.1显示总统在面临不断变化的政党运势时需要如何敏捷应对。在克林顿的两个任期与小布什的第一任期的12年中，把持国会的政党经过4次变换：从第103届国会中的总统所在政党主导，到第104届、第105届和第106届国会中的反对党主导，再回到第107届国会短暂地由总统所在政党主导，然后到第107届国会剩余会期中的政党分裂主导（只在参议院中），最终回到第108届国会的由总统所在政党主导。对于这些不同的政党格

表6.1 主要的国内立法，1993—2005

克林顿（1993—2001）	
总统所在政党主导国会	**反对党主导国会**
第103届国会（9项）：赤字削减、选民注册、美国志工团、学生贷款、教育、犯罪、沙漠保护、堕胎诊所	第104届国会（14项）：州授权、国会核算、游说、诉讼、福利、电信、农业、单项条款否决权、支出削减、医疗保险、最低工资、农药、安全用水、移民
	第105届国会（7项）：平衡预算、食品药品监管局改革、收养政策、交通运输、国内收入署改革、公共住房、教师
	第106届国会（5项）：银行、千年计划、教育、沼泽地、社区更新
布什（2001—2005）	
总统所在政党主导国会	**政党分裂***
第107届国会（1项）：减税 第108届国会（8项）：处方药、减税、成形胎儿堕胎、森林、公司税、灾害救助、未出生受害人	第107届国会（10项）：航空业紧急援助、航空安全、应急支出、教育、创设国土安全部、竞选资金、农业、公司改革、选举改革、恐怖主义保险

* 指民主党在参议院占据多数，共和党在众议院占据多数。在前五个月中，共和党人占据参议院多数。

来源：作者汇编自David R. Mayhew, *Divided We Govern: Party Control, Lawmaking, and Investigations, 1946–2002* (New Haven, CT: Yale University Press, 2005), 208–13, 与http://pantheon.yale.edu/~dmayhew.

局，需要采取不同的策略。如果另一党派占据国会山多数，总统便丧失在指定议程方面的主导性。当总统所在政党占据多数时，本党团结将带来胜利，但是如果反对党处于主导地位，他们便需要反对党的投票支持。

在制定和执行外交政策与国家安全政策时，总统们具有更大的独立性。身为三军统帅的宪法地位，再加上条约缔结权与大使任命权，为强化总统作为国家领导人的角色提供了特别权力。表6.2显示，纯粹属于外交政策或国家安全政策的主要法律或决议要少得多。在所列的克林顿和小布什任期内的14项法案中，4项涉及贸易协定，另外7项涉及恐怖主义和伊拉克战争，除了一项外，其他都发生在小布什任期内。这些法案中的多项对国内事务都有重要影响，尤其是贸易协定、情报搜集与《爱国者法》等，其中《爱国者法》赋予司法部更大的权力来打击恐怖主义。

总统在对外和国内安全政策方面有很大的自由裁量权，克林顿与小布什任期很好地说明了这一点。这些权力可能成为争议的主题，经常引致国会的调查和监督，原因多数是因为国会在总统采取的动议方面作用很小或根本不起作用。

在克林顿任期内，自由裁量行动的显著例证包括军事行动与和平倡议。这些行动都未要求国会授权。1995年8月下旬，北约发动了对波斯尼亚塞族的空袭行动，克林顿授权批准美国参与。在库尔德人控制的一座城市遭到袭击之后，克林顿于1996年9月上旬命令轰炸巴格达；鉴于伊拉克拒不与联合国调查人员合作，克林顿于1998年12月命令再次轰炸巴格达。1999年3月，他又发动针对塞尔维亚的空袭战争，迫使南斯拉夫总统从科索沃撤军。

表6.2　主要的对外立法与国家安全立法，1993—2005

克林顿（1993—2001）	
总统所在政党主导国会	**反对党主导国会**
第103届国会（2项）：北美自由贸易协定、关税与贸易总协定	第104届国会（1项）：反恐怖主义
	第105届国会（2项）：化学武器、北约扩展
	第106届国会（1项）：与中国的永久贸易关系
布什（2001—2005）	
总统所在政党主导国会	**政党分裂***
第108届国会（3项）：艾滋病拨款、国防支出、情报改革	第107届国会（5项）：使用武力（阿富汗）、爱国者法案、伊拉克决议、贸易快速审批权、“9·11”事件委员会

*　同表6.1

来源：同表6.1

克林顿还将和平倡议基本上作为行政行为来发起。1995年11月，“代顿和平协议”结束了波斯尼亚冲突，美国派遣军队以维护和平。2000年7月，克林顿在戴维营主持了高层会晤，来解决以色列与巴勒斯坦之间的问题。他本人还积极地致力于解决北爱尔兰地区的争端。

同样，小布什也提供了数不清的案例来说明，总统会在国会很少或完全没有直接参与的情况下作出军事和外交决定。即使是国会2001年使用武力决议（阿富汗）和2002年伊拉克决议，基本上也未限定军事行动的时间、理由说明和形式。在对待囚犯问题上产生的大多数争议，都来自关于恐怖分子监禁问题的行政和军事决定，这些决定在最早期并不受制于由公开的国会听证会而来的严密审查。相似地，2006年出现了国家安全局对美国境内被怀疑与恐怖分子有通讯往来的人进行无证监控的问题；这是由总统下令实施的一项做法，后来成为法庭审查的对象。

小布什总统最初并不愿意涉及以色列—巴勒斯坦问题的解决。然而后来，2003年5月，他的政府开始积极致力于“和平路线图”倡议，并在2006年夏天以色列和基于黎巴嫩的真主党之间爆发战争以后，通过联合国来推动达成停火协议。朝鲜的行动所引起的核威胁，由美国通过与该地区内各国（特别是中国、日本、俄罗斯和韩国）共同合作的外交努力而得以缓解。在努力抑制伊朗发展核武器的野心的早期，外交手段也是依赖的对象，只是这一次是由欧洲国家带头。这些仅仅是众多例子中的一部分，显示了外交首先是并且必须是行政机构的权限范围，总统在其中指引方向。

当纯粹的行政行动产生肯定的结果时，随后会获得国会的支持。当发生严重的问题或者问题的解决时间比预期的更长（如越南战争和伊拉克叛乱）时，国会的批评会逐步增加，调查会启动，甚至会威胁或强制实施对总统裁量权的限制。

但是，如果军事行动正在进行之中，国会则会保持克制。国会掌握着钱袋子，但是国会议员们并不愿意拒绝向部队拨款。在现代战争中，同样可能出现的情形是军事行动在国会采取行动之前已经结束。这里的问题与外交有若干不同。条约需要参议院批准（出席者的三分之二多数），财政支持则需要国会授权与拨款。然而,行政机构决定着磋商的地点、时间与内容。国会并没有另行设置外交小组。在对外政策方面，不管国会批准与否,总统都会施展其最大的影响力。

政策类型

总统的角色也会依纳入考虑的政策的类型而有所不同。大多数决策都可以归为四大类:新倡议、现有项目的渐进式调整、对已入册项目的重要改革、危机反应。不同类型的政策都会或多或少地促进对总统的授权。

新倡议最可能来自于行政机构，并且经常在新总统就任时提出。例如,克林顿在上任第一年成功地提出美国志工团倡议,鼓励年轻人在社区中从事志愿工作以换取教育支持。小布什则支持一项基于信仰的倡议，来刺激社区层面上对弱势群体的帮助。国会并没有通过所提议的立法，小布什于是签署一项行政命令来启动这项提案的某些方面。

与过去相比,新施政方案的通过变得更为困难,很大程度上是因为从罗斯福到约翰逊时期入册项目的成本问题。除国防外,权利保障计划,例如社会保障、老年保健医疗制度与医疗补助制度、联邦教育补助、住房贷款担保、食品券以及其他福利补助,再加上国防,在预算中为新倡议留下的空间很小。因此,新项目一般必须包括新型的资金筹措方式，有时还包括削减其他开支的提议。

出于多种原因,**渐进主义**成为大多数现存政府项目的特征:伴随人口的增长和老龄化、生活成本的上升以及有组织的团体的权利主张,更多的人被纳入补助范围。例如,伴随民众寿命延长、健康问题增多,以及被活跃的政治团体,特别是美国退休人士协会所代表，为年迈公民提供补助的许多项目在规模方面日益增长。

渐进主义政治是可以预测的。一旦就位，权利项目便会自动增长。遏制支出的唯一途径便是改变受惠资格，这是大多数总统和国会议员在提出时会很谨慎的一个动议。作为议程设定者，总统知道，任何这种提议，即使是为了亟需的改革，也可能在国会山和受益者当中引发政治风暴。因此，总统必须认真估算提出重大变革所牵涉的政治风险。

尽管存在政治成本问题，总统偶尔也会冒险提出针对现有项目的**重要改革**。当大多数政府项目面临严重的审查与变化时，变革的时机便到来了。这个时机一般发生在大型项目（如罗斯福"新政"和约翰逊的"伟大社会"）制定实施的数十年后。因此毫不奇怪的是，近年来行政分支向国会提交的计划已经在题目中包含了"改革"：例如社会保障与福利改革、老年保健医疗制度改革、农业补贴改革、公共住房改革。最常见的情况是，提议中的改革以改良的方式实施，但是偶尔也会是彻底的重构——如1996年的福利改革，并且引发剧烈的争议。

在社会保障方面提议的改革具有很高的风险，这在2005年小布什任期内得到证实，当时他支持将私人账户作为已经支付的部分工资税的一种选择。无论是在参议院还是众议院，他的计划连在专门委员会都没有得到通过。1981年，里根总统也认识到了这种政治代价，当时他建议进行一些重要改革，随后在1982年，共和党人丢失了25个众议院席位。移民改革也是一个政治雷区，小布什在2006年就领教过。恰是这个如何对待数百万非法外来移民的问题，也充斥着政治风险。

一个长期存在的看法是，福利改革同样携带着许多相同的

图6.2　罗斯福总统签署1935年《社会保障法案》，“新政”项目之一。（社会保障局历史档案）

图6.3　约翰逊总统签署1965年《老年保健医疗法案》，“伟大社会”项目之一，前总统杜鲁门出席。（林登·约翰逊图书馆收藏照片，由冈本洋一拍摄）

风险。克林顿总统将其作为第一任期的政策重点，这对一个民主党人而言是不寻常的举动。然而，他将福利改革排在医疗保险改革之后，而后者遭到了挫败。与此同时，国会中的共和党人同意将福利改革作为优先的政策。获得1994年的众议院与参议院多数席位后，他们主动制定了一项计划。克林顿总统两次否决该法案，但是当共和党人主导的国会第三次通过时，他签署了。许多民主党人批评克林顿的行为，他自己的政府中有些人则辞职离去。

克林顿在这两种情形——全民医疗保险与福利改革——中遇到的风险是多重的并且连续的。他提议采取两项主要改革，前者彻底失败，后者则将福利改革的提议权丢给了共和党人。最终签署共和党人第三次通过的法案，引发了自己党内的批评。这些情形极好地说明了提出彻底改革所带来的种种危害。

危机反应具有与前述政策类型截然不同的性质。根据定义，它是一种特别的类型，是对常规秩序的一种干扰。人们的期望是行政机构会立即作出回应，由总统领导和指导。国会也会参与其中，但通常是在总指挥的领导之下。然后，人们会评价总统的回应是否有效。

危机反应的最新事例也是历史上最为突然的事例之一：2001年9月11日恐怖分子袭击纽约世贸大厦与华盛顿五角大楼之后小布什作出的决定。常规性国内改革的现有议程，被一系列国土安全与国防议题所替代。政党分裂的国会以及选民中存在的党派之争，很快转向了对小布什总统领导力的不分党派的支持。其施政满意度猛增至空前的高点，并且自这些测量手段被采用之后，这一高水平满意度此次维持的时间在所有总统中最长。

形成鲜明对比的是,在伊拉克战争问题上,对总统的支持更为冷淡，无论是在开始阶段，还是在全面军事行动结束之后发生持续不断的暴动袭击时。区别在哪里呢？总统很难说服其批评者,并进而说服许多民众:萨达姆·侯赛因在伊拉克的统治代表一种危机，或者这种统治直接与反恐战争相关联。这些质疑又被无法找出大规模杀伤性武器所强化。换句话说，无论对公众还是对许多国会议员而言,伊拉克战争并不被视为危机反应。

卡特里娜飓风是危机反应的另一个例证,与“9·11”事件相比，它对小布什的领导力远为不利。没有人怀疑这场飓风是一种危机或者应该由联邦政府作出反应。但是，反应的效果是地区性的,而不是全国性的,罪魁祸首是大自然而不是恐怖分子。的确,“9·11”事件也被地方化了,但是其威胁却四处扩散。

就卡特里娜飓风而言,联邦、州以及地方政府之间的协调并不适于处理一项异常的自然灾害。作为人们期待中应该作出有效应对的机构的首长，总统必然要承担起责任。不管公众对总统或政府应对能力的期待是否现实，卡特里娜飓风灾害都是总统责任的一次主要体现。它就是与身在高层的职位如影随形。没有任何借口可言。

政策过程

政策的设置与执行的过程可被划分为如下几个阶段或功能:问题界定、议程设定、备选方案形成,以及项目的合法化、执行和评估。总统及其助手在每个阶段扮演着不同的角色，其他分支官僚机构、立法机构与司法机构也是如此。政治主要决定着总统的参与以及这种参与的理由说明与形式。但是，将能明显看出的是，鉴于总统与行政分支采取一种组织化的等级结构来提出政策重点与提案，它在早期阶段扮演着特别关键的功能。

问题界定是第一步。什么议题会要求获得联邦政府的关注，为什么？至少要思考两个维度：宽泛的议题（例如恐怖主义）与具体的问题（例如国土安全、辨别并俘获或者铲除恐怖分子、处理社会与经济效应）。在辨识与阐述议题并对需要应对的问题进行界定方面，总统经常扮演关键角色。他们处于引导公众对某个议题进行关注的有利位置上。

但是，总统们并不拥有最后决定权。什么议题要求关注，为什么？这经常是国会与媒体辩论的主题，甚至就该议题的重要性存在着广泛共识。例如，在后"9·11"时代的美国，移民问题被广泛视为一种关键议题。但是，一些决策者将这一问题界定为未能控制好边界、执行好现存法律；其他决策者则强调解决数百万非法移民问题的必要性，因为他们作为劳动力资源已经成为美国经济中的重要力量。

即使总统的偏好已经被法律制定过程带来的变化所修改，总统也必须承担责任吗？这是必然的。就算是总统本来反对的计划，总统也需要担负起责任（例如，里根必须为任何他反对的任何数量的政府方案负责）。

议程设定实际上是设定政策重点的一项活动。它是一项极具政治色彩的行为，总统具有显著的宪法、机制与选举方面的优势来详细说明政策重点。他们发表国情咨文，他们由一个能够为政策重点提供详细解释的复杂官僚体系服务，他们与预算编制者紧密共事，而这些预算编制者知晓正被设定的政策重点的财务记录和效果。

总统们在利用这些优势的程度方面各不相同。决定因素包括总统的治理哲学(更为主动还是更为被动)、主要议题的性质与数量以及反对党的力量。例如，艾森豪威尔并不是强势的政策活动者；他在相对平和的时期内担任总统，面对极少的重大议题；并且，在其8年总统任期中，民主党在国会两院中占据多数席位时间长达6年。与其相反，约翰逊则在总统任期中展现出一副扩张的面貌，他必须处理日益不受欢迎的越南战争，并且其所属党派占据着国会绝对多数。

恰如预期，在给定的三个决定因素(哲学理念、议题与反对党力量)上，二战之后的各位总统展现出多种不同的组合。里根推崇有限政府理念，试图削减税负与官僚机构的规模，并任职于相对平稳的时期，拥有8年任期中有6年由共和党人主导参议院的意想不到的优势。在任职的最初几年中，里根的议程主导了与政策相关的政治活动，其削减税负的立法成就影响着此后总统的议程。

克林顿与小布什的情形很有趣。前者开始时奉行雄心勃勃的政府角色观，后来则作出调整；面对很少的国内或者对外危机；并且不久便在国会中失去民主党人的多数地位。国会中的共和党人，主要是众议院议长纽特·金里奇，在1995年得到议程设定权力，但是后来眼睁睁地看着克林顿在1996年连任后重获这项权力。2000年，小布什倡导“富有同情心的保守主义”议程，作为保守主义政策重点的中间道路。这些政策重点几乎尚未落实，小布什便察觉到美国正在从相对平和时期向“9·11”后日益剧烈的危机时期转型。他持续不懈地与在国会中占微弱优势的共和党(在2001年共和党甚至失去参议院多数达到18个月之久)合作共事，这种状况在他推进政策重点时会促进激烈的党派斗争。

如果总统只有有限的政治资本，他会期待其他人来扮演议程设定者的角色。1989年，当老布什在国会山上处于弱势政治地位时，众议院议长詹姆斯·赖特(来自得克萨斯州的民主党人)便是活跃的议程设定者；1995年，当克林顿也面临这种地位时，纽特·金里奇(来自佐治亚州的共和党人)便成为活跃的议程设定者。2001年，当民主党成为参议院多数时，他们处于为参议院设定议程的位置上，这与小布什所偏好的位置很不相同。对小布什而言，更引人注目的是民主党人在2006年中期选举中接过国会两院的主导权。议程设定要求总统与反对党领袖进行磋商。

备选方案**形成**也是行政机构本来就有的功能，主要原因在于官僚机构及其等级结构所代表的专业知识。总统及其幕僚在竞选中作出承诺，并在主政白宫期间回应各种议题。通常情况下，这些承诺缺乏详细的规划。它们有待相应的内阁部门或机构内的专家来加以拓展。与之相似，国会委员会的工作人员也经常与国会议员的私人工作人员一道，准备对规划进行修改或者提供替代方案。

总统们很少寄望于国会能够全部批准他们的备选方案，即使在总统所在政党占据国会中的明显多数时。1965年约翰逊的老年保健医疗制度提案，就由众议院筹款委员会民主党主席威尔伯·米尔斯(来自阿肯色州的民主党人)进行了大幅修改。另一个医疗改革的例子：尽管民主党占据多数席位，克林顿的全国改革方案还是在国会两院都遭到否决。众议院与参议院民主党人设计替代方案的努力也徘徊不前。

针对重要议题，一般还是由总统来说："让我们从这里开始着手。"每一位高层官僚和国会议员都有一个装满备选方案的抽屉(在今天，更可能是一个硬盘)。然而，这些人都没有总统那样的威望，也没有宣传其备选方案的受众。

合法化是一项备选方案（经常是一种妥协）得到批准的过程。这基本上是一项立法功能，尽管当法案向前推进时，总统及其幕僚也会积极地参与其中。多数支持的获得，要经过各委员会和参众两院内部的一系列阶段，以及两院之间的会谈。这个过程可能会持续数月，甚至会延续数年。对某些争议性提案来说，并不罕见的是，在达成最终通过法案所要求的所有立场的协调一致之前，国会需要多次重复这些阶段。因为参议院中有阻挠议事程序，在法院通过法案可能需要绝大多数的支持(60%)。并且，根据宪法条款，缔结条约需要参议院三分之二多数的赞同，宪法修正案或者推翻总统的否决则需要国会两院三分之二多数的通过。

总统、总统助手以及各部和机构的工作人员一般都会活跃地寻求多数——有时是处于支持的立场上，其他时间则是处于反对一方。总统的变更——通常意味着政党轮换，可能意味着白宫支持或者反对立场的颠倒。最终，总统拥有签署或者否决法案的宪法权力，或者不签署，任由其在不含星期日的十天之内自动成为法律（如果国会已经休会，法案不会成为法律）（第一条第七款）。在寻求多数过程中的多个阶段，总统经常利用这种宣布“是”或“否”的核心权力来影响立法，例如他会威胁否决法案，除非法案作出修改；或者撤销对法案的支持，这样便有可能改变投票结果。

在立法方面，存在着一种通过计算一个国会会期中通过并被签署为法律的法案数量来记分的趋势。但是，因为难对付的议题必须得到解决，在重要的全国性议题上，记分的进展可能会很缓慢。将法案未能通过记为一种损失，往往会掩盖在这些议题上取得的进步。举例而言，联邦政府为了制定一项对教育项目的援助政策用了将近三十年，教育项目很久以来都是州和地方政府专门负责的领域。种族、宗教与联邦主义等议题，必须在法案最终获得国会两院大多数支持之前解决。法案在众议院中会得到通过，结果只是随后在参议院遭遇南部民主党人的阻挠议事。作为约翰逊“伟大社会”计划的一部分，《中小学教育法》最终在1965年得到通过。

危机经常能够加速这种合法化的进程。“9·11”事件之后，国会通过了《爱国者法》，这是一项全面的措施，它为总检察长提供了搜集恐怖分子情报的权力（窃听、搜查、拘禁以及其他监控措施）。参议院中的委员会听证和投票程序被绕开了；众议院议长介入众议院议事程序，将行政分支支持的法案直接提交给全体议员。最终的法案在国会两院中得到压倒性多数的支持而通过。四年之后，国会又经过数月通过了对《爱国者法》的重新授权。

政策执行基本上是一项官僚性质的功能，作为行政首长的总统将会对其负责。立法者通常会对项目如何执行以及在哪里执行提供指令。但是负责适用这些指令的官僚们，依国会指令的明晰程度不同，往往具有很大的自由裁量权。州和地方政府经常在执行国内项目时扮演主要角色，这是在责任分配方面的又一重复杂性。

代表着新的冒险行动、重新组织或政策重大转向的大规模项目，可能需要数年时间才能得到有效地执行。老年保健医疗制度和医疗补助制度方案于1965年制定，它们是联邦政府进行实质性干预的主要例子，干预对象是一个多维度、半公共又缺乏同时性的医疗保障体系。1960年代开始时规模适中的项目，现在耗资则动辄以千亿美元计。2004年，处方药津贴计划被追加通过，但是在最初几个月中同样面临着严重的执行困难。

另一种类型的政策执行，标志着联邦政府应对大型灾难的特征。灾难救援项目在近几十年中一直在扩展。然而，几乎从定义就能看出，应对不可预料之事很困难。2005年，墨西哥湾海岸沿岸的卡特里娜飓风便是这种情形，这次飓风或许是美国曾经遭遇过的最大的自然灾害。出于若干原因，政府被视为应对不力，这些原因包括：灾难的严重程度、三级政府中正在进行的对灾难应对机构的重要整顿、通讯和执法的中断、州和地方机构之间协调机制的缺乏以及何人主管什么问题的不确定性等。然而，这些以及其他失败之处的责任被归于小布什总统，大多数官员、大众，到最后连总统本人都持有这种观点。卡特里娜飓风的经历是不分情形的总统问责制的经典案例。这样做的一个目的是，将责任归给最适于作出变革的官员。

评估是政策活动中最为多样化的一种。每个分支都会与私人利益和私人组织一起，涉身其中。负责项目执行的行政机构通常必须向国会汇报其在达成目标方面的进展。这些机构中的监察长有调查欺诈行为和渎职行为的职责。在准备预算时，管理与预算办公室会持续地评估项目。白宫幕僚会不断地关注项目，特别是那些与总统政策偏好相关的项目的有效性。并且，总统会经常委派专门委员会来评估项目并提出变革建议。

国会委员会也有监管项目执行情况的责任。这种监管可以采取多种形式：作为重新授权与拨款的常规举措；通过授权委员会或通过两个监管委员会（众议院监管和政府改革委员会、参议院国土安全与政府事务委员会）来展开调查；或者通过政府责任署的工作。后者是专门负责向国会提供政府项目有效性信息的立法分支的机构。

司法分支也可能被要求对项目进行评估，检验项目是否违反宪法规定。宪法第三条并没有将司法审查权专门赋予法院，但是大法官约翰·马歇尔成功地声称，这项权力显著地暗含在宪法之中，甚至暗含在法官作出的宣誓之中（1803年“马伯里诉麦迪逊案”）。然而，必须有个案例让法院来行使这种权威。他们不能像国会通过法律、总统签署法律那样，常规性地将宪法标准适用于法律。

最后，委托人团体、传媒、智库、公共兴趣或监督团体、特别工作组以及候选人组织会持续地评估在册的项目。媒体扮演着特别重要的角色，原因主要有二：媒体相对于政治与政府的反对派角色；以及近几十年来媒体机构总量的增长。第一个原因可以由通常被视为新闻的东西予以解释——负面多于正面。第二个原因代表着传播手段的阶段性变化。不仅由于电子技术的发展，出现了新的形式，而且覆盖时间也持续不断，如24/7所显示的全天候，即一天24小时/一周7天。一个结果是，白宫通过大规模地拓展其传播活动来适应这种形势。以前只有一个新闻秘书外加一个很小的工作团队，现在则有多位助理为总统提供传播方面的协助，包括演讲稿撰写、社区拓展、总统巡回的前期工作、政策和规划方面的传播活动、公共联络以及政府间事务等。

政策协调：预算过程

几十年来，总统一直主导着预算过程。1921年的《预算与会计法》赋予总统在预算局（原属财政部，后属总统行政办公室，再后来更名为管理与预算办公室）协助之下准备年度预算的权力。“在美国国家历史上，1921年法案……是对政府各分支之间的权力平衡所作出的最为重要的变动之一。”① 一项预算案在行政机构中的形成是一个多阶段的、历时近年的过程，总统与各部及机构之间不断地磋商与改进，管理与预算办公室作为中间人游走其中。如表6.4所示，最终结果随后以预算咨文形式被提交给国会。在过去，国会中的税收、拨款和授权诸委员会几乎完全依赖于总统预算来展开工作，从未将预算规划作为一个整体通盘考虑。

1974年，一切都发生了变化。随着《国会预算和截留控制法》的通过，国会确立了自身的预算流程。这项法案创立了众议院和参议院预算委员会——由国会预算办公室协助，并且正式确立了一项程序来调节和监督其他委员会的工作。为按时推进程序，还设置了截止日期。但是，那些截止日期很少得到遵守。

表6.4高度简化地显示了预算程序**理应如何运行**。如表所示，每个分支都会准备一个预算案，尽管国会中的预算案会以行政分支准备的内容为方向。国会程序以以下机构之间的磋商为特征，包括国会两院中的预算委员会，税收、拨款与审查委员会，其中国会预算办公室自始至终提供专业知识。意料之中的是，该程序紧张且充满争论，既代表着各委员会对自身权限的保护，也代表着它们所服务的利益。然而，它也通过多种方式反映出行政分支中各个机构与总统以及管理与预算办公室之间所发生的一切。

人们或许也会想到，白宫与国会之间会有摩擦冲突；在近些年当中，1995年克林顿总统与共和党主导的国会之间的冲突最

① Donald F. Kettl, *Deficit Politics* (New York: Macmillan, 1992), 128.

预算过程

行政机构流程

筹备（3月→2月）：历时近年的总统、管理与预算办公室及各机构之间的改进与磋商过程。管理与预算办公室传达总统的偏好，并负责具体调整各机构的要求以符合总统的偏好。

提交（1月→2月）：备妥总统预算咨文并将预算提交到国会。

更新（7月）：总统提供中期审查意见。

国会流程

筹备（1月→4月）：为期三个月的对当前预算和总统预算的审议和分类过程，涉及到国会预算办公室，各预算委员会，税收、拨款与授权诸委员会。

决议（4月）：国会通过一项同时生效的预算决议，其中包含给各委员会的指导原则。

协调（6月→9月）：作出调整以满足预算目标的程序，再一次涉及国会预算办公室，各预算委员会，税收、拨款与授权诸委员会。

官僚机构阶段

执行（10月1日→9月30日）：各机构执行由国会授权与拨款的项目。

表6.4 预算程序（作者根据多种来源汇编）

为激烈。当时,共和党人40年来首次赢得全面的国会控制权,他们下定决心要赢得预算战争。1995年秋季,他们连续两次通过削减联邦项目的决议。克林顿总统否决了每次的决议,两次导致联邦政府的部分关闭。1996年1月,共识最终达成,此时已经超过财政年度开始时间(1995年10月1日)三个月了。人们普遍承认,总统已经赢得这次政治抗争。他成功地消解了国会山上的共和党多数的气势。"这个充满党派偏见、对抗斗争与政治诡计的过程走向了僵局,共和党人最终让步。"① 结果是,克林顿总统迈出了重要的一步去恢复他在1994年所失去的东西,即在设置议程方面的主导权。

1974年之后的时期以政党分裂的政府与微弱优势为特征,这是制定预算的政治背景。只有卡特(4年,1977—1981)与克林顿(1993—1995)在国会中拥有相当大的政党优势。这一时期的其他总统(福特、里根、老布什、1994年后的克林顿②、小布什)或者面对反对党主导的国会(一院或者两院),或者在工作中只有非常微弱的政党优势。冲突虽然不可避免,总统却有自己的优势,即更为细致的筹备、威胁动用否决权以及对预算过程更为协调的态度。通常情况下,在预算抗争方面,他们胜多败少。③

战后时期的结果

在早期,据说并非所有总统都生而平等。同样,并非所有总

① Daniel J. Palazzolo, *Done Deal? The Politics of the 1997 Budget Agreement* (New York: Seven Bridges Press/Chatham House, 1999), 36.

② 原文如此,疑应为1995年后。——译注

③ 一个例外发生在1990年,当时老布什总统在其"绝不加税"承诺方面食言。参见 Palazzolo, 33.

统都平等地作出贡献。各种重大事件似乎造成了这种差异。一些总统主政在历史的转折点，另一些总统则任职于相对平和的时期。差别并不一定在于时任总统的素质或能力。危机是不可选择的。相反，危机检验着那时碰巧入主白宫的任何总统。并且，历史表明在危机时期任职的总统会引人注目，历史学家和大众通常对他们评价较高。

第二次世界大战之后，处于转折点的总统包括杜鲁门、约翰逊、里根与小布什。杜鲁门必须面对二战结束的问题，应对其后果，处理朝鲜冲突。此外，他是富兰克林·罗斯福的继任者，而罗斯福是一位拥有伟大的国内成绩和国际成就的总统。约翰逊情形相同，任满了广受欢迎的肯尼迪总统的剩余任期，肯尼迪被暗杀保证了民众对他的遗产的支持。约翰逊接手负责前任的议程，并且制定了“伟大社会”计划，这项计划自那以后便一直主导着国内政策。约翰逊对越南日益升级的危机处理得远为糟糕，与在国内事务上的表现同样乏善可陈。

1980年的经济环境为里根削减税负并向国防转移资源提供了支持。减税的效果是，随着赤字攀升而改变了政策争论；向国防转移资源最终导致冷战结束以及随后的苏联解体。在本书写作之时，评价小布什为时尚早，但是很少人可以质疑“9·11”事件作为一项对政策与政治产生重大影响的历史事件的重要性。反恐战争——后被小布什扩展为伊拉克战争——对对外政治和国内政治产生了深远影响。

重大事件也对二战之后的其他总统（艾森豪威尔、尼克松、福特、卡特、老布什和克林顿）产生了影响。但是，这些事件都比不上杜鲁门面对的战后重建问题、约翰逊面对的延续被暗杀总统遗产的问题、里根所面临的经济和政府改革机遇的问题，以及2001年“9·11”事件及其后续发展所带来的国内与国际威胁等问题。因此，第二组中6位总统的在位任期更多地是以努力巩固、加强和改革已经运行的政策与项目为基本特征。他们的总统职位是备位人性质的，当然这并不意味着对他们在遇到大规模事件时的个人应对能力有丝毫贬低。

战后总统中余下的一位——肯尼迪避免了一次潜在的严重危机，即苏联在古巴布置导弹所带来的威胁。毫无疑问的是，他在这次事件中表现出的决心引人注目，深得历史学家的认可。对肯尼迪进行归类的难处在于其任职时间的短暂。

结论

政府自身具有一种动力，它并不依赖于白宫中谁主沉浮。在职的总统们协助维持着这种动力、加速一般变化，并回应意外事件。他们是立法、政策制定和决策的促成者。行政分支的组建，是为了以国会对总统保持依赖的方式来推动这些目的。

也许，总统工作最为显著的需求是灵敏性与适应性。人们期望总统能够推出全面的协调的项目，但是依据其本质，分权政府在多种场合下都允许其他机构的参与。如本章所论，总统对政策内容（更加偏向于外交与国防事务而不是国内事务）、政策类型（多数属于危机应对）、政策过程（多数侧重于问题界定、议程设定和备选方案形成的早期阶段）和政策协调（相当程度上关注预算编制，尽管与过去相比程度降低）拥有不同的影响力。最后，由于意外事件能够使分权体系的正常运行搁浅，总统的工作便具有最大的历史影响。通常以危机形式出现的这些事件，最终会成为领导权的试金石。

第七章

改革、转变与展望未来

美国及其宪法已经迈入了第三个世纪。每个世纪之交都是多事之秋。1800年总统大选便充满着强烈仇恨与个人恩怨。竞争在两位现任者之间展开：时任总统约翰·亚当斯与副总统托马斯·杰斐逊。那次竞选大部分都是由党派推动展开的。杰斐逊赢得73张选举人票，但是他的竞选伙伴阿龙·伯尔也获得相同数目的选举人票。伯尔拒绝让步，经过众议院36轮投票，杰斐逊才最终获胜。权力于是从联邦党人手中转移到民主共和党人手中。“1800年大选是一次重大事件，它显示出这个年轻的共和国具有扭转乾坤的能力。”①

进入20世纪之时的总统大选，则是一场在时任总统威廉·麦金利与平民主义者威廉·詹宁斯·布赖恩之间展开的重新竞争。许多棘手议题都与从农业社会向工业社会过渡所衍生的各种变化相关，这些难题即使解决不了，也要加以考虑。与美国在世界上扮演的更为重要的角色相关，新问题不断涌现。麦金利几乎

① Noble E. Cunningham, Jr., *In Pursuit of Reason: The Life of Thomas Jefferson* (Baton Rouge: Louisiana State University Press, 1987), 237. 宪法第十二条修正案后来修正了这个错误；见第三章。

没有参加竞选造势，便轻松获得连任，尽管并不是压倒性的胜利。两党制继续面对来自第三党的挑战，特别是新世纪最初几年中的进步党人。1901年麦金利遇刺身亡，活跃的继任者泰迪·罗斯福肩负起了领导这个国家迈向新世纪的重担。

2000年的总统大选也可以列入这些“世纪转折”时期的竞争，堪称具有历史性。国会中民主党的主导地位已经于六年之前被打破，小布什的当选为华盛顿带来了近五十年来第一个完全由共和党人主导的政府。布什的当选是历史上最富争议的选举之一，如实呈现了遭弹劾总统克林顿与共和党国会之间的敌对关系，以及占国会少数的民主党人的挫败感。最高法院解决了本次选举的争议，加上小布什在普选票上的落败，使本国首都强烈的党派争斗情绪火上浇油。

这三次大选竞逐也反映出总统制的变化。总统的宪法权威在实质上依然相同，但是施展这种权威的环境却在每个世纪的尾声显示出极大的不同。杰斐逊就职之时，总统制仍在创设过程中。此时，它更是一个个人而不是一种机制，在职者试图领会自己权力的界限与意涵。

到1900年，总统制开始显示出优势地位。**议会制政府**——伍德罗·威尔逊1885年的一部专著即以此为题——能够处理农业社会中的各种议题。工业化与世界经济的增长要求官僚机制、等级制度和行政控制的专业化，包括通过行政首长来实现这种专业化。继任总统西奥多·罗斯福乐于承担这些职责，伍德罗·威尔逊与富兰克林·罗斯福也持相同态度。这个世纪前三分之一时间内的其他总统，塔夫脱、哈定、柯立芝与胡佛，则不太接受关于总统权力的扩张性观点。然而，大局已定。自富兰克林·罗斯福开始，总统制在地位、影响和结构方面都将得到提升。

在两百年的时间里，总统制由个人职位——华盛顿、随后的亚当斯及杰斐逊——变成上千人共同参与的总统事业。理查德·诺伊施塔特在《世纪中期的总统制》中这样评论：“总统与总统制不再是同义词；这一职位现在构成了一个官场。”[①] 白宫依旧是总统制的象征性场所，但是它仅仅容纳了一小部分为总统效力的人员。因此，当小布什2000年被选举为总统之后，首要任务便是填补职缺——从任命人事主管开始。

这一评论提示了在21世纪考虑总统制的一个重要教训：在解释发生的转变方面，重大事件、它们产生的议题、任职的人一般比改革更为重要。诺伊施塔特再次评论道：“当今的总统制拥有不同的模样……但是……那个模样并不是由法令法规或者人员配备所凭空生出。相反，这些都是对外部环境施加于我们政府形式的影响的**回应**；不是原因，而是结果。”[②] 我们不应该对这一教训感到意外。毕竟，总统制是代议制民主中的核心机制。就这一点而言，总统制会被期待去回应重大事件，包括作出各种调整以更加有效地发挥功能。

改革与改变

“与世界上其他国家的人相比，美国人一直都属于最充满激情的改革者。”[①] 总统制是改革者频繁关注的对象。它被许多人

---

① Richard E. Neustadt, “The Presidency at Mid-Century,” *Law and Contemporary Politics 21* (Autumn 1956): 609–45

② 同上。黑体强调出自原文。

③ Donald F. Kettl, “Reforming the Executive Branch of the U. S. Government,” in *The Executive Branch*, ed. Joel D. Aberbach and Mark A. Peterson (New York: Oxford University Press, 2005), 344.

认定为分权体系中最为强势的分支。因此，依据政府行为的成功抑或失败，总统制也会受到过分的褒扬或者诟病。在三个分支之中，国会最倾向于推动总统制改革，因为它经常与总统竞逐以分享权力。在这种权力竞争之中，司法机构的角色是保持更大的距离，并且依赖于个案的具体情况。法院的裁定通常为改革设定条件，然后再由其他两个分支进行设计。

改革（reform）意味着什么？它如何不同于**改变**（change）？这里所说的改革，是指变更总统制的结构或权威的重大努力。它们是指那些将重新安排机制运作方式作为唯一目的的情形。赋予总统执行政策的新权力并不包括在内。例如，宪法第二十二条修正案限制总统任期为最多两届，这十分明确地是一项改革；但是，赋予总统设定排放标准从而改善空气质量的权力，则并不属于改革之列。

作为竞争分支，国会通常提议对总统制进行彻底的体制改革。几乎从未出现过相反的情形：总统支持对国会进行改革（如果尝试这种方式，必然会遭到国会山的深恶痛绝）。国会议员经常提出警告，总统特权可能导致“皇帝式总统”，扭曲平等权力的分立。[①] 这些担忧已经衍生出各种法规与宪法修正案，以纠正异常情形或施加制约条件。

改革很少带来想要的转变。它们通常由在重大决定（例如参战）上的分歧所推动。然而，这种纠正往往是程序性的（例如，改变**如何**作出派遣部队的决定）。不幸的是，对改革者而言，改变

---

① 在尼克松总统时期，小阿瑟·施莱辛格所著的一本具有深远影响的专著中提出了这个事例，参见 *The Imperial Presidency*（New York: Houghton Mifflin, 1973）。施莱辛格最关注总统在外交与国家安全方面的责任，因为在此方面脱缰的总统制”可能导致国内的滥权，第 vii–x 页。

组织、规则与程序并不能确保结果尽如人意。改革往往会产生预想不到的结果；这些结果便是改变。

欧文·哈葛罗夫和迈克尔·纳尔逊的陈述特别好地归纳了改革与改变之间的不同之处："总统的领导力和国家政治不可变更地交织在一起。"① 这个国家中正在发生的一切是由，并且应该由华盛顿宾夕法尼亚大道的两端同时予以代表。② 诚如哈葛罗夫和纳尔逊所示，改革者往往对总统应该如何行事怀有一个偏好模式。但是，这些"专家给出的设计"，极少能够说明对那些为治理带来转变的重大事件与议题的真正回应。唐纳德·凯特尔明智地将回应与改变全部归于最初的设计："美国缔造者们非凡才能的标志……就在于当新问题出现之时，这个体制持续不断地延伸、转变与适应的卓越能力。"③

优良改革及其成效

改革可以通过多种方式实施：宪法修正案、法令法规、法院裁定、惯例和公众期待等。促成转变的目的也多种多样：匡正缺陷、改善政府流程、重组政府、授予权力、阐明或限制权力、重新分配权力、扩大权限等。有些时候，改革的动力源自一种判断，即掌权者在行使权力时走得太远；在其他时候，则是因为在某种特定情况下权力的使用尚没有先例可循。由于要应对不熟悉的反恐战争，两种动力在"9·11"之后都得到了体现。如凯特尔所言，改革者经常试图使行政机构变得更加负责。但是，在一个

① Erwin C. Hargrove and Michael Nelson, *Presidents, Politics, and Policy* (Baltimore, MD: Johns Hopkins University Press, 1984), 271.

② 宾夕法尼亚大道连接白宫与国会大厦。——译注

③ Kettl, "Reforming," 344.

分权体系之内，对事态发展的责任归属予以衡量并非易事，不过改革要想取得效果，这将必不可少。[1] 换言之，权力分立分散了责任，使得在不改变宪政秩序的前提下集中责任变得极富挑战性。

宪法修正案

鉴于宪法修订程序的复杂（要求国会和州两个层面上的绝对多数），人们不会期盼宪法修正经常发生。当前，共有9条宪法修正案直接影响总统制。它们可以分为三种类型：对原始文件中的遗漏与异常之处予以纠正、扩大选举权、限制任期。

如表7.1所示，第十二条、二十条、二十三条和二十五条修正案对宪法提供了必要的纠正。这些修正案拥有不同的效果。如前文所讨论的，第十二条最为关键。第二十条与二十五条也拥有重要的有利影响。不妨想象一下，如果今天新总统还是于3月4日而不是1月20日就职，此时已经是选举之后四个月了。值得一提的是，规定这一变化的第二十条修正案直到1933年才得以批准生效。

在近几任总统任期中，尤其是自卡特以来，副总统发挥的作用越来越大。自从副总统接任的规定适用以来，共被运用过两次——一次是1973年斯皮罗·阿格纽辞去副总统职务后由杰拉尔德·福特接任，一次是1974年8月9日福特在尼克松辞职后继任总统，纳尔逊·洛克菲勒继任副总统。1998年克林顿被众议院弹劾，如果参议院1999年裁定将克林顿免职的话，这一规定本来可以再次得到援用。继位总统戈尔本来会提名一位副总统在1999至2001年辅佐他。

---

① Kettl, "Reforming", 369–70.

表7.1　通过宪法修正案实现的改革

类型一：纠正	
修正案（已批准）	**目的**
第十二条（1804）	选举人分别投票选举总统和副总统
第二十条（1933）	总统任期在1月20日结束，而不是（1792年国会提出的）3月4日
第二十三条（1961）	哥伦比亚特区拥有3张选举人票
第二十五条（1967）	填补副总统职位空缺；并且，当总统无法履行职责时，提供应对方法
类型二：扩大选举权	
第十五条（1870）	投票权扩展到非洲裔美国人
第十九条（1920）	投票权扩展到妇女
第二十四条（1964）	不得以未缴纳人头税为由阻碍公民行使投票权
第二十六条（1971）	年龄限制降低到18岁
类型三：总统两届任期限制	
第二十二条（1951）	总统任期不得超过两届

来源：作者汇编。

如果1974年尼克松被弹劾并被免职（如尼克松辞职之前一些民主党人所威胁的），再如果第二十五条修正案并未得到通过和批准，那么将没有副总统来继任总统职位。如果上述条件成真，众议院议长、来自俄克拉荷马州的民主党人卡尔·艾伯特将会承继总统大位——他并不情愿如此。

第十五条、十九条与二十六条修正案使选举权顺应了当时的形势发展——确保了非洲裔美国人与妇女的投票权，并将投票年龄限制降低到18岁。第二十四条修正案保证了缴纳人头税并非享有投票权的前提，这是迟到已久的保证。久而久之，选举权的修正案将会改变总统竞选的性质。每一项修正案都带来合格选民数量的大增。然而，这些选民的投票率的增长也需要很长时间。

剩下的那条修正案，第二十二条修正案，重新审视了被视为在制宪会议上已有定论的那次辩论。按照惯例，总统会自觉地把任期限定在两届之内。富兰克林·罗斯福并没有遵循这一惯例。伴随第二次世界大战结束以及那位连任三次的总统拥有的超级行政权力，共和党主导的国会在1947年碰头之后不久，便提出一项规定两届任期限制的修正案。这一修正案很快在国会两院以需要的三分之二多数通过，并且在4年之后送交各州批准。历史学家福里斯特·麦克唐纳称之为"打向罗斯福身后的一记耳光"[①]。

第二十二条修正案的效果还难以下定论。它的第一次效力发挥在艾森豪威尔身上（这一修正案在杜鲁门在任期间提出，因此杜鲁门并不受其制约）。要想判断这一修正案的效果，就必须先回答一个难以捉摸的问题：那些任满两届的总统会争取第三任期吗？就年龄与健康状况而言，艾森豪威尔与里根本有可能继续谋求第三任期。剩下的就是克林顿了（在本书撰写之时，小布什正处于第二任期）。就克林顿而言，年龄本是寻求第三任期的有利因素。在第二任期结束时，他54岁。

我们可以说的是，这一宪法修正案把一个问号变成了句号。总统会谋求第三任期吗？不能。结果，连任之后的总统大选（例

① Forrest McDonald, *The American Presidency: An Intellectual History* (Lawrence: University Press of Kansas, 1994), 407.

如，1960年、1988年、2000年，以及可能的2008年）以两党内部的公开角逐为特色。于是，就在赢得第二任期的总统就职之后不久，又一次总统竞选便会拉开帷幕。许多候选人可能在国会中供职——大多数是在参议院，急切地想在竞选之前增加自己的筹码。同时，总统内阁及幕僚知道自己的时间同样有限，这促使他们考虑自己的政治生涯。对于一个受限于任期的领导人来说，克服对未来的急切以专注于眼前是一个重大挑战，这也是改革所产生的始料未及的结果之一。

法规

大多数的改革和对改变的适应是通过一般的立法过程来实现的。与单纯地试图找出管理议程的最好或者最可行的方法相比，国会山与白宫中的常规工作较少地属于有意识的改革。例如，当老年保健医疗制度与医疗补助制度这样的项目在历经多年后落实到位时，国会授权行政部门有组织、分步骤地采取必要措施来有效实施这些项目。这类大规模项目获得通过的一个结果，便是官僚机构的显著膨胀与总统职责的日益增多。这些情形中都有改革的决心，但是它指向的是提供医疗保健，而不是机构膨胀。

国会议员有责任监督对这些项目的管理，但是在现实中，他们却依赖于行政机构，即使是在监督方面。这种依赖性，是对行政机构相对于立法机构的权力的一种衡量标准。

值得注意的是，总统并不会一直喜欢承担更多的责任。事实上，因为失控的支出对赤字造成的影响——这也会进一步限制总统开辟新项目的选择空间，那些接手各种权利保障项目的总统可能试图抑制这些项目的增长。

表7.2　通过法规法令实现的改革：案例精选

立法	改革
预算	
1921年预算与会计法	全国性预算体系首次得以创建，预算局成立
1974年国会预算和截留控制法	国会预算体系得以设计，国会预算办公室成立，总统截留资金的权力受到限制
1985年格拉姆—鲁德曼—霍林斯反赤字法	在平衡预算的目标之下，自动削减开支的调整体系得以确立
1996年单项条款否决权	授予总统否决具体项目的权力。后来被最高法院宣布为违宪
经济	
1913年联邦储备法	确立独立的货币政策体系与联邦储备委员会
1934年互惠贸易协定法	授权总统与外国缔结商务贸易条约
1946年就业法	建立总统的经济顾问委员会，并为国家经济状况提供报告
组织再造	
1939年重组方案（以及随后的各种方案）	建立总统办事机构，将预算局从财政部移归总统办事机构管辖，增加总统幕僚人员。此后还通过了拓展总统办事机构的其他方案
国家安全	

（待续）

表 7.2(续表)

立法	改革
1947年国家安全法	重新组织军事机构为国防部,建立国家安全委员会并为总统办事机构以及中央情报局配备人员
1973年战争授权法	限制总统派遣军队参加战争的权力。当缺乏宣战时,设置汇报与撤军的时间表。推翻尼克松的否决
2002年恐怖袭击调查委员会	授权总统委任一个委员会调查"9·11"之前的情报不力问题,并提出建议
2004年情报机构改革	重组情报机构,授权总统任命一位主管来协调情报机构,包括中央情报局
竞选	
1974年联邦竞选法	为总统竞选提供公共资金支持,设立联邦选举委员会
2002年跨党派竞选改革法案	限制募集"软性捐款"(soft money)[①],对竞选募款的其他限制等
公众知情	
1974年信息自由法修正案	针对1966年法案的主要拓展,让公众接触到政府文件。推翻福特否决得以实施

来源:作者自多种资料汇编而成。

在实质性政策主题(例如农业、福利、医疗保健与犯罪)方面的立法之外,也会不时通过一些法律,这些法律或者是为了支持

① "硬性捐款"是直接支持某候选人的捐款;与之对应,"软性捐款"不是直接捐给某一候选人,而是捐给某政党的捐款。——译注

或约束总统特权，或者是为了影响其施政方式。通常情况下，就意图而言，此类法律具有更为直接的改革特征。推动这些立法的人试图改变的不仅是决策“内容”本身，还试图改变“如何”决策以及“谁”来决策的问题。表7.2列举了20世纪与21世纪初这类法律的一些例子。这15项法律代表了改革总统制与行政分支的努力，主要涉及6项关键职能：预算、经济、组织能力、国家安全、竞选以及公众知情。这些法律中的大部分都着眼于加强或限制总统制；有一些则是为了加强国会地位，以使国会更为有效地与行政分支竞争。

回顾这些法律，显而易见的是，总统发挥更大的作用是大势所趋，当然间或也有对总统权力施加制衡与控制的努力。从逻辑上来看，大多数变化都是由政府项目数量的增长与项目的复杂性所引起的。预算问题的重要性与日俱增，它要求经济学和会计专家的专业知识的辅助。因此，这项职能便日益集中到行政部门。因为对行政机构的依赖，国会变得日益焦虑不安；于是，1974年国会确立了自身的预算程序，包括雇用自己的预算专家。

在经济、国家安全政策与总统制的机制化方面，相似的趋势也变得引人注目。一般说来，即使总统只有有限的工具来管理经济，他们也必须为国家经济状况负责。因此，举个例子，通过在货币政策中扮演的角色，独立的联邦储备委员会拥有影响经济发展的大得多的权力。国会也授权支持总统对经济进行管理，并且总统也出于这个目的在白宫中进行了重组（最近的一次改变是，1993年国家经济委员会依据行政命令得以建立）。

作为三军统帅，总统在国家安全政策中的角色具有宪法基础。这一地位于1947年得以实质性地奠定；当时，军事机构统一了编制，国家安全委员会得以建立并配备了人员。就预算问题而言，国会会不时地对总统在其中的支配地位表达关切，由此努力限制未经国会宣战的军事行动，或者在事态发展有偏差时，调查国家安全方面的决策。这些举措并非没有效果，但是在对外与国家安全政策上，总统依旧处于领导地位。

作为一种机制，总统制的成长过程从未间断。其成长的关键点是1939年总统办事机构的创立。这个名字本身就承认了，需要这一“伞式组织”来掩蔽为适应政府项目增长所设置的许多咨询机构。并且，职能——国家安全、经济、环境、贸易、科学——每延伸一次，另一个“办公室”或者“委员会”便会被纳入总统办事机构中最为重要的行政管理和预算局。再加上白宫办公室，这些便是构成前文所论之总统分支的单位。

笔者也将两种不同类型的法令纳入了讨论——竞选类与公众知情类。前者对改革者而言通常是一种挫败的经历。人们的注意力主要集中在竞选财务方面，关注支出的数目以及经费来源。新的法律改变了款项募集方式，却未对筹款数额予以控制，这对提供资金的金主具有不同的影响。最后，修正后的《信息自由法》使媒体与学者受益良多，同时它督促行政分支在发布与保存文件时要提高警惕。

这些法规显示了分权政府之下改革所牵涉的复杂政治关系。各个分支一直关注着自身在制度中的地位，努力保护自身特权，并对其他机构的特权感到愤怒。相应地，为应对重大事件与议程转移所设计的变化方案，宾夕法尼亚大道两端都密切注视着，看它们将如何影响权力的平衡。

通过法案进行改革的成效与教训分别是什么？首先，显而易见的是，代议制政府会回应首都之外的事态变化。例如，行政部门准备预算并处理军事问题是合情合理的。虽然它降低了代议制立法机构的影响力,但是事实就是如此。第二,行政部门在20世纪以及21世纪最初几年中得到扩张,这从逻辑上来看是必然的。前面援引的多部法规都为总统带来了更大的责任(虽然不一定伴有更大的权力)——关系到预算、军事、发动战争、经济与社会生活。第三,同样明显的是,国会尚未跟上前进的步伐。国会议员已经通过如下方式作出了努力,包括创立预算程序、重新组织委员会、增加人手、增加专门立法机构以及要求加强行政问责等。但是,巨大的挑战存在于立法筹备以及对实施这些立法的监管之中。第四,开弓难有回头箭。我将《战争授权法》纳入讨论主要便是为了说明这个问题。几十年来,战争一直处于重新定义的过程中。最近一次定义是反恐战争,它激起了各个分支之间关于分享权力问题的进一步争论和困惑。

最高法院的裁决

总统制改革和转变的第三个源泉来自最高法院。就最高法院大法官们的工作性质来讲,他们并不是改革者。无论个人信仰为何,他们的工作部门都不鼓励他们采取这样的主动性。然而,他们的裁决具有巩固、明晰或者阻挠总统权力的效果。人们普遍接受的观点是,最高法院会支持行政权力。毕竟,不这样做的话就意味着一个分支否决另一个分支。因此,如果真的发生这些情况,便会引起人们的注意。

至少有三类裁决会影响到总统权力。第一种裁决是取消总统中意却超出其权限的法律。例如富兰克林·罗斯福总统提议运用激进的立法来应对经济大萧条。但是,有多项方案被最高法院推翻,其中最显著的包括《全国工业复兴法》中的一项建议,它要求设置公平竞争的工业规范(1935年“谢科特家禽公司诉合众国案”)，以及《农业调整法》中的条款等(“合众国诉巴特勒案”)。

第二类是针对其他分支提议的立法所作出的裁决。在水门事件期间，1974年《联邦竞选法》修正案得以提出并获得通过。在众多条款之中，修正案设定了政治捐款和支出的限额。最高法院宣判后者有违宪法第一条修正案规定的言论自由权（1976年“巴克利诉瓦莱奥案”）。这项判决意味着竞选经费将会持续攀升，总统候选人不可避免地能够动用巨额经费。

第三类据说是最高法院希望避免的那些裁决：那些取消行政权力的运用的裁决。表7.3显示了一些精选案例。这些裁决反映了最高法院的介入具有视具体情况而定的特征。换句话说，除了最高法院对总统处理前所未有事件时的越权行为的关注，我们很难通过归纳这些裁决来预测未来的裁决。

免除被任命人的职务是迈尔斯案与汉弗莱斯案的主题。新的机构和任命程序确立之后，详细阐明便处于核心位置。迈尔斯案允许解除得到参议院同意的被任命人的职务；汉弗莱斯案则限制解除日益增多的独立的管理委员会委员的职务。

有两个案例与前所未有的战时情形相关。朝鲜战争时期，杜鲁门总统特别担忧，一场蓄势待发的针对钢铁工业的罢工可能会危害备战物资的生产。想必是自恃握有三军统帅的权力，他下令接管国内的钢铁公司。最高法院驳回了杜鲁门关于其权力的解释。很久以后，小布什总统面临着一种特殊情形，即在未获得普遍的全国认同的状况下，审判被指控或被怀疑为恐怖分子的人。他的方法是设立独立的军事法庭，在未获得国会同意的前提下便展开审判。最高法院再一次驳回了他关于总统权力的阐释，同时敦请国会采取行动(“哈姆丹诉拉姆斯菲尔德案”)，并在第109届国会晚些时候提出设立军事委员会来对恐怖主义嫌疑分子提起公诉。

表7.3 解读总统权力:最高法院案例精选

案例	裁定
1926年迈尔斯诉合众国案	在解除获得参议院同意的被任命者的职务时,总统无须获得参议院同意
1935年汉弗莱斯执行人诉合众国案	对总统解除独立的规制委员会委员职务的权力予以限制
1952年杨斯顿钢铁公司诉索耶案	裁定杜鲁门总统在朝鲜战争期间接管钢铁公司是违宪行为
1974年合众国诉尼克松案	尼克松总统宣称拥有行政特权,因此拒绝向特别检察官移交椭圆形办公室录音带,最高法院予以驳回
1997年克林顿诉琼斯案	宪法不保护在职总统免于民事诉讼;保拉·琼斯所提诉讼可以继续进行
1998年克林顿等诉纽约市等案	国会授予总统的单项条款否决权违宪
2000年布什诉戈尔案	佛罗里达最高法院指定的重新计票程序违宪(适用于当前案例)
2006年哈姆丹诉拉姆斯菲尔德案	布什总统建立军事委员会审判恐怖主义嫌疑分子违宪

来源:作者自多种资料汇编而成。

“合众国诉尼克松案”与“克林顿诉琼斯案”是特殊的案例,在两案中,总统试图阻止潜在的破坏性证据进入司法程序。尼克松动用行政特权阻止水门事件特别检察官使用椭圆形办公室谈话录音。最高法院驳回了他的主张，这最终导致尼克松辞职。克林顿希望在他依旧担任总统期间，阻止保拉·琼斯的民事行为继续下去。最高法院裁定这种诉讼不会干扰总统履行职责。两个案例都全体一致地作出了不利于总统的裁定。

表7.3中的其他两个案例则几乎没有相同点。共和党控制的国会在克林顿任期中规定了单项条款否决权，这是克林顿要求的权力，他的前任们也曾要求过。最高法院发现这项行为不具有任何宪法基础。2000年，最高法院决定叫停佛罗里达州重新计票，并且出于各种实际考虑，将总统大位授予小布什。出于对解决选举争端这种特殊情况的谨慎，最高法院特别强调其裁决只适用于当前案件。

关于总统制的法院裁定，与其说是改革，倒不如说是在澄清，同时对转变作一点暗示。当国会与总统作出调整以适应新的或者正在发展的形势时，最高法院可能会接受一件要判断这些行动是否符合宪法要求的案子。这些案件有时援引1803年的“马伯里诉麦迪逊案”：“解释法律显然是司法部门的权限范围和责任。”因此，举例而言，如果总统宣称他拥有行政特权或者宣称一项决定符合固有权力，那么最高法院可能审理对这项宣称的质疑，并对总统是否正确作出裁决。

回顾这些案件，总统应该吸取的最大教训可能是：如有疑问，敬请依靠分权原则。这个信息主要暗示的是，总统应该获得国会支持或者司法许可（至少要认真检视法院的先例）。除非处于刻不容缓的危机之中，否则它建议不要单独采取行动。与之相关的教训是，事关其个人行为时，总统在主张权力来保护自身不受指控时，要慎而又慎。当他这么做时，是总统而不是法院在宣称什么是法律。

习俗惯例与民众期待

习俗惯例的变更以及公众和其他人对总统制的期待也会产生影响。这些特征比前文所讨论的因素更为杂乱无章，但是它们也暗示出政府的、政治的与社会的发展动向。

与习惯或者常规程序一样，习俗惯例就是做事的通常方式。新环境往往会确立新的习俗惯例。例如，富兰克林·罗斯福一周两次要在椭圆形办公室接见记者。记者们挤在他的办公桌周围向他发问，而他的回应往往是非正式的。除了重要演说，罗斯福与公众的交流也是很低调的。他开创了通过收音机发表“炉边

图7.1 1941年12月23日，罗斯福总统与丘吉尔首相举行联合记者招待会(美国联合通讯社图片)

谈话”的方式，当这种方式首次被运用时，被评价为“总统在运用媒体方面的革命性的进步”①。

通讯与交通方面的变化极大地改变了总统及其幕僚现在与新闻界以及公众互动的方式。与记者们的会面一般都记录在案，不仅可以供新闻媒体报导，通常还能提供给任何有兴趣的人翻阅。这些会面的文稿在网络上便可以查找到。总统也比以前更为频繁地巡回走动，为其施政方案争取公众支持。克林顿总统在发表国情咨文后会立即上路，去为他的提案提供合理性证明和辩护，这种做法最后成为其继任者小布什的“惯例”。

白宫其他人物的传统角色已经发生了明显的变化。在过去，第一夫人就其本身来说很少被视为公众人物（埃莉诺·罗斯福是一个主要的例外）。但是，现在情形变了。希拉里·克林顿就曾负责一项全国医疗保健提案。在过去，副总统职责寥寥，幕僚无几，并且没有官邸。以前，国情咨文是被送往国会，而不是由总统在国会发表演讲。并且，过去白宫的安保工作很是松懈。但是，所有这些，以及更多的方面，都已经发生了改变。

这些变化也有助于改变人们对总统与总统制的期待。期待可能有两种形式。第一种与新闻界及公众所了解到的总统情况——如背景、人生观、价值观等相关。第二种则是与总统制相关的预期——特别是总统在分权体系中的领导者角色及其在世界上的地位。这两种形象并不总是和谐一致，并且在总统任职期间会发生变化。

用几个实例来作一说明：杜鲁门必须应对不一致的公众期

① Michael Nelson, ed., *Congressional Quarterly's Guide to the Presidency*, 2nd ed. (Washington, DC: Congressional Quarterly Press, 1996), 124.

待,因为他缺乏行政经验,人们对他期待很低;但是因为紧随富兰克林·罗斯福的三个多任期,人们又对他期望较高。鉴于艾森豪威尔的军事统帅背景，人们期待他能够在杜鲁门之后重塑总统制。水门事件及其余波(包括福特总统赦免尼克松)对于总统制的形象造成了负面影响，给从未在华盛顿工作过的总统卡特带来了主要挑战。就行政经验来说，老布什位于最合格的总统之列，但是其总统职位则是由人们对他的前任罗纳德·里根的期待来塑造的。小布什面临的总统职位，由于其前任遭到弹劾并因此引发党派冲突而受到削弱,并且他还面对着人们对新总统能力及其当选正当性的各种质疑。

与此同时,对总统领导力的要求日益提升,随之而来的是人们对总统承担更大责任的期待。联邦政府施政项目的扩展与全球化带来的国家之间的相互关联，说明了为什么大多数目光都投向了华盛顿和白宫。

展望未来:新现实

总统制的过去和现状都极大地影响着其未来发展。透过政治现状的棱镜看未来是展望未来的最可靠的方法。总统制的宪法地位经历的转变相对较少。其中最重要的变化发生于五十多年前，即规定总统最多任职两届。除了改革选举人团的四年一度提案外,目前并无意向针对宪法第二条作重大修正。因此,核心功能——“行政权力赋予美利坚合众国总统”——依旧保持不变。

发生变化的是行使行政权力的环境。正如我力图阐明的,纵观历史，情况正是如此。目前的形势能为我们预测未来提供什么帮助？在新的世纪,政治形势、政策议题以及行政局面都与对总统权力的评估息息相关。

政治形势

自从1992年以来，以微弱优势为特征的政治形势极少甚至从未发生变化。从强势的南方民主党人把持国会转移到共和党人掌握主导权，这个转变巩固了激烈竞争的两党制度。这种泾渭分明的分化通过红蓝州地图[①]更容易看清，并且可以通过一个简短术语来描述:极化。大多数分析具有一种改革派色彩,它们暗示这种分裂状况是需要纠正的。与此同时,事实是,总统选举与国会选举的结果很可能会以非常微小的差距得以确定,而并非受制于全国范围内的操纵。

微弱优势很容易带来一个政党分裂的政府。2001年,一位参议员退党而成为无党派人士，这将参议院多数控制权从共和党转移到民主党手中。如果2000年的佛罗里达州与2004年俄亥俄州选票发生一些变化，民主党本有可能赢得白宫，并且同样非常可能的是两次都由共和党控制国会。2006年的中期选举,两党在参议院以49席对49席打成平局，由两位与民主党人投相同票的独立参议员来组织参议院。

这些现实对总统制产生了深远影响。其动力是竞争与派性,而不是合作与跨党联合。总统必须谋划出策略，一方面认可微弱优势、政党政治与激烈竞争，另一方面又要在立法过程中的某些关键节点上作好妥协的准备。保密甚至隐藏计划和决定,可能同样会带来好处。处于微弱优势政治中的总统也可能留意国会中政党纪律的重要性,他需要关注,在立法的早期阶段,不

① 红州是指倾向于支持共和党的州；蓝州则是指倾向于支持民主党的州。——译注

能因为达成跨党协议而损坏在参议院与众议院争取领导权的努力。

微弱优势和分裂控制的党派动机有可能普遍存在，其中，有权势的少数人施展着每个可能的策略来迫使两党达成妥协。少数派的阻碍作用越大，多数派就越会寻求额外的党派优势，尤其是在众议院中。这些情形经常会导致总统的职责减少，使总统从当事人变为旁观者。

这种局面无论多么不受欢迎，却并不必然会对立法造成危害。如前文所述，法律的确得以通过，危机消弭了党派偏见；不仅是执政党，两个政党都有积极参与政策制定的动力。关键点在于，施展总统权力的背景各不相同。在权力分立体系之下，这也是极为合理的——在改革的万丈豪情中，这个细节有时却被忽略了。

政策议题

作为重大事件的主题，政策议程日新月异。与其他局势相比，关于政策的预测就不那么言之有据了。例如，克林顿任职期间与小布什任职最初几个月内已设定的主要国内议题，都因为“9·11”事件而发生变化。这个重大事件引起了若干问题，如习语所言，这些问题都“不胫而走”(have legs)。相应地，未来几任总统都可能面临着不熟悉的战争带来的政策不确定性。

或许，诸多确定性中最为主要的因素是，国家安全对其他议程的影响。作为一项主导性议题，恐怖主义就其本身而言具有严重的影响，同时它也影响到其他议题的界定。就其本身而言，反恐斗争是一场无国界的战争，在这场斗争中，敌人可能藏匿在包括美国在内的数个国家中。就其影响而言，举几个例子，诸如移民、港口安全、国际贸易与金融、联邦—州—地方的治安维持等许多议题都深受影响。

一个影响范围如此之大的议题，将会引发严肃的辩论与批评。过去有句格言说，政治口水止于水边，特别是就对总统的跨党支持而言——现在，这句话已经不成立了。几乎可以顾名思义，根据已知情况（例如常规战争）制定的规则难以运用于陌生的环境（例如无国界的反恐战争）。除非碰到类似于“9·11”那样的大灾难，未来的总统无法指望国家安全与对外政策方面的决定能够获得国会、媒体或者公众的自动支持。

如有人所指出的，反恐战争、美国在中东地区的军事行动和政治介入，以及不友善政权的核武器研制，都影响到对美国国内议题的解读。但是，还有其他现实问题关系到本土议题。大多数这类问题都源自早已入册的项目。“改革”一词被纳入几乎所有重要的总统提案中：社会保障改革、老年保健医疗制度改革、移民改革、环境改革等。国内议程主要源自政府已在从事的工作。这一事实不会伴随行政分支的更新而发生变更。2008年、2012年、2016年以及可以预见到的未来总统都将发现，为给新生事物寻找空间而开启新项目或扼杀已经存在的项目将困难重重。

行政局面

在几乎不受控制的情况下，权利保障项目与军备的成本一直在呈指数增长。支出变得没有节制。在财政收入难以跟上步伐且微弱优势政治使得税收难以增加的情形下，各种方案与重大事件决定着支出的增加。赤字随之而来，公共债务也日益攀升。1997年，克林顿总统与共和党把持的国会试图平衡未来的预算，但是2001年后的重大事件与政治发展还是刷新了赤字与国债的纪录。

有一首著名的西部歌曲，曲名为“请不要围困我”（“Don’t Fence Me In”）。将总统权力想象为“被围困的”，这丝毫不夸张。总统是债务的管理者。他们在竞选时会作出承诺，但是这承诺若要兑现，尚需总统们找到一种不改变税收的方法来落实，或者他们能够提出富有说服力的解释，即拉动需求比增加债务更为重要。

政府项目的联邦化并不像行政上的变化那么引人注目。总统及其任命的人通过两级、三级或者更多级的政府管理着大多数国内议程。一些调适或许是允许的，以适应地区、各州与地方的具体环境。这一过程现在已经延伸到国土安全领域。

不足为奇的是，总统制已经发展出属于自己的专家分支。总统们希望并且需要助理来引导他们穿过项目的提出、通过与提交之路。维系前任创造的地位是继任总统比较典型的做法。白宫在很久以前便不再是单纯的行政官邸了。现在，它是努力提供行政管理并由总统承担责任的一个政府分支。

结论

美国总统制并不是美国政府的全部。确切地说，它是一项为管理行政分支所创造的领导制度，与立法和司法分支相互影响。总统制已经发生变化，以适应国内发展与国际发展的要求。总统制也已经经历过改革，其中最值得注意的是规定总统任期不得超过两届。不过，即使就本书的写作来说，理解总统制的起点也仍是宪法所规定的分权体系。正是这份文件，要求独立遴选总统、国会成员与法官，并且任期长短各异。因为独立遴选，这些官员才在制定、实施与评估法律上相互依赖。

教训也是显而易见的。在分权体系之中，有效行使总统权力的前提是承认其他分支的合法功能。彭德尔顿·赫林这样贴切地描述总统制："我们创造出一个执掌大权的岗位，但是我们将这种权力的全面实现寄托于影响力，而不是法定权力之上。"[①]相应地，对总统制予以研究应该承认总统在宪政框架中的政治地位与风格。这是本书一直强调的。

① E. Pendleton Herring, *Presidential Leadership* (New York: Rinehart and Company, 1940), 2–3.

附录

1789—2009年美利坚合众国总统与副总统

年份	总统	副总统	所属政党	得票率%
1789	华盛顿	亚当斯	联邦党	EV=100*
1792	华盛顿	亚当斯	联邦党	EV=98
1796	亚当斯	杰斐逊	联邦党/民主共和党**	EV=51
1800	杰斐逊	伯尔	民主共和党	EV=53***
1804	杰斐逊	乔治·克林顿	民主共和党	EV=92
1808	麦迪逊	乔治·克林顿	民主共和党	EV=69
1812	麦迪逊	格里	民主共和党	EV=59
1816	门罗	汤普金斯	民主共和党	EV=83
1820	门罗	汤普金斯	民主共和党	EV=98
1824	约翰·昆西·亚当斯	卡尔霍恩	民主共和党	PV=31 EV=32***
1828	杰克逊	卡尔霍恩	民主共和党	PV=56 EV=68
1832	杰克逊	范布伦	民主党	PV=54 EV=76

（待续）

年份	总统	副总统	所属政党	得票率%
1836	范布伦	理查德·约翰逊	民主党	PV=51 EV=58
1840	威廉·哈里逊	约翰·泰勒#	辉格党	PV=53 EV=80
1844	波尔克	达拉斯	民主党	PV=50 EV=62
1848	扎卡里·泰勒	菲尔莫尔#	辉格党	PV=47 EV=56
1852	皮尔斯	金	民主党	PV=51 EV=86
1856	布坎南	布雷肯里奇	民主党	PV=45 EV=59
1860	林肯	哈姆林	共和党	PV=40 EV=59
1864	林肯	安德鲁·约翰逊#	共和党	PV=55 EV=91
1868	格兰特	科尔法克斯	共和党	PV=53 EV=73
1872	格兰特	威尔逊	共和党	PV=56 EV=78
1876	海斯	惠勒	共和党	PV=48 EV=50+
1880	加菲尔德	阿瑟#	共和党	PV=48 EV=58

（待续）

年份	总统	副总统	所属政党	得票率%
1884	克利夫兰	亨德里克斯	民主党	PV=49 EV=55
1888	本杰明·哈里森	莫顿	共和党	PV=48 EV=58
1892	克利夫兰	史蒂文森	民主党	PV=46 EV=62
1896	麦金利	霍巴特	共和党	PV=51 EV=61
1900	麦金利	西奥多·罗斯福#	共和党	PV=52 EV=65
1904	西奥多·罗斯福	费尔班克斯	共和党	PV=56 EV=71
1908	塔夫脱	谢尔曼	共和党	PV=52 EV=66
1912	伍德罗·威尔逊	马歇尔	民主党	PV=42 EV=82
1916	伍德罗·威尔逊	马歇尔	民主党	PV=49 EV=52
1920	哈定	柯立芝#	共和党	PV=60 EV=76
1924	柯立芝	道斯	共和党	PV=54 EV=72
1928	胡佛	柯蒂斯	共和党	PV=58 EV=84

（待续）

年份	总统	副总统	所属政党	得票率%
1932	富兰克林·罗斯福	加纳	民主党	PV=57 EV=89
1936	富兰克林·罗斯福	加纳	民主党	PV=61 EV=98
1940	富兰克林·罗斯福	华莱士	民主党	PV=55 EV=85
1944	富兰克林·罗斯福	杜鲁门#	民主党	PV=53 EV=81
1948	杜鲁门	巴克利	民主党	PV=50 EV=57
1952	艾森豪威尔	尼克松	共和党	PV=55 EV=83
1956	艾森豪威尔	尼克松	共和党	PV=57 EV=86
1960	肯尼迪	林登·约翰逊#	民主党	PV=50 EV=56
1964	林登·约翰逊	汉弗莱	民主党	PV=61 EV=90
1968	尼克松	阿格纽	共和党	PV=43 EV=56
1972	尼克松	阿格纽/福特##	共和党	PV=61 EV=97
1976	卡特	蒙代尔	民主党	PV=50 EV=55

（待续）

年份	总统	副总统	所属政党	得票率%
1980	里根	乔治·H.W.布什	共和党	PV=51 EV=91
1984	里根	乔治·H.W.布什	共和党	PV=59 EV=98
1988	乔治·H.W.布什	奎尔	共和党	PV=53 EV=79
1992	威廉·克林顿	戈尔	民主党	PV=43 EV=69
1996	威廉·克林顿	戈尔	民主党	PV=49 EV=70
2000	乔治·H.布什	切尼	共和党	PV=48 EV=50+
2004	乔治·H.布什	切尼	共和党	PV=51 EV=53

注意:PV=普选得票百分比;EV=选举人团得票百分比

* 普选得票率表直到1824年才开始提供;选举人团得票百分比只是针对总统;竞选得票第二名为副总统,他得到不一样的得票率,这一状态直到第十二条修正案得到批准为止。

* * 杰斐逊竞选排名第二,担任副总统,属于不同的党派。

* * * 选举最终进入众议院程序。

#总统死亡,继任总统职位。

##副总统阿格纽辞职, 福特根据宪法第二十二条修正案程序被任命为副总统;尼克松辞职时福特接任总统。

来源: 数据汇编自Machael Nelson, ed., *Congressional Quarterly's Guide to the Presidency* (Congressional Quarterly, 1996), 1667–69.

索　引

注：斜体页码指此为插图内容。页码后加t指此为表格内容。

A

B

C

D

E

F

G

H

I

J

K

L

M

N

O

P

Q

R

S

T

U

V

W

Charles O. Jones

THE AMERICAN PRESIDENCY

A Very Short Introduction

To Wanda, Elizabeth, Lou, Bob, and Ruth,
from their brother. Somehow we all made it.

Contents

Preface

I am, at this writing, living with my thirteenth president—from Herbert Hoover to George W. Bush. I don't remember much of anything about Hoover, though my midwestern family talked about him rather proudly because he came from Iowa. I have strong personal and scholarly impressions of the rest. I recall the day in 1944 when I came to live in Canton, South Dakota, with my grandparents. I was sporting an FDR button. My grandfather made me take it off. He liked Truman even less, though my grandfather's plainspoken style reminded me of Truman. Put it this way: Had they met, they would have understood each other.

I paid attention to presidents through my school and college years, wondering how you got to be one. Having had FDR as my first impression, and in spite of my grandfather, I thought they were superhuman. Later I learned that it was the expectations that were beyond human. And so I have watched presidents pass through, fascinated by their efforts to manage responsibilities well enough to receive credit for the good as ballast for the certainty of blame for the bad.

The management of disproportionate and often conflicting expectations is the theme of this book. Quite remarkably, the urges that were present in Philadelphia at the writing of the Constitution are still evident today. We want to hold presidents accountable for what happens in government, but we don't want them to have too much power. So we hedge our bets all around by granting powers, then checking, balancing, and sharing them.

It would be fair to hold the system responsible and all those who make it work over time and across issues. After all, presidents are in-and-outers, seldom get all they want, and much of what happens is a result of actions by others (including previous administrations). Trouble is, a system isn't individual or personal, and so it is hard to say who is at fault when things go bad. Yet it is precisely then that we typically want accountability. And so there they are, the presidents as chief executives, the names we all learn. It is their time of accountability—we even mark our political eras with their names: the Roosevelt, Eisenhower, or Clinton years.

I strive in this Very Short Introduction to portray the challenges of presidential leadership in a separated powers system. Executive accountability is a part of that system—it goes with the job. Members of Congress answer to different voting publics; judges respond to the law. It was by no means certain that the system would last, but it has. I have endeavored to explain why and to contribute to understanding how.

Charles O. Jones
Wintergreen, Virginia

Acknowledgments

I am indebted to the many scholars, journalists, and politicians who have, over the years, taught me about the presidency. The list is too long to include here, although a few are cited in notes and references. It is no surprise, however, that Dick Neustadt heads this list. Those familiar with his work will spot its influence in these pages.

Given the purpose of this series, I asked a few nonexpert, politically aware friends and neighbors to react to my original proposal. The comments of David and Georgia Orphan, Bob and Kathy Knowles, Lou and Toni Jones, Reg Hall, and Vera Jones were very helpful, full of common sense suggestions that I followed to the letter. Three anonymous scholarly reviewers also provided useful reactions to the proposal.

Kate Hamill, then at Oxford University Press, worked with me to refine the proposal further, as well as to reassure me that the project was worth doing. Dedi Felman took over as the editor once the chapters were written. She has a remarkable capacity to spot what can be done better and to estimate an author's skill for achieving more. Her editorial nudgings were consistently on target, substantially improving the manuscript.

Others at Oxford University Press were also helpful in overseeing the production of the book. Michele Bové searched for and found appropriate pictures, in addition to managing the transformation of manuscript to book. Helen Mules oversaw the copyediting process and other details; Mary Sutherland improved the text with her careful copy editing; and Peter Brigaitis and Marie Nuchols prepared the index. Each stage was skillfully handled and for that I am most appreciative.

The book is dedicated to my remarkably talented sisters and brothers. I am forever grateful for their love, support, and good humor. Fact is, we are a very funny (all meanings) group in a somewhat less than amusing world.

Illustrations

Tables

Chapter 1
Inventing the Presidency

Imagine being present at the founding of a nation. Who will have powers? How will those with powers be chosen? Will there be one leader or many? How will the government be organized? Will it last? These and other questions faced the Founding Fathers, men like James Madison, Benjamin Franklin, Alexander Hamilton, Gouverneur Morris, Edmund Randolph, Roger Sherman, and George Washington, the most illustrious political thinkers and practitioners of public affairs of the era.

Not willing to repeat the governing errors made by others in those days, the Founders looked for new answers. That quest explains why it would have been so exhilarating to be in attendance, not to mention attending dinner parties with Ben Franklin. The creative work of this group in writing the Constitution of the United States in Philadelphia in the summer of 1787 has been interpreted and invoked regularly in political and policy debate for more than two centuries.

The first founding, a weak confederation ratified in 1781, had failed. Anxious politicians recognized the faults and met to design a more workable government before it was too late. Their gathering was like no other. It produced a unique plan, one applied ultimately to vast regions across a continent. Seldom in history had conditions been so favorable for institutional innovation.

Among the most experimental creations was that of the presidency itself. It was generally understood that more effective leadership was required. But could that goal be achieved while maintaining sufficient checks to prevent tyranny? The ultimate aim was, therefore, to govern, not merely to control, and the solution was the separation of powers. Presidents would live and work within a constitutional construction that divvied up powers in order to promote and preserve unity. Think about it: *separating to unify*. Pondering that aphorism will enhance your admiration for what was accomplished in Philadelphia, not to mention providing a basis for understanding American government and politics.

The word itself, *presidency*, cannot be found in the Constitution. That label was only later affixed to the executive department of the government. There were executives called "presidents" at the time. New Hampshire and Pennsylvania had them, as did South Carolina. Those chairing the Continental Congress and the Constitutional Convention itself were called "presidents," as was the delegate chosen to preside over the Committee of States under the Articles of Confederation (a more descriptive title would have been "His Nonentityness"). But these were not "presidencies" as the term came to be used to designate an institution of executive powers and functions.

Why the title "president"? Why not "governor," the more common title among the states? The answer reveals a basic dilemma facing the Founders. Americans were understandably wary of executive powers as exercised by the king of England. In fact, the first government under the Articles of Confederation had no executive branch as such. Yet it was generally agreed in Philadelphia that one was needed for more effective governance. The title of "governor" was proposed at different times in Philadelphia but, as one historian notes, it "brought to mind the hated royal and proprietary governors of colonial times."[1] The title "president" was more neutral, possibly less commanding, deriving as it does from *praesidere,* essentially "to preside." And that is how the presidents of the Constitutional Convention and the Continental and Confederation Congresses served; they presided.

"President" it would be then, suiting the need for an executive title that was both nonthreatening and uplifting. After experiencing other forms, from English rule to an executiveless Confederation, "Americans needed a positive definition of the role and functions of the executive."[2] A mostly new title for the head of state marked a beginning in that pursuit. The debates over the executive's reach and status in the separated system had, however, just begun. All presidents would ponder their place in the national government precisely because it was never explicitly set forth. Each would have to devise means to comprehend and meet the challenge I posed to you: How to create unity in a separated system.

George Washington: The Founding Presider

If faced with developing a positive impression of executive power, one could hardly wish for more than a George Washington as the first president. He might have been called "George the Reluctant" for the number of times that he had expressed a preference for staying at Mount Vernon over serving in top leadership positions. That reluctance made him even more desirable as one not coveting the job, especially given the disputes among those who did yearn to serve.

There he sat, presiding over the Constitutional Convention, his very presence offering reassurance that each increment of power vested in the president would be judiciously exercised. Pierce Butler, delegate from South Carolina, explained that the president's powers would not "have been so great had not many of the members cast their eyes toward General Washington as President: and shaped their ideas of the Powers to be given to a President, by their opinions of his Virtue."[3] He was the general who defeated the British and then went home. "His Excellency" was not a designation he would invite. And, in fact, when a committee included that title in its report to the Convention on August 6, 1787 a motion was made and passed to have it removed.

The prospect that Washington would be the nation's first president also reinforced the Convention's steady progress toward equality and independence of the branches. Early proposals were weighted toward a prevailing Congress to include having the executive chosen by that body. The weakness of the Articles of Confederation had, however, amply demonstrated the need for an executive with status independent of the legislature, perhaps by separate election. Washington's character and personality facilitated styling the presidency as an office not beholden to Congress, thus contributing to the development of a government of separated powers.

At the Creation

Most people have had experiences in governing, for example, a school board, business group, labor union, charity board, or condo association (very nasty politics that). Therefore, had you been at the Constitutional Convention, it would not surprise you to see committees formed. They serve such critical functions: defusing contentious issues (or discovering they cannot be defused), refining proposals, identifying effects, and integrating ideas. Table 1.1 shows the committees of the Convention, listed in the sequence of their service. The Committee of the Whole acted to get the Convention under way by processing early ideas and plans as delegates were arriving, the Committee on Detail pulled together the agreements reached and proposals pending on vital questions during the first six weeks, the Committee on Postponed Matters faced up to the unresolved and most contentious matters (including that of the presidency), and the Committee on Style prepared the final set of provisions. Had you been there, membership on the Committee on Postponed Matters would have been the preferred assignment. Read on for the reasons why.

Table 1.1 Committees at the Constitutional Convention, 1787

Committee	Purpose
Of the Whole	Essentially presenting the Virginia Plan as the working document (report on June 13)
Of Detail	Assemble provisions agreed upon for further debate (report on August 6)
On Postponed Matters	Resolve outstanding issues for further debate (report on September 4)
On Style	Prepare the penultimate version of the Constitution for review (report on September 12)

Source: Compiled by author.

The most pronounced views at the Constitutional Convention were those of the Anti-Federalists who were mostly content to make corrections to the Articles of Confederation, and the Federalists who wanted a strengthened central government of real authority. The views and recommendations of these two factions were incorporated into two plans offered to the delegates. The New Jersey plan was little more than a revision of the Articles; the Virginia Plan aimed to create a more powerful national government. Neither was as bold as the final document.

Critical to any restructuring was establishing an independently elected executive. And embedded in that issue was whether there would indeed be a separation of powers. Not surprisingly then, forming what would become the presidency was deliberate and deliberative. For as Alexander Hamilton later wrote in *Federalist No. 67*: "There is hardly any part of the system which could have been attended with greater difficulty in the arrangements of it than this [the executive department]; and there is, perhaps, none that has been inveighed against with less candor or more criticized with less judgment."

The evidence for the heated exchanges alluded to by Hamilton can be found in the series of decisions culminating in Article II dealing with the executive. The Convention went back and forth on fundamental issues regarding executive selection and powers. Why? Forming legislatures and courts was familiar work for those several Framers and their friends who had been involved in writing or serving under state constitutions. They were less acquainted with how to create a separate, independent, consequential, yet forbearing executive. Several delegates were fearful of going too far in allocating powers to the executive, understanding that there would be presidents to follow Washington who may not be as reluctant to seek or exploit those powers. In fact, even those Federalists supporting a strong central government originally provided for the executive to be chosen by Congress in the Virginia Plan.

Work on the presidency at the Convention occurred in four phases: (1) testing various ideas in early June, (2) more serious review of issues in mid July, (3) reactions to committee reports in August, and (4) amending and endorsing the final arrangements in early September. Substantively the progression was from an executive selected and constrained by Congress to one independently elected and possessed of significant domestic and foreign policy authority.

The principal issues in the debate over the executive were selection, one executive or more, term length, succession, removal, and powers. All were vital, but the matter of selection determined the separation of powers since a president elected by Congress could not truly be separate from that branch. So that is the place to start.

Selection

It was not until September that the Convention agreed to independently electing the executive. The Virginia and New Jersey plans both proposed having the executive elected by the legislature. The difference was that the Virginia Plan provided for a two-house or bicameral legislature, the New Jersey Plan for a one-house or unicameral legislature.

Selection by a bicameral legislature was included in the report of the Committee of the Whole on June 13, and later in the report of the Committee of Detail on August 6. No particulars on balloting were included in either report. The Committee of Detail report simply stated "His Excellency" [the title proposed for the president] "shall be elected by ballot by the Legislature."

Having the executive elected by the legislature would have resulted in a parliamentary system once political parties were formed. Whichever party, or coalition of parties or factions, was in the majority would likely have selected one of their own to serve as president. The United States would then have been governed by a unitary, not a separated, system. That is, one branch, the legislature, would choose the leader of another, the executive. At the least, the separation of powers requires the separation of executive and legislative elections.

Election by the legislature was approved at first, primarily as a point of departure. Still, the delegates were divided on the issue between those wary of an independent executive (the Anti-Federalists) and those for a strengthened executive (the Federalists). The first group favored legislative election, the second favored popular vote or electors chosen for the purpose of selecting an executive. The matter was so divisive and the subsidiary issues so interwoven (for example, term length and succession) that the final resolution was left to the Committee on Postponed Matters. As it happened, those favoring an independent executive had a majority on the committee, and the Electoral College was born. Popular election of the president never had sufficient support among the delegates and so another system had to be found, essentially a hybrid incorporating legislative and state interests.

The Electoral College system perplexes many Americans and virtually all foreigners. However, it was not designed to confuse (although referring to an institution with neither faculty or students as a "College" is not exactly clear). The proposal was a masterful attempt to suit contending points of view. The legislature would have bearing on the presidential election in two important ways: (1) the number of electors for a state would be equal to the number of representatives allocated to the state on the basis of population plus two for its senators and (2) the House of Representatives, voting as states, not individuals, would choose the president should no one candidate receive a majority of electoral votes. The Senate, voting as individuals, would choose the vice president under those circumstances. Finally, the states would determine how electors would be appointed, including the option of their being popularly elected.

The plan was approved at the Convention by nine states to two (voting being by states, not individual delegates), the same count that had initially favored election by the legislature, a remarkable turnaround in the delegates' thinking. Thus it was that the separation of powers was fixed in the Constitution by dividing the elections of the legislature and the executive. As it has developed in practice, presidential candidates have campaigned nationally to gain a majority of electors, members of the Senate and the House have campaigned in the states and congressional districts. The result is three interdependent national readings of the voting public, one each by the results for president, senators, and representatives.

One or More

The government of the Articles of Confederation provided that "A Committee of the States," with one delegate from each state, be responsible "for managing the general affairs of the united states." One of the delegates was to be appointed "president" to serve no longer than one year in any term of three years. The limitation of this arrangement—a president with severely limited tenure working with an executive committee—was a primary motivation for constitutional change. Therefore, designing more effective management of "general affairs" had to consider whether to have one executive or a committee or council.

Given the failures of the government under the Articles and the weakness of most executive arrangements in the states, it was surprising that any of the delegates supported a plural executive. But the most senior delegate in age, Benjamin Franklin, was an advocate, having supported a twelve-person executive council in his state of Pennsylvania. John Dickinson from Delaware also favored a three-person executive, one each for the northeastern, middle, and southern states. And the New Jersey plan provided for congressional election of a plural executive (number unspecified).

A motion for a single executive was debated very early in the proceedings and passed, seven states to three, on June 4. Thereafter the issue would not be seriously revisited. However the executive was to be elected, however long the term in office, and whatever the eligibility for succession, the executive department would be headed by a single person.

Term Length and Renewal

How long should the single executive serve? Four years now seems obvious, but it came to the delegates quite late in the proceedings. And should the person be term-limited? These were contentious issues at the Convention, as they were allied with the very essence of executive powers in the new government. Hamilton, who wrote most of the *Federalist* essays, explained the advantages of longer terms in *No. 71*: "It is a general principle of human nature, that a man will be interested in whatever he possesses, in proportion to the firmness or precariousness of the tenure by which he holds it; will be less attached to what he holds by a momentary or uncertain title, than to what he enjoys by a durable or certain title;

and, of course, will be willing to risk more for the sake of the one, than for the other." Yet, while durable, an executive elected for a long term bore the features of life-serving monarchs whom most Americans despised. Therefore the longer the term, the more likely it was that the executive would not be eligible to serve again.

There was reluctance on this issue to emulate either the states or the Articles of Confederation. Annual election was typical in both, often including a form of term limitation (for example, having to wait for a period years—the number varied—before serving again). Most delegates agreed that one year of service was too short, but those most fearful of a strong central government, the Anti-Federalists, were also dubious about permitting renewal regardless of the length of the term in office. Why? Because some states with one-year terms and reeligibility had governors reelected over and over again. In New York, with three-year terms, voters reelected George Clinton six times. "Little wonder, then, that so many Americans worried that reeligibility would mean a president for life."[4]

It was not surprising that several proposals for term length and renewal were offered in Philadelphia. Lacking historical practice with different term lengths, one person's estimate as to what would work well was as good as another's. Early in the proceedings it was agreed that the executive should serve a single, seven-year term. Ineligibility for a second term was subsequently removed, then reinserted in late July.

Uncertainty about what was best led to delegates' changing their minds along the way. I picture the debate on this subject as a kind of term-length auction: "I have six years. Do I hear seven? Seven years? Six and a half?" At different times there were proposals for a renewable six years; single eight-, eleven-, fifteen-, and twenty-year terms; for no more than six years' service in twelve; and during good behavior (essentially a life term for the well comported). Many delegates participated in the numbers game.

Given the disparate proposals and uncertain effects, the issues of term length and renewal were sent off to the Committee on Postponed Matters, a convenient and useful means for settling matters not resolvable in full session (are you beginning to understand why I recommended this committee?).

The Committee settled on four years, a shorter term than had heretofore been proposed but with no restrictions on eligibility for second or subsequent terms. The plan was a victory for those favoring a strong executive and, hence, was criticized during the ratification debates in the states as inviting the corruption of electors in the Electoral College by an executive anxious to serve for life.

As it happened in practice, George Washington helped immeasurably to allay these fears. He declined to serve a third term in 1796, thus seemingly introducing a two-term limit, one that was not broken until 1940 when Franklin D. Roosevelt ran for a third, then a fourth, term. In 1951, the Twenty-second Amendment limiting the president to two terms was ratified. Henceforth Washington's precedent would be officially a part of the Constitution.

Removal

In 1998 the American people learned about impeachment. In accordance with procedures set forth in the Constitution, President Bill Clinton was impeached by the House of Representatives, and tried and acquitted by the Senate. The Chief Justice of the United States, William H. Rehnquist, presided over the Senate trial.

Several of those supporting the president in 1998–99 questioned the propriety of the accusers, asserting that they were, in essence, seeking to nullify Clinton's reelection in 1996. It was an argument reminiscent of Alexander Hamilton's summary of the issues involved in impeaching a president as set forth in *Federalist*

No. 65: "A well-constituted court for the trial of impeachments is an object not more to be desired than difficult to be obtained in a government wholly elective." Hamilton predicted correctly that an accusation leading to impeachment and trial would "agitate the passions of the whole community." Therefore, a process for accusing and trying public officials had to be carefully designed. And it was.

Impeachment is a method for defining and enforcing limits on executive and judicial behavior, essentially insuring that no one is above the law. The Founders use of this concept was derivative of English law. "Nowhere did they [the Framers] more evidently take off from that [English] law than in drafting the impeachment provisions."[5] Ultimately, both the substance and process of

Fig. 1.1. The Senate sits as a court for the removal of an impeached President Andrew Johnson in 1868. As with Clinton in 1999, Johnson was acquitted. (*Impeachment trial of President Andrew Johnson.* Wood engraving after T. R. Davis, *Harper's Weekly* 12 [1868]: 232–33. Library of Congress, Prints and Photographs Division, LC-USZ61-269)

impeachment replicated that of English practice. The terms "Treason, Bribery, or High Crimes and Misdemeanors" (Art. II, Sec. 4) were those used in English law. "Treason," and "Bribery" were obvious enough as deserving of impeachment; "high Crimes and Misdemeanors" were less certain, yet more likely to be used as a basis for bringing charges. Accordingly, intense debate was likely in those rare circumstances when a president was the subject (two occasions only: Andrew Johnson, 1868, and Bill Clinton, 1998, although Richard Nixon was threatened with impeachment, 1974, prior to his resignation).

The functions—sufficient accusation to impeach and try—were divided between the popularly elected House of Representatives, which was given the job of actual impeachment, and the elite-chosen Senate (by state legislatures prior to the ratification of the Seventeenth Amendment in 1913), which was responsible for the trial. This practice also followed the English model of "the role of prosecutor to the [House of] Commons while the [House of] Lords sat in judgment."[6]

But the Framers also were experienced with impeachment provisions in state constitutions. Those states providing for impeachment offered several methods for trials. So the Framers knew of options for managing the problem identified by Hamilton of removing an official who had been elected by the voters.

Reporting on August 6, the Committee of Detail opted for having impeachment tried before the Supreme Court, perhaps emulating the House of Lords, which served judicial functions in England. This proposal was controversial. Who would then try the justices if they were to be impeached? And guess what? The issue was left for the Committee on Postponed Matters. As with the Electoral College, the Committee settled on a masterful compromise. The Senate would try cases, with a two-thirds majority required for removal, and the Chief Justice of the United States would preside. Accordingly, the Supreme Court would play a role, and the super majority would "help the Senate rise above partisanship and deliberate in a relatively dispassionate way."[7] (as was judged to have been the case with Clinton).

The removal provisions were linked in the minds of delegates to those of election, reelection, and length of service. The fears of the Anti-Federalists and others suspicious of a strong national government might have been realized absent a method for impeachment and removal. Including such means suited the checks and balances essential for a system of separated powers.

Allocating and Defining Powers

By definition, executive powers tend to be derivative. An object is required for execution to occur. Laws can't be enforced before they are enacted; standards are not set in the abstract but to effect an agreed-upon purpose. It was, then, perfectly logical for the Founders to work first on delineating the powers of Congress, then to specify: "The executive power shall be vested in a President of the United States of America," and finally to outline the judicial power of the courts in Article III. The sequence—Article I–Congress; Article II–Presidency; Article III–Judiciary—follows the ordinary progression of governance from law making to its implementation and review.

This same point explains why it was unnecessary to specify each and every executive power. It was enough, for example, to state in Article I, Section 8, that "The Congress shall have Power To lay and collect Taxes." That specification implied that the executive would implement what Congress directed to be done, for example, to collect the taxes designed by Congress from those persons or groups specified in the law. Most Americans know just how that works in the case of the income tax, as administered by an executive agency—the Internal Revenue Service.

However, there were executive functions too that had to be defined in the Constitution. Who would make vital appointments? Who would command the military? Who would make treaties and assume other foreign policy functions? What would be the legislative role for the president? Who would act in national or international emergencies? These were among the most important governance-related issues that arguably could have been assigned to Congress as well as the executive. It is useful to be reminded that the answers to these questions are now familiar. But in 1787, each had to be explored, debated, and settled within the context of an overarching principle of the separation of powers.

Appointments

Designating the authority to make appointments was bound to be contentious given the inevitable competition among institutions in a separated powers system. Should Congress have that authority as a check on the executive? Or was that prerogative necessary for an effective executive? And who should be eligible to receive an appointment? In particular, should members of Congress be able to serve simultaneously in the executive or judicial departments?

As noted, the Virginia Plan provided for the legislature to elect the executive, essentially creating a parliamentary or unitary system. It might then have been logical for the plan to allow legislators to serve as ministers in the executive branch (as, for example, with members of Parliament in the United Kingdom). But it did not. Legislators were not only "ineligible to any office established by a particular State, or under the authority of the United States," but, as well, they were not eligible for a period after leaving Congress.

The "ineligibility" provision was debated extensively, with a consensus developing on not permitting simultaneous service but serious questions raised about denying appointments for a period after departing. As finally resolved, ineligibility during legislative service was approved, and there was no provision added to disallow legislators having left Congress from being appointed, as many have.

The issue of who makes appointments was critical to the creation of a separation of powers system. The status of each branch was at stake. The Virginia Plan proposed that the legislature create tribunals and appoint judges. This provision was refined early in the Convention by giving the Senate the authority to appoint judges. The August 6 report of the Committee of Detail distributed appointments as follows: the treasurer would be appointed by the Legislature; ambassadors and judges of the Supreme Court by the Senate, and "officers in all cases not otherwise provided for by the Constitution" by the president.

As it had on other issues, the Committee on Postponed Matters chose a more executive-oriented process, one not previously voted on in the Convention. The president was given the authority to nominate, "and with the advice and consent of the Senate," appoint "ambassadors, and other public Ministers, Judges of the Supreme Court, and all other Officers of the U[nited] S[tates], whose appointments are not otherwise herein provided for." The recommended language was almost exactly that finally adopted. The president was also given authority to fill vacancies during the recess of the Senate, and Congress could by law invest appointment of inferior officers "to the President alone, in the Courts of Law, or the Heads of Departments" (Art. II, Sec. 2). In the end, the Committee on Postponed Matters once again favored a distribution of powers such as to maintain a balance among the three branches. How might you have voted on this issue?

Military

Among the president's greatest powers was one to which the Constitutional Convention devoted relatively few words: "The President shall be Commander in Chief of the Army and Navy." Seemingly it was assumed that the executive would manage the militia, as was the case in the states. The more critical issue, of course, was that of deciding which branch would commit the nation to war.

However momentous the decision to declare war, it received relatively little attention in Philadelphia. As accepted as it was that the president should command the militia, so was it generally acknowledged that Congress should have the power to declare war. The only question was whether it should be the prerogative of the Senate only, and whether Congress had the power "to make war" or "to declare war." Making war suggested management and command. The report of the Committee of Detail used the words "make war," but on a floor motion the words were changed to "declare war." As one delegate pointed out, making war might be understood as "conducting" war, which properly would be an executive function.

Treaty Making

Lacking an executive, foreign policy and treaty making had to be managed by the unitary legislature under the Articles of Confederation. It was inevitable, then, that the Convention would have to decide how to allocate these matters if they were to agree on a separated powers system. It was likewise predictable that strengthening the executive, as happened during the course of the proceedings, would include an enhanced role for the president in foreign policy. After all, there was no single leader of a bicameral legislature. Even still, it was not until the final weeks of the Convention that treaty making was shifted from the Senate to the president.

Not unexpectedly, your Committee on Postponed Matters once again strengthened the president's role by reporting the following language: "The President by and with the advice and consent of the Senate, shall have power to make treaties. . . . But no Treaty shall be made without the consent of two-thirds of the members present." As reported in James Madison's notes, the debate focused on three issues: adding the House of Representatives for its advice and consent, excepting "treaties of peace" from the two-thirds requirement, and allowing treaties by consent of majority vote in the Senate. The first and third amendments were rejected, the second was first accepted, then rejected upon reconsideration. And so the Constitution in final form acknowledged the president as head of state with the authority to make treaties with the advice and two-thirds consent of the Senate.

In practice, this authority conveyed to the president the initiative in foreign relations and international status as leader of the nation. Yet it also counseled foreign leaders that major decisions in the United States government ordinarily involved two or more branches of government. Many provisions in the Constitution may be viewed as tutorials in how a separated powers system works (*separating to unify*). The treaty-making provision was one such.

Legislative Role

Providing a legislative or law-making role for the president was the subject of considerable debate at the Convention. Much of the discussion focused on the authority of the president to veto legislation passed by the House and Senate. Debate focused on what form it should take and what it should take for Congress to override a veto. A related issue was whether to have the judiciary involved in vetoing. The Virginia Plan proposed a "council of revision" composed of the executive and the judiciary to review legislation and issue a "negative" or veto. The proposal was offered on three occasions in Philadelphia but was rejected each time. How would you have voted on that—essentially reviewing the constitutionality of laws as passed rather than awaiting a case before the court?

The idea of the veto itself was widely accepted. Those favoring domination of the executive, like Alexander Hamilton, wanted an absolute veto, that is, no further legislative recourse. This position was soundly defeated. Hamilton was not having a good convention! The issue then was the margin required to override the president's veto, the effect of which would be to enact legislation into law over the objections of the president. The Committee of Detail set the margin at two-thirds of the full membership of each house in its August 6 report. A motion was approved to increase the margin to three-fourths only to be changed back to two-thirds during the final days of the Convention. The two-thirds majority has proven to be a significant hurdle. Only a very small proportion of vetoed measures become law due to overrides.

Less controversial law-making powers were, in time, to become vitally important in strengthening the legislative role of the president. Three interrelated clauses in particular are vital.

- "He may require the Opinion, in writing, of the principal Officers in each of the executive Departments, upon any Subject relating to the Duties of their respective Offices." (Art. II, Sec. 2)
- "He shall from time to time give to the Congress Information of the State of the Union . . ." (Art. II, Sec. 3)
- "[He shall] recommend to their Consideration such Measures as he shall judge necessary and expedient." (Art. II, Sec. 3)

These three provide the constitutional authority for an activist president to designate the agenda for Congress. The first invites the president to draw upon the "Officers" of the departments in framing proposals. The third authorizes shaping this information and proposals into recommendations to Congress. And the second provides a formal giving of information on the State of the Union to Congress. And that is how it has worked in practice as "time to time" has come to be an annual stock-taking and agenda-setting message from the president to Congress. Indeed, with the coming of television, the message is one of those "national moments" that projects where we are as a people, as expressed by the president, his supporters, and his critics in Congress and the media.

Finally, the president is charged with taking "Care that the Laws be faithfully executed." (Art. II, Sec. 3) This was "catchall" language that was introduced in the report of the Committee of Detail on August 6 and carried through to the final report of the Committee of Style on September 12. It was, perhaps, the best that could be done in defining the intentions of executive powers but remains vague as to precise meaning or application. Still presidents rely on this provision to validate an action that, arguably, cannot be justified by expressed authority in the Constitution or by existing statutes. Any such use of this provision by presidents has, through history, been controversial. For that which lacks precise meaning is open to varying, and often partisan, interpretations when applied to issues of major importance.

Conclusion

Inventors are problem solvers. Typically they tinker until they believe they have a workable device. It is often the case that inventors don't know in advance how well or how long their creations will work. The Founders were serious stylists as they worked at creating an executive branch. In so doing, they formed a government of separated powers. They had theories to guide them in their quest but very little practice with this form on a national scale. What they produced was, in the words of Richard E. Neustadt, "a government of separated institutions *sharing* powers."[8] As described above, the executive's role emerged as follows:

The executive progressed from weakness to strength in its shares of powers and competitive status in the government. The earliest decisions would have produced a congressional government, with the executive chosen by Congress and denied certain critical powers of appointment and treaty making. The later decisions provided an executive branch that could hold its own against the other branches, without necessarily being able regularly to trump its competitors.

A strengthened executive contributed to fashioning a separated rather than unitary system of government. Governing powers in the Articles of Confederation were concentrated in the Congress. Creating an executive with shares of governing powers and one independently elected produced a new and untried form of government—the separation of powers.

Table 1.2 Presidential Powers—Congressional Sharing (Required by U.S. Constitution)

Presidential Powers	Congressional Sharing
Veto power (Art. I, Sec. 7)	Override by 2/3 of both houses (Art. I, Sec. 7)
Election (Art. II, Sec. 1; 12th Amdt.)	Set the time; House chooses president, Senate chooses vice president if no majority in Electoral College (Art. II, Sec. 1; 12th Amdt.)
Commander in chief (Art. II, Sec. 2)	"To declare War . . . To raise and support Armies . . . To provide and maintain a Navy" and other powers (Art. I, Sec. 8)
Make treaties (Art. II, Sec. 2)	Advice and 2/3 consent of Senate (Art. II, Sec. 2)
Selected appointments (including ambassadors, public ministers, and judges of the Supreme Court (Art. II, Sec. 2)	Advice and consent of Senate; vest appointment of inferior officers in others (Art. II, Sec. 2)
Give Congress information on the State of the Union and recommend measures (Art. II, Sec. 3)	"To make all Laws" (Art. I, Sec. 7) "No money . . . drawn . . . but in Consequence of Appropriations made in Law" (Art. I, Sec. 9)
Nominate a vice president in case of a vacancy (25th Amdt.)	Majority vote in both houses (25th Amdt.)
Removal (Art. II, Sec. 4)	House sole power of impeachment; Senate sole power of trying impeachments (Art. I, Secs. 2, 3)

Source: Compiled by author.

Separated institutions sharing powers work within the constraints implicit in their having to share. As any sibling knows, it may be polite, even sociable, to share but it does leave less for you. Sharing can provoke competition so as to get as big a portion as possible. The Founders were ever sensitive to this tendency and worked to provide constraints, often literally forcing cross-institutional consultation and cooperation (see table 1.2). Therefore, even a strengthened executive was constrained by checks and balances.

Effective governance in a separated system requires each branch to be attentive to the others. This principle appeared to dominate the thinking of the Founders. As applied to the presidency, it offers a rationale for the theme of this book: Presidents are not and cannot be as powerful as most people think. What was invented was an executive much stronger than any then existing in America, but one whose strength and effectiveness could only be realized in concert with the other branches. That is the essence of *separating to unify.* At no point in the creation was there any substantial opinion that in inventing the presidency the Founders were establishing *presidential government.* They wanted effective government, one in which the president would lead by being attentive to the legitimate roles played by the other branches.

Creating and strengthening the presidency insured the emergence of a separation of powers. But doing so did not move the United States from a congressional to a presidential system. The lesson is clear: Studying the presidency requires attention to its place in the government of separated institutions sharing and competing for powers.

Notes

1. Forrest McDonald, *The American Presidency* (Lawrence, KS: University Press of Kansas, 1994), 157.
2. Donald L. Robinson, *"To the Best of My Ability": The Presidency and the Constitution* (New York: W. W. Norton, 1987), 19.

3. Quoted in Richard J. Ellis, ed., *Founding the American Presidency* (Lanham, MD: Rowman and Littlefield, 1999), 9.
4. Ibid., 98.
5. Raoul Berger, *Impeachment: The Constitutional Problems* (Cambridge, MA: Harvard University Press, 1973), 54.
6. Ibid, 54.
7. Ellis, *Founding the American Presidency,* 237.
8. Richard E. Neustadt, *Presidential Power: The Politics of Leadership* (New York: John Wiley, 1960), 33, emphasis his.

References

Berger, Raoul. *Impeachment: The Constitutional Problems.* Cambridge, MA: Harvard University Press, 1973.

Commager, Henry Steele, ed. *Documents of American History.* New York: Appleton-Century-Crofts, 1949.

Corwin, Edward S. *The President: Office and Powers, 1787–1957.* New York: New York University Press, 1957.

Ellis, Richard J., ed. *Founding the American Presidency.* Lanham, MD: Rowman and Littlefield, 1999.

Hamilton, Alexander, John Jay, and James Madison. *The Federalist.* New York: Modern Library, 1937.

Kelly, Alfred H., and Winfred A. Harbison. *The American Constitution: Its Origins and Development.* Vol. 1. New York: W. W. Norton, 1948.

McDonald, Forrest. *The American Presidency: An Intellectual History.* Lawrence: University Press of Kansas, 1994.

Neustadt, Richard E. *Presidential Power: The Politics of Leadership.* New York: John Wiley, 1960.

Riker, William H. *The Art of Political Manipulation.* New Haven, CT: Yale University Press, 1986.

Robinson, Donald R. *"To the Best of My Ability": The Presidency and the Constitution.* New York: W. W. Norton, 1987.

Siemers, David J. *Ratifying the Republic: Antifederalists and Federalists in Constitutional Time.* Stanford, CA: Stanford University Press, 2002.

Tansill, Charles C., ed. *Documents Illustrative of the Formation of the Union of the American States.* Washington, DC: Government Printing Office, 1927.

Chapter 2
The Presidency Finds Its Place

Placing the presidency in the new government required answers to two questions of physical location: What city would serve as the capital? Where would the president live and work? Additionally, there was a question of enduring political interest: How would this recently invented executive work with the other branches?

As it happened, the same separationist rationale that evolved in the deliberations of the Constitutional Convention appeared to inform the responses to all three questions. The capital city would be sited in a central location, virtually at a midpoint between the North and South. Congress and the presidency would be located in the city at some distance from each other, with a swamp separating the two buildings. And, save for failing to get a majority in the Electoral College, presidential candidates did not have to go through Congress to win. They were to be independently elected, if interdependently empowered.

Today's visitors to Washington, DC, may find it difficult to believe but there was no such city when George Washington was inaugurated as the first president. Washington took the oath of office on April 30, 1789, on the balcony of Federal Hall, located at the corner of Wall Street and Broad Street in New York City. New York, however, would not remain the executive's launching point for long.

An early debate sought to establish a permanent seat of government. Several locations were proposed as members of Congress favored their own states or regions. As finally resolved in July 1790, a Residency Act set the site for the capital on the Potomac River and authorized President Washington to appoint commissioners to designate its exact location. Meanwhile the government would stay in New York City until December 1790, then move to Philadelphia until 1800, after which a new, centrally located Federal City was expected to serve as the nation's capital.

With the first question of placement answered, the next uncertainties were the capital's precise location on the Potomac River and the design of the city. Land had been ceded by Maryland on the northeast side of the river, and by Virginia on the southwest side (unused, this section was later reclaimed by Virginia). President Washington selected the site, across the river from Alexandria, Virginia, not far from Mount Vernon. He then appointed Major Pierre Charles L'Enfant, a French-born

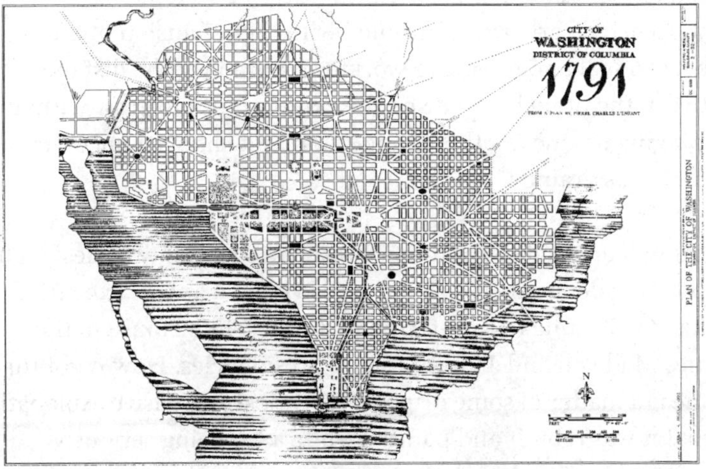

Fig. 2.1. Major L'Enfant's design for the "Federal City," soon to be named for George Washington. (Library of Congress, Prints and Photographs Division, Historic American Buildings Survey, National Park Service, DC668)

engineer who had served in the Continental Army, to plan a Federal City.

L'Enfant's design was not followed in every aspect, and Washington fired the temperamental planner along the way (*enfant* is French for "child"), but most people today would be able to identify L'Enfant's initial layout with its wide avenues, open blocks of space, and diagonals over an orderly grid as that of Washington, DC. Just as there was a desire at the Constitutional Convention to avoid centralizing power, the Federal City had no central location for government. "L'Enfant's plan physically separated the powers and thus, intentionally or not, gave a geographic expression to a political concept."[1]

There were three governing centers in the new capital: one each for the Congress, the presidency, and the courts at Judiciary Square (though the Supreme Court was never located there). The executive and legislative branches were at the greatest distance (just over a mile apart), with the courts in between. This separation was likely to foster distinct communities, a development that occurred early and continued with the expansion of the congressional and executive workforces.[2] In fact, the distance between the branches allowed the communities to grow without impinging on one another, a condition that changed once the swamp was drained.

What was originally called the "President's House" was designed as both residence and workplace. Also known as the "executive mansion," it came to be referred to as the White House in the James Madison and James Monroe presidencies. How it got that name is a matter of some dispute.[3] The most persuasive explanation is that it was rebuilt and painted white after being seriously damaged by a fire during the 1812 War.

So the answers to the first and second questions regarding real estate were that the presidency would be in a new city designated as the capital and housed at some distance from Congress. In 1790 the city was named for the first president, a decision made by the three commissioners Washington had appointed to assist him in deciding on the site for the new capital on the Potomac. Interestingly, Washington never lived in the city with his name. He is the only president never to have lived in the White House, most assuredly to his relief as John Adams, its first resident president, found it drafty, damp, and lacking a bathroom.

The answer to the third question regarding the place of the presidency in the government depended initially on the framework set in Article II on the executive branch. Three perspectives were evident at the Constitutional Convention in regard to the executive: (1) a *presidential presidency* in which the executive would be the dominant branch; (2) a *congressional presidency* with the executive selected by and thus dependent on Congress; and (3) a *separated presidency* in which the executive and legislative branches shared and competed for powers.

Alexander Hamilton was the principal advocate of a presidential presidency. He proposed that the executive, to be called "Governor," be elected by electors "during good behavior," essentially a life term. The governor would have an absolute veto, full power as commander in chief, unrestricted appointing power for major departments, and the power to make treaties with the "advice and approbation" of the Senate.

There would have been little doubt about who was in charge had this plan been approved. As it happened, there is no need to consider it further. Hamilton's plan received little or no support at the Convention and therefore did not represent an enduring perspective. The only carryover was in the person of Hamilton, who was appointed secretary of the treasury in the Washington presidency, serving for more than five years and consistently supporting a strengthened executive.

The same cannot be said for the congressional and separated presidency perspectives. The first had strong support at the Constitutional Convention among Anti-Federalists, ever wary of a powerful executive and a dominant central government. Indeed, congressional primacy characterized the set of proposals offered to the delegates by the Committee of Detail on August 6, 1787. Congress would choose the executive and have some executive-type functions (for example, treaty-making by the Senate).

Most proposals along these lines were amended in the direction of a more independent executive, one not as strong as Hamilton's but with greater separation from Congress. Yet it was a certainty that those fearful of a too-strong executive would be ever watchful of how presidents interpreted and applied their authority. In fact, the balance of congressional versus presidential powers has been a focus of debate from 1787 to the present (for example, in 2006 in regard to government surveillance of communications by suspected terrorists during the George W. Bush presidency).

The final version of executive powers was that of the separated presidency, one independently elected and with shares of powers separate from those given to Congress. It was the most experimental of the three models and, therefore, the most subject to interpretation over time. Major events and personalities would likely influence the development of a presidency for which there was no analog, as would the need for the executive to work in concert with the other branches. Therein lay the boldness of the experiment, that is, in separating the institutions enough to prevent tyranny but not so much as to produce deadlock.

A Congressional Presidency?

What might have been? Table 2.1 shows the Committee of Detail's recommendations to the Constitutional Convention in regard to

Table 2.1 The Congressional Presidency That Might Have Been: Provisions Relating to the Executive in the Report of the Committee of Detail

Provision	Comment
Elected by the legislature	Seemingly the dominant view until the report of the Committee of Postponed Matters
Title to be "His Excellency"	Almost confirming the executive as ceremonial
7-year term	Many proposals, but 7-year term had the most support (was in the Virginia Plan)
Ineligible for a second term	A longer term justified ineligibility for reelection
Senate given power to make treaties and to appoint ambassadors and judges of the Supreme Court	Ordinarily thought of as executive powers; would have resulted in a weak executive
Legislature to appoint the treasurer	Another executive function given to the legislature
Members of Congress not eligible to serve in any other office; Senators not eligible for one year after leaving office	Having the legislature elect the executive suggests a parliamentary system; making legislators ineligible to serve with the president interfered with development
Legislature given power "to make war"	Suggested that Congress would conduct war, not the commander in chief; later changed to "declare war"
Supreme Court to try impeachments	Changed later to the Senate when questions arose about trying judges

Source: Compiled from the report of the Committee of Detail as printed in Charles C. Tansill, *Documents Illustrative of the Union of the American States* (Government Printing Office, 1937), 471–82.

the executive branch on August 6, 1787. The proposals were in line with the original charter of the Convention, that is, to modify, not discard, the Articles of Confederation. Several proposals were also similar to those included in the Virginia Plan that served as the point of departure for the delegates.

A congressional presidency would have been created by the plan offered on August 6. There would not have been a separation of powers. Congress selected the president and the treasurer; the Senate appointed ambassadors and judges of the Supreme Court. "His Excellency," the president, could serve but one seven-year term. The Senate-appointed Supreme Court would try impeachments. And Congress was given the power "to make war"; the Senate "to make treaties."

Oddly, however, the report included a provision prohibiting members of Congress from serving in executive positions, with senators even banned from such jobs for a year after leaving the Senate. This proposal was at variance with parliamentary systems in which ministers are typically appointed from parliament. The delegates favoring this limitation were anxious to avoid cabals in which members of Congress would divide up the spoils. But the arrangement permitted presidents to select their friends and acquaintances for positions that would, over time, come to have significant powers without clear accountability to Congress.

As set forth in the Committee of Detail, Congress would circumscribe the president's place in the government. Once political parties developed and matured, their members in the legislature would select presidents and attempt to influence their appointments. Presidents would, in turn, be answerable to their party or a coalition of parties, much as in the United Kingdom. Presidents would not have an independent basis of support among voters apart from their public identity with the party. Even then, they would be limited to one seven-year term.

The Founders would have created a congressional presidency, marginally strengthening the executive provided for in the confederation but failing to invent an executive of sufficient independence to qualify as having met the criteria of a separated-powers government. Still this early plan revealed the hesitancy among many prominent delegates about having a strong, independent executive. Therefore, the first presidents were on notice to proceed cautiously in defining their status and exercising their powers.

A Separated Presidency

Through August 1787 and into September of that year, the Convention moved bit by bit toward an executive much less dependent on Congress. Creating an independently elected president with weighty powers over the executive branch was, perhaps, the most striking feature of the new government. However, as is shown in table 2.2, the executive was not strengthened to the point of full self-determination, as Hamilton preferred. The veto could be overridden, treaties made required a two-thirds affirmative vote in the Senate, major appointments were with the advice and consent of the Senate, and the president as commander in chief needed support in Congress to go to war and to support and maintain the military.

The checks listed in table 2.2 were real enough, but their purpose was not merely negative. The Founders were fashioning a mutually dependent law-making system. Each part of the system would support and enable the other two parts. The checks encouraged consultation both ways. In some cases, as with treaties and appointments, the Constitution even called for "advice" from the Senate. But politically savvy presidents would understand the need for communicating with those on Capitol Hill. If they wanted the legislation that they inspired to be drafted and passed, they would need supporters from across the swamp on Capitol Hill. Likewise, if members of Congress wanted their causes

Table 2.2 The Separated Presidency: Powers and Checks (Constitutional Provisions)

Powers	Checks in Congress
Veto bills	Reconsider and pass by 2/3 majorities in both houses
Fail to sign a bill	Becomes law within 10 days (Sundays excepted)
Fail to sign and Congress adjourns	No recourse
Commander in chief	To declare war, raise and support armies, provide and maintain a navy, regulate the land and naval force, call forth the militia, organize, arm, and discipline the militia
Require opinion of cabinet	No provision
Grant reprieves and pardons	No recourse
Make treaties	Advice and consent of 2/3 of senators present
Nominate and appoint ambassadors, other public ministers and consuls, and judges of the Supreme Court	Advice and consent of the Senate
Receive ambassadors	No provision
Fill vacancies during recess of Senate	No recourse
Give State of the Union message	No provision
Recommend measures to Congress	No provision (but require their approval to become law)
Convene both houses or either; adjourn them in case of disagreement	No recourse

(*continued*)

Table 2.2 (*continued*)

Powers	Checks in Congress
Faithfully execute the laws	No provision
Nominate a vice president in case of a vacancy (25th Amdt.)	Majority vote in both houses

Source: Compiled by author from provisions in the Constitution of the United States.

supported by the president, they would need to be in his favor in order to avoid a veto. Political parties would facilitate this contact. Meanwhile, both the president and Congress would have to be ever wary of court judgments regarding the constitutionality of agreements reached.

Whether and how this concoction of shares of powers would work was uncertain upon the launching of the revised government in 1789. Much would depend on events for testing the capacity of the interlocking system to manage. The sparseness of Article II on the executive provided few clues as to the president's role. Too much was left unwritten or unspecified. A great deal was left to be worked out over time.

Thus, for example, it would have been difficult at first to predict that obligations of the president to give Congress information on the State of the Union and to recommend measures for their consideration would serve vital agenda-setting functions. Nor would it have been apparent that the executive establishment would expand to immense proportions, thus challenging the management capabilities of the president and the oversight capacity of Congress. What may have been foreseen was the variability in style, skill, adaptability, and savvy of individual presidents to fit themselves suitably into the job. And it was apparent that the distributions of powers and the ambiguities in defining these powers meant that presidents would have to orient and reorient themselves to the power grids in Washington

Fig. 2.2. Delivering the State of the Union message—a feature of the separated presidency. (**LBJ Library photo by Cecil Stoughton [3-6-WH64]**)

and outside. That the grids would eventually include thousands of private interests with lobbyists, a huge media component, non-governmental "think tanks," and representatives of foreign governments and international organizations was not at all obvious at the start.

The Perpetual Ordeal

If the Constitution and the government it created were to last, then it was inevitable that there would be two governing populations: those who came and went, and those who stayed on. Elected politicians and their aides mostly constitute the first group, a generalization modified in recent decades with high incumbency return on Capitol Hill. Judges with life appointments and bureaucrats mostly comprise the second group. The first group would grow modestly as states were added; the second, especially the bureaucrats and professional staffs, would grow exponentially. Such developments are in the nature of a maturing government performing its functions in society.

Typically the expectations back home are that elected officials are in charge of the national government. The perpetual ordeal for those coming into Washington and returning home again is to learn enough about the ways of those staying on to direct and administer their work. The ordeal is especially apparent for presidents because more is expected of them, and they are among the shortest of short-termers.

Washington's precedent of serving just two terms lasted for 152 years, finally broken when Franklin D. Roosevelt ran for a third term in 1940 and won. During that span of time, nine of thirty-two presidents (counting Roosevelt) served a full eight years. One of these, Grover Cleveland, won two nonconsecutive terms (winning in 1884, losing in 1888, and winning again in 1892). Two others, Lincoln and McKinley, were elected twice but were assassinated.

Since the ratification in 1951 of the Twenty-second Amendment limiting a president to two terms, three of eleven presidents have served two full terms (Eisenhower, Reagan, and Clinton), with one in his second term at this writing (Bush 43). One other, Nixon, was elected twice but resigned prior to his likely impeachment.

What this record shows is that twelve of forty-three presidents (28 percent) have served eight years (with one pending and one, FDR, having served twelve years). Eight years of service is equal to one and one-third Senate terms or four House terms. Yet most presidents do not serve that long. The average length of service of post–World War II presidents (excluding Bush 43) is 5.6 years—*not even one full Senate term.*

Presidents enter a permanent government for which they will be held responsible. The task was demanding enough at the start. It has come to be colossal with the expansion in the size and reach of the federal government. The challenge is especially daunting for someone who has not had direct governmental experience in Washington, a phenomenon that has occurred even in the modern period (four of the most recent five presidents having come from out of town).

The trial for George Washington as the first president was unique. "When Washington took the oath of office on April 30, 1789, he entered upon an office the nature of which was described only by certain sentences in an untried Constitution." It was not foreordained that he would succeed. But in the judgment of one of the foremost students of public administration, "he was . . . one of the ablest executives ever to hold the office of president."[4] Given the importance of his first appointments, Washington "took meticulous care in choosing the new corps of public officials."[5] Two future presidents served with Washington, John Adams as vice president and Thomas Jefferson as secretary of state. Alexander Hamilton served as secretary of the treasury. Edmund Randolph, a major figure at the Constitutional Convention, was attorney general. It was a strong start in giving life to "certain sentences in an untried Constitution."

Who served first was important because the presidency needed the legitimate definition that Washington and Adams were likely to provide. Jefferson had a different view, one much less supportive of a strong national government and influential executive. From Jefferson's presidency forward into the twentieth century, individual presidents would vary in regard to their perceptions of the role of presidential leadership. Typically events like economic recessions, foreign wars, and, most notably, the Civil War were influential in determining which presidents would be the most active. These events helped to define presidential leadership and explained the high ratings given by historians to Andrew Jackson, Abraham Lincoln, Theodore and Franklin Roosevelt, Woodrow Wilson, Harry Truman, and Ronald Reagan, in addition to Washington.

It was not until the twentieth century that presidents received much help in getting placed in an expanding government. They made appointments but had little personal professional assistance in the White House. This changed dramatically in the post–World War II period. Presidents now have several hundred assistants in the White House Office and hundreds more in a number of agencies in the Executive Office of the President (see chapter 5). These many aides and supporting units serve as liaison to the scores of executive, legislative, and judicial agencies, essentially the president's fingers into the government.

Fitting In

Taking on a new job typically requires more than reading the job description and being sensitive to the growth of the organization. There are more subtle considerations, notably the status of the position at the time of employment. What were the effects of decisions made by the person leaving the job? Were people pleased with the predecessor's performance? What are the expectations in regard to decisions and behavior? One eminent scholar adds this question for presidents: "How do presidents go about the task of fashioning their places in history, and how amenable are these places to being fashioned according to presidential design?"[6]

The true nature and complexities of the job should be thought about before seeking it. In fact, one of the most important questions to be answered in deciding to run is: Why do I want to be president? Answers to the questions mentioned earlier should help with this vital query. Having won, a president's attention naturally turns to styling arrangements that will suit the purposes in seeking the job. But the slate is not wiped clean following an election. An organization already exists. And purposes are being served by policies set in place by previous administrations and congresses. Government is enduring, leadership changes.

Illustrations of the challenges facing new presidents abound. Consider what it must have been like for Franklin Roosevelt to take over in the midst of the Great Depression. Awesome challenges faced him and the Congress. In that case, government organization was insufficient to cope with economic and social issues. New agencies had to be created to administer bold, new policies. Several entering presidents have had wars or their aftermaths to manage—Truman, World War II; Eisenhower, Korean War; Nixon, Vietnam War; the forty-fourth president following George W. Bush, the war on terrorism. Whatever else these presidents wanted to accomplish would have to be designed alongside decisions regarding the wars they inherited.

Other presidents are inaugurated in periods of huge expansions in government services. Eisenhower, a president with a mostly military career, was responsible for managing the New Deal and Fair Deal social programs of Roosevelt and Truman. Nixon inherited the Great Society domestic programs of Lyndon Johnson, a collection of entitlements like Medicare, Medicaid, federal aid to education, and food stamps, which Nixon mostly did not favor, at least in those forms.

The state of the economy and federal debt also can influence a president's options upon moving into the White House. Reagan's priorities were dictated by double-digit inflation, unemployment, and interest rates at the end of the Carter presidency. His tax cuts stimulated the economy, but he mostly failed in an effort to cut back spending. Therefore, he passed on deficits and public debt that would restrict the choices of his successors. Clinton had to act first on the economy due to a recession in 1991–92, having to delay other priorities.

Scandal, too, has had carryover effects for new presidents. Truman (cronyism), Nixon (Watergate), Reagan (Iran-Contra), and Clinton (fund raising and Lewinsky), each affected the presidency and how the next occupant judged it necessary to act, mostly with promises to develop and enforce codes of ethics.

Finally, reforms are often instituted in one presidency to affect another. This topic will be the subject of chapter 7. Suffice to note at this point that once in place, reforms (for example, the War Powers Act or the Congressional Budget and Impoundment Control Act) are seldom then abandoned by subsequent presidents or congresses, even if they are ineffective. Rather they become a part of the institution and therefore must be incorporated into how a presidency is managed.

Passing Through

Think of it this way. Presidents are passing through a history they did not make but can influence. What came before is theirs to manage, along with the events that occur during their tenure and while acting on their own agenda of issues. Judging how to fit in will likely be prompted by how a person comes to be president. Some, like FDR, Johnson, and Reagan, won by huge margins that reflected public anxiety for change. Each of these presidents was expected to propose large-scale programmatic change. They were encouraged to be *assertive* in the early months of taking over the presidency. Taken together, their presidencies were among the most productive of major policy change in recent history—Roosevelt and Johnson being more expansionist of government, Reagan being more consolidative and contractive.

More often, new presidents are advised to be *cautious* leaders because it is difficult to read the public mood. They will have won by the barest majority or, perhaps, by a plurality, making it very difficult to interpret a policy message from the election results. Fitting in requires attention to weaknesses as much as to strengths. Winning by an average popular vote percentage of 47 percent, Kennedy, Nixon, Carter, Clinton, and Bush 43 all had to heed this advice. Some did not. Carter (proposing a sweeping energy program), Clinton (setting national health care as a priority), and Bush 43 (campaigning for major change in Social Security in his second term) pressed forward with limited political or public support to endorse large change, all with limited or no success.

Certain presidents are *custodial* in that they assume office upon the death of their predecessor. Fitting in for Truman and Johnson included sensitivity to the legacy of two popular presidents, FDR and JFK. An argument can be made as well to include Bush 41 as a custodian of the Reagan presidency. He was said by some to be serving Reagan's third term. In each case, the takeover president had to respect the legacy while attempting to fashion a presidency suited to his own preferences—no simple task. Truman and Johnson were successful enough to be elected in their own right; Bush 41 was not.

In other cases, presidents are expected to be *restorative* of the institution because of scandal in the previous administration. Eisenhower, Ford, Carter, and Bush 43 were faced with emphasizing ethics as a priority because of scandals with previous administrations (see earlier discussion). Of these, Ford had the greatest challenge given the scope of Watergate and the resignation of President Nixon. Among other limitations was his having been appointed, not elected, as vice president, his pardoning of Nixon soon after being sworn in, and large increases in Democratic congressional majorities in 1974. His experience gave new meaning to the "perpetual ordeal."

Conclusion

Presidents face the formidable task of judging how to serve. Expectations of their performance vary but are mostly high. At first, presidents had to exercise caution in interpreting their authority. If they had been too aggressive, reforms would likely have been enacted to limit their powers. Through history, presidents have had to adapt to the larger responsibilities associated with a growing population, land mass, and bureaucracy. How each president adjusts to change inevitably affects the nature of the job for the successor. Accordingly, constitutional authority, how those prerogatives are interpreted and put into practice, events and their impacts on governing and government, and the performance, even personal behavior, of one's predecessor combine to delineate the job description for and public acceptance of presidents.

As will be discussed in chapter 3, not all presidents are created equal in the advantages available to them in finding their place in the government. Some come to Washington with little experience in the national government. Others become president by circumstance, the death or, in one case so far, the resignation of the president with whom they are serving as vice president. Presidents in each of these cases have special issues in finding their places.

Notes

1. Gerhard Casper, *Separating Power: Essays on the Founding Period* (Cambridge, MA: Harvard University Press, 1997), 102.
2. See ibid., ch. 4. The development was less clear for the courts. The Supreme Court was located in the Capitol Building until 1935, when it moved into the building on Capitol Hill that it occupies today.
3. As reported in Gilson Willets, *Inside History of the White House* (New York: The Christian Herald, 1908), 39–40.
4. Leonard D. White, "Public Administration Under the Federalists," *Boston University Law Review* 34 (June, 1944): 145.

5. Ibid., 182.
6. Stephen Skowronek, *The Politics Presidents Make: Leadership from John Adams to George Bush* (New Haven, CT: Yale University Press, 1993), 18.

References

Casper, Gerhard. *Separating Power: Essays on the Founding Period.* Cambridge, MA: Harvard University Press, 1997.

Jones, Charles O. *The Presidency in a Separated System.* 2nd ed. Washington, DC: The Brookings Press, 2005.

King, Gary, and Lyn Ragsdale. *The Elusive Executive: Discovering Statistical Patterns in the Presidency.* Washington, DC: Congressional Quarterly Press, 1988.

Skowronek, Stephen. *The Politics Presidents Make: Leadership from John Adams to George Bush.* Cambridge, MA: Harvard University Press, 1993.

White, Leonard D. *The Federalists: A Study of Administrative History.* New York: The Macmillan Company, 1948.

Young, James Sterling. *The Washington Community: 1800–1828.* New York: Columbia University Press, 1966.

Chapter 3
Electing Presidents (and Other Ways to Occupy the Oval Office)

To invent is to do something differently. The Founders invented a new form of validating executive leadership. Their design not only set forth an untried election system but it also helped shape the opportunities and establish the boundaries of presidential power. Much would be expected of those bearing the title of "President," but their elections provided very different political capital for meeting these demands. And some, one-fourth of those in the twentieth century, were not elected to the office when first entering.

Would it work? No one knew for certain at the start and, in fact, apart from accepting that George Washington would be the first president, no one knew exactly what would happen next. What a story it is! The mystery of the workings of the Electoral College, shared by many today, may have played a role in its preservation. Setting reformist fervor aside, one has to admire the brilliance of fashioning an interlocking system so uninviting to quick fix alterations. Tinkering with one part—term lengths, choice of electors, counting electoral votes, substituting popular election—is fraught with unanticipated consequences.

Try it. Pick a favorite change in how presidents are elected. Then conduct a realistic test of the effects of your change. Think comprehensively about the system. This chapter may assist in that analysis. Mostly what follows will show that constitutional construction and history are on the side of maintaining the unique method designed by the Founders.

The political astuteness of the original formulation did not prevent anomalies in elections following the virtual coronation of George Washington for two terms. Corrections rather than reforms had to be made. For example, in 1796, the first election following Washington's retirement, John Adams and Thomas Jefferson were understandable choices, Adams then serving as vice president; Jefferson for his national stature as the principal author of the Declaration of Independence and the first secretary of state. Adams won narrowly. Having placed second, Jefferson then served with Adams as his vice president. In a contemporary context, it would be akin to Al Gore, then John Kerry, serving as George W. Bush's vice presidents following the 2000 and 2004 elections.

These same two candidates—Adams and Jefferson—ran in 1800, this time with the endorsements of congressional caucuses—Federalists for Adams, Democratic-Republicans for Jefferson. The result as described subsequently was a tie, not between Jefferson and Adams but between Jefferson and his running mate, Aaron Burr. That anomaly had to be corrected and was in the Twelfth Amendment.

The Constitution provided that presidential electors would be appointed by a method determined by the state legislatures. The number of electors allocated to a state was set at the number of representatives plus the two senators. The electors were to meet in each state and vote for two persons. Their tallies were then sent to the president of the Senate to be counted. The person receiving a majority of the votes would be president. Originally, if two persons received an equal majority (as with Jefferson and Burr in 1800), the House of Representatives would choose, with each state having one vote. If no one person received a majority of electors, the House of Representatives would choose among the top five vote-getters. In either case, the person receiving the second most electors would serve as vice president, with the Senate making the choice if two or more had an equal number of votes.

This method of election was unusual by any measure. It disregarded the probability that political parties would develop. It allowed for the popular election of electors but did not require it. Thus an aristocratic method of appointing electors was allowed, along with a democratic method of popular election. And the election of the vice president was a party-less matter—essentially whoever came in second, as with Jefferson serving as Adams's vice president.

How would the system get under way? In the first election in 1789 electors all voted for Washington. How they were appointed made no difference as there was no opponent. Still, the method varied among the states. Some legislatures, in joint session or concurrently, appointed electors; others provided for a variation of popular election and designation by the state legislature. Three states did not participate in 1789: New York because the two houses of the state legislature could not agree on a method, North Carolina and Rhode Island because they had not as yet ratified the Constitution. Washington received sixty-nine electoral votes. Electors had two votes, and while there was no stated opposition to Washington, opinions varied regarding a second choice. John Adams had the most second-ballot votes.

The matter of first and second place was bound to cause problems at some point. What if two persons received an equal number of votes? The Constitution provided that the contest would then go to the House of Representatives. But if that were to happen frequently, as some Founders thought it would, the principle of the separation of powers might be subverted with Congress effectively making the choice. Further, as with Jefferson serving as vice president for Adams, one's opponent might then take over upon the death or resignation of the president.

It did not take long for these issues to be dealt with. In 1800 the then Vice President Thomas Jefferson was a candidate for president. Aaron Burr was, presumably, running for vice president. Both received seventy-three electoral votes. The Constitution specified that electors "vote by Ballot for two persons," making no provision for separate balloting of president and vice president. Under these circumstances, the House of Representatives was directed to "chuse by Ballot one of them for President." (Art. II, Sec. 1) As president of the Senate, Jefferson announced the result: a tie.

As provided in Article II, voting in the House was by states with each state having one vote regardless of the number of representatives. On the first ballot, Jefferson won eight states, Burr six, and the delegations from two states were divided and thus had no vote. Nine states were required for election. It took thirty-six ballots and a great deal of political dealing for Jefferson to get the ninth state.

In 1803 Congress passed a constitutional amendment requiring electors "to vote by ballot for President and Vice President," thereby separating the two positions. The amendment was quickly ratified as the Twelfth Amendment and was therefore in place for the 1804 election. The Electoral College method of selection has not been the subject of other constitutional amendments. The nominating and election processes have, however, evolved over time as quite different from those early contests.

An Evolving System

The ambiguity illustrated by the 1800 election was but one of several issues to be resolved. Who would be the candidates? Would there be political parties? Would presidential and vice presidential candidates run as a team? How would electors be chosen? Answers to these questions illustrate the complexities in proposing reforms. The system came to be interconnected, with political parties taking a strong interest in candidate selection given their stake in team victories.

Events leading to the creation of a United States of America were bound to produce likely candidates for president. The case of George Washington has already been discussed. But there was an ample supply of notable figures actively involved in public affairs: John Adams, Thomas Jefferson, Alexander Hamilton, Aaron Burr, Thomas Pinckney, John Jay, James Madison, and George Clinton, to name a few. Benjamin Franklin too was an eminent figure, though elderly at the founding, and he died a year after. Too bad. A Franklin presidency would have enlivened government, politics, and social life. Consult any biography of the Philadelphian to understand why.

Congressional Caucuses

Congressional caucuses, that is, meetings of like-minded senators and representatives, developed as the means for nominating presidential candidates for several early elections. Their emergence was viewed by some as jeopardizing the separation of institutions that had been achieved at the Constitutional Convention. For if presidents had first to be nominated by members of Congress, would they not then be in their debt? As it was, however, the caucuses during this period, 1804–24, mostly selected expected, if not always certain, choices. Twice, 1812 and 1820, the Democrat-Republicans nominated the incumbent presidents, Madison and Monroe. The Federalists during this time were declining steadily and were no longer a factor by 1820.

The period between 1824 and 1832 proved to be critical for presidential nominations and the development of political parties. In 1824 the congressional caucus system became an issue. A small group of Democrat-Republicans caucused to nominate Secretary of the Treasury William Crawford for president. Other regional candidates did not accept this choice and were nominated within their states. As a consequence the voters and electors were given four choices: Andrew Jackson, Tennessee; John Quincy Adams, Massachusetts; William Crawford, the rump caucus nominee from Georgia; and Henry Clay, Kentucky.

Jackson won a plurality of the popular and electoral vote but did not have a majority of either. Therefore the choice fell to the House of Representatives, again voting by states but this time among the top three, Jackson, Adams, and Crawford, as provided by the Twelfth Amendment. Having run fourth, Clay threw his support to Adams, who won the required majority of thirteen states on the first ballot. Jackson was understandably enraged. President Adams rewarded Clay by appointing him secretary of state. It is interesting that two of the most controversial elections in history, 1824 and 2000, involved the sons of former presidents: John Quincy Adams and George W. Bush.

National Conventions

The brief era of the congressional caucus as a nominating body was over. The circumstances of its demise suggested that a more popular method for selecting presidential candidates had to come into being. It had been made clear in 1824 that the public did not support having members of Congress control who would be their choices for president. The 1824 election also marked the end of the Founders' generation, and with it, the Federalists as a political force. Additionally, the failure of the Democrat-Republicans to unify behind one candidate caused their downfall.

In 1828 Andrew Jackson was renominated by the Tennessee legislature and became the consensus candidate of the new Democratic Party. Those supporting the reelection of President John Quincy Adams called themselves the National Republicans.

There was no disputing the results in 1828; Jackson won the Electoral College by a margin of more than two to one.

Some form of mass party meeting was predictable if the presidential nomination was to come from outside Washington, DC. The first such conclave was held in September 1831 by the Anti-Masons, a third party. The National Republicans followed with a convention in December 1831, also preparing the first party platform, and the Democrats held their first meeting in May 1832. This new form for nominations had staying power, if variable functions, over time. Every major party candidate from 1831 to the present has been formally nominated by a national convention.

It was also predictable that attention would eventually turn to the selection of delegates to the nominating conventions. Those wishing to have influence with or to be rewarded by a president sought first to control state delegations. As political parties gained strength, state and local bosses bargained for appointments and policy with candidate organizations.

On occasions the negotiations carried through to the conventions, with disputes on the seating of delegations, writing of the platform, and choice of candidates. Prior to the development of presidential primaries, multiple ballots were often required to nominate presidential and vice presidential candidates, especially in the Democratic Party because of a two-thirds rule for winning the nomination. Thirteen of the twenty-four Democratic conventions from 1832 to 1924 required more than one ballot. Seven took more than ten ballots, four more than forty (the record was 103 in 1924). The two-thirds rule was abandoned in 1936, and there has been just one multi-ballot Democratic convention since (in 1952).

Republican rules have always provided for a simple majority in nominating their candidates. They had eight multi-ballot conventions of the seventeen between the founding of the party in 1856 and 1920. Just one of these exceeded ten ballots, thirty-six were required in 1880. Subsequently, Republicans have made their nominations with one ballot in all but two conventions, 1940 and 1948. Having lost the drama of choosing the candidate, conventions are of less interest to the public while retaining other purposes, notably for unifying the party in kicking off the general election campaign.

Presidential Primaries

The development and refinement of presidential primaries are major reasons for the one-ballot convention in the modern period. In 1901 Florida was the first state to provide a primary election for choosing delegates to the national convention. Wisconsin followed in 1905, Pennsylvania in 1906, and Oregon in 1910. A dozen states had adopted some form of the primary (either for the selection of delegates or for permitting voters to express preferences among candidates, or both) by the 1912 conventions, another eight by 1916. Enthusiasm for primaries began to wane in the 1920s and '30s. Several states repealed their laws. Most party leaders were not keen about primaries given that they were substituting voter choice for local and state leader control of delegations. During the 1930s public attention was focused on the depression and World War II, with President Roosevelt dominating politics. There were twenty primaries in 1920, just fourteen in 1940, almost none of which was seriously contested in either party.

Presidential primaries were revived following World War II as a popular route to the nomination. Those candidates not favored by party leaders could win if they were able to garner sufficient delegate support. The greater ease of travel and communication enabled prospective candidates to manage national campaigns and potentially to establish front-runner status prior to the convention.

Primaries were important in both the Democratic and Republican nomination battles in 1952. Senator Estes Kefauver (Tennessee) challenged Democratic party leaders by running in primaries. He won twelve of the fifteen in 1952 and forced a three-ballot convention (won by Illinois Governor Adlai Stevenson who had received less than 2 percent of the primary vote). In the Republican Party, General Dwight D. Eisenhower successfully challenged the establishment candidacy of Senator Robert A. Taft (Ohio). Eisenhower won five of the nine contests in which he was entered.

From that time forward, candidates were expected to run and establish front-runner status in the primaries even though a majority of delegates were selected by other means (mostly state party caucuses). The number of primaries increased only slightly between 1952 and 1964 (varying between fifteen and nineteen). But in each case the candidate with the most primary votes won the nomination.

The 1968 Democratic nomination proved to be vital in solidifying the role of primaries. President Lyndon Johnson decided not to seek reelection, thus providing an open race for the nomination. The principal candidates were Senators Eugene McCarthy (Minnesota) and Robert Kennedy (New York). McCarthy won the early primaries before Kennedy entered the race. Kennedy won the critical California primary but was assassinated on the very evening of his victory. Vice President Hubert Humphrey did not enter the primaries, receiving write-in votes only. The principal issue was the Vietnam War, with McCarthy and Kennedy opposed and Humphrey representing the Johnson administration's record.

The convention was among the most tumultuous in history. Humphrey was the choice of party leaders, but he had not been tested in the primaries. Kennedy, the emerging popular choice, was dead. Antiwar activists were desperate. Riots broke out in Chicago, the convention city, as Humphrey won the nomination. Postconvention reform commissions concentrated on insuring a more open process with greater representation of all groups.

These changes encouraged many more states to adopt presidential primaries. The number of primary states increased from the mid-twenties in 1976 to the mid-thirties in the 1980s, the high thirties in the 1990s, and more than forty at the millennium.

By the end of the century, nominations were settled in presidential primaries. The front-runner in each party was selected in every case, 1972–2004. Conventions became ratifying agencies of a choice already made. Additionally, states began front-loading their primaries; that is, moving them earlier in the calendar. Consequently, the campaign for the nomination started earlier, front-runners emerged from the first primaries, and the general election campaign began months sooner than in the past. Understandably, these developments have added to the cost of running for president and have encouraged demands for campaign finance reform.

"Primary campaigning proved to be a perfect match for the visual medium of television."[1] Dramatic developments in communication had a profound effect on the nominating process. Like horse races, campaigns are interesting to follow. They take place in the open, the stakes are high, and they have a finish line—election day. But television, the Internet, and other forms of communication are also incorporated into individual campaigns, at an increasingly high cost in dollars and organizational effort.

The nomination of presidential candidates has evolved historically in several stages: (1) expected choice of national figures; (2) congressional caucus endorsement; (3) national party conventions; (4) conventions supplemented by primaries; (5) primaries establishing front-runners; and (6) primaries determining the choice. These stages reflect intentions to have the public involved, basically responding to more general democratizing developments, such as the emergence of political parties, expansion of suffrage, state electoral reforms, and growth of mass media.

Political Parties: Winning Elections

In *Federalist No. 10,* James Madison warned against "the mischiefs of faction," stressing the need to control their effects. Madison defined faction as "a majority or minority of the whole, who are united or actuated by some common impulse of passion, or of interest, adverse to the rights of other citizens, or to the permanent and aggregate interests of the community." He believed that the Founders had discovered the formula for regulating faction: representative government extended over "a greater variety of parties and interests." Put simply: Make a republic and extend its sphere.

In *Federalist No. 51,* Madison justified the separation of powers and checks and balances by a similar acknowledgment of the need for controls. "Ambition must be made to counterattack ambition. . . . A dependence on the people is, no doubt, the primary control on the government; but experience has taught mankind the necessity of auxiliary precautions." Thus it was that the Founders made it virtually impossible for a faction, whether as a political party or interest group, to direct the whole government.

The constitutional design did not, however, prohibit either faction or party. Madison explained that removing the causes of common impulses or interests would be wrong or impractical. A free society thrives on the right to organize in support of common interests. And so it was a matter of *when* and *how* political parties would develop, not *whether.* Table 3.1 shows the major political parties that emerged, as evidenced by winning the presidency. As shown, from 1856 to the present the competition has primarily been the Democrats versus the Republicans. Minor parties have been a factor along the way, but none has achieved lasting national competitive status after 1856.

How have political parties developed? And what difference has it made for the president? It is relevant in responding to these

Table 3.1 Major Political Parties in Competition for Presidency, 1789–2008

Period	Political Party A	Political Party B
1789–96	Federalist	—
1800–16	Federalist	Democratic-Republican
1820–24	Independent Democratic-Republican	Democratic-Republican
1828–32	National Republican	Democratic-Republican
1836–52	Whig	Democrat
1856–2008	Republican	Democrat

Source: Compiled by author from Harold W. Stanley and Richard G. Niemi, *Vital Statistics on American Politics*, 3rd ed. (Washington, DC: Congressional Quarterly Press, 1992), 111–15.

questions to state that Madison and his colleagues designed controls that worked. Federalism, separation of powers, separation of elections, checks and balances, bicameralism, variable term lengths, and the Electoral College have determined how political parties function. The design did not prevent parties or factions from emerging, but it created the world in which they would do their work.

This constitutional structure has nurtured political parties as loose, election-based, mostly nonideological, interest-facilitating organizations of a self-identifying membership. Third parties with more programmatic and ideological orientations have not prospered for long. True, the Republican Party tends to be more conservative, less likely to promote government solutions, and representative of business interests. The Democratic Party tends to be more liberal, more likely to favor a larger role for government, and representative of labor's interests. But both tents are large, and regional differences have been substantial.

It has been said that banks are robbed because that's where the money is. Likewise, political parties organize where the elections are. And by constitutional intention and allowance, elections are everywhere. Most relevant for presidents are those contests for their job and those for the House of Representatives and Senate. In many respects these are all *state* elections, subject as they are to regulations at that level. Accordingly, political parties adjust to state laws that regulate how they organize, select candidates, manage elections, and raise and spend money.

Term lengths have an effect on how political parties organize and function. If presidents, representatives, and senators all had coterminous four-year terms, the political party could conceivably coordinate the campaign messages and fashion leadership strategies for governing. But a president is elected with representatives who are then up for reelection in two years and with just a third of the senators whose terms will not end for six years, two years beyond that of presidents unless they are reelected.

The Founders enforced the separation of powers by separating the elections. In sharp contrast with a parliamentary system, American political parties organize to win the three institutions: House, Senate, and presidency. Each party has campaign committees in the House and Senate to raise money and coordinate election activities. Presidential candidates have their own campaign committees, and the national party committees attempt to harmonize among these units. This separation within the party structure is shaped by the differences among the three types of national elections (president, House, Senate). The campaigns for each vary in fundraising, agenda, the stakes (different term lengths), applicable laws, types of candidates, and connections to state and local parties. The problem of coordinating all of these organizations is avoided by not having anyone in charge!

One clear and wholly constitutional effect of separating national elections is to allow both political parties to win. For example, in 1996 President Clinton, a Democrat, was handily reelected president and Republicans kept their House and Senate majorities. Such split-party results make it difficult to declare a mandate. Seemingly, voters often accept the advice of baseball's Yogi Berra: "When you come to the fork in the road, take it!"

There are six possibilities for split results with two parties and three elections, as shown in table 3.2. All six variations have been realized from the founding of the current two-party system in 1856. Split-party results were common in the second half of the nineteenth century, occurring nearly 50 percent of the time. It was rare during the first half of the twentieth century to have one party in the White House, the other a majority in Congress. In the post–World War II era, however, split-party government has been the common form. Eight of the eleven presidents in that time have at some point faced opposite party majorities in one or both houses of Congress. Remarkably, the parties split control of the presidency and Congress in one twelve-year period, 1981–93, and for 75 percent of the time, 1969–2009.

The consequences for political parties of separating elections and partitioning of terms are profound. The party a president defeated in winning office may command House and/or Senate majorities. In that case, presidents must seek cross-party support in enacting a program. Presidents with opposition party congresses also find that too much compromising with the other side loses votes in their own party. Sometimes you can't even win by winning.

Presidents obviously prefer that their party have majority status in the House and Senate. That advantage, however, does not guarantee loyalty. The partitioning of terms (two, four, and six years) means that all representatives and one-third of senators will face election in two years. The strong incentive on Capitol Hill

Table 3.2 Forms of Split-Party Arrangements, 1856–2009 (with examples)

Presidency	House	Senate	Examples
Democrat	Republican	Republican	Cleveland, 1895–97; Wilson, 1919–21; Truman, 1947–49; Clinton, 1995–2001 = 12 yrs.
Democrat	Republican	Democrat	Buchanan, 1859–61 = 2 yrs.
Democrat	Democrat	Republican	Cleveland, 1885–89 = 4 yrs.
Republican	Democrat	Democrat	Hayes, 1879–81; Eisenhower, 1955–61; Nixon-Ford, 1969–77; Reagan, 1987–89; Bush 41, 1989–93 ; Bush 43, 2007–09 = 24 yrs.
Republican	Republican	Democrat	Garfield, 1881–83; Bush 43, 2001–03 = 4 yrs.
Republican	Democrat	Republican	Grant, 1875–77; Hayes, 1877–79; Arthur, 1883–85; Harrison, 1891–93; Taft, 1911–13; Hoover, 1931–33; Reagan, 1981–87= 18 yrs.

Source: Compiled by the author from data in Norman J. Ornstein et al., *Vital Statistics on Congress, 2001–2002* (Washington, DC: AEI Press, 2002), 56–58.

is to bring constituency-oriented perspectives to presidential requests. State and local interests often trump party loyalty.

Continuous Testing

Presidential and congressional elections occur by the calendar, not by crises, votes of confidence, or even deaths. Thus, it is entirely possible to have an election with relatively few issues; that in 1988 was said to be one such. By law, presidential and congressional elections occur on the first Tuesday after the first Monday in November. Having a day certain structures the campaign, in terms of organization, candidate activity, and expenditure of funds. Other important dates on the calendar are those for presidential primaries, the two national conventions, and candidate debates.

Polls are taken continuously, often dominating media coverage of the campaign. In the period after World War II, there was but one polling organization—the Gallup Poll. Today there are several. Most major media outlets—national newspapers and magazines, network and cable television—sponsor polls, with state and local polls arranged by media at those levels. Universities and institutes also conduct surveys and polls. And candidate organizations and political parties conduct their own polls.

These measures of opinion are mostly directed at the candidates. Who is ahead and by how much? Tests are taken on issues as well and may influence the campaign rhetoric and debate. Election day ordinarily settles who will be president. An exception was the 2000 election when a recount in Florida delayed the final outcome until mid-December. Until recently, campaigning ceased on election day, and the first stages of governing by a new team began. The political consultants moved on to other clients, and the pollsters conducted fewer tests. All of that has changed dramatically.

Permanent campaigning is now a notable feature of governing. Polls are regularly taken on major issues, and the president's job approval is tested frequently. In his first three years in office, President George W. Bush had a total of 630 ratings of his job performance; 210 a year, nearly 18 a month. Bush 43 was evaluated as many times in a week as President Truman was in a year.[2]

What explains this exponential growth in testing the public's view of the president's job performance? Improvement in the technology of polling is part of the answer. Now it is easier than in the past to produce, analyze, and report poll results. Why are the results of interest? After all, the president is in office for a fixed, four-year term. Split-party government, a more public policy process, and, more recently, narrow-margin politics help to explain why more polls are taken and why we follow the results. Each cause merits comment.

Presidents having to work with an opposite party majority on Capitol Hill generate interest in their political status in both parties. High job-approval ratings are thought to be evidence of public support, at least at the time of the poll, and are therefore a potential advantage for the president. Members of Congress, especially those from states or districts won by the president, are understandably attentive to these scores.

Related to this development is a tendency for policy debates to be more in the public domain. Virtually all major legislation is now the subject of advertising on television, heated discussion on talk radio and cable news stations, analysis by Internet bloggers, and sometimes mass demonstrations. Hence there are *policy* horse races just as there are *candidate* horse races. It is thought that one way to judge who is winning is to take polls.

Narrow-margin politics have advanced these developments. The 2004 presidential election was the first since 1988 in which the winner garnered a majority of the popular vote, and that by just 51 percent. House and Senate majorities have been thin for a dozen years (1995–2007), thus placing a premium on party unity. Again, the president's political status as measured by public support is a factor in effective leadership of a narrowly divided Congress.

These trends in polling, policy, and politics, encourage presidents to campaign actively and constantly. Contemporary presidents "go public," as the phrase has it.[3] It is now common for presidents to

Fig. 3.1. The Clinton presidency excelled in campaigning for election and for policy. (© visionsofamerica.com / Joseph Sohm)

take to the road following the announcement of a major proposal. In some cases, as with President George W. Bush's proposed Social Security reform in 2005, a full-fledged campaign is undertaken. To conclude, modern presidents are evaluated constantly, and they see it as part of their job to influence those ratings so as to maintain political status.

Who Wins?

The winners in presidential contests are listed in the appendix. The discussion here will concentrate on the period subsequent to the formation of the modern two-party system in 1856. Table 3.3 displays a few basic points regarding who wins. There have been thirty-eight elections and twenty-five elected presidents, 1856–2004 (not counting Andrew Johnson, Chester Arthur, and Gerald Ford, who served but were never elected as president). Republicans have won 61 percent of the thirty-eight elections in the period. Democrats dominated the presidency during just one period, 1932–52, when Franklin D. Roosevelt won four times and

Truman once. Republicans won 74 percent of the elections, 1856–1928 and 64 percent of those, 1952–2004.

Just three Democrats (Wilson, FDR, and Clinton) were reelected from 1856 to 2004 (FDR three times), although Cleveland served two nonconsecutive terms. Seven Republicans were reelected (Lincoln, Grant, McKinley, Eisenhower, Nixon, Reagan, and Bush 43). Of those reelected, Lincoln, McKinley, FDR, and Nixon did not complete their terms (in FDR's case, his fourth). As shown in table 3.3, two Democratic presidents were defeated for reelection

Table 3.3 Winning the Presidency, 1856–2004 (38 elections and reelections)

Feature	Democrats	Republicans
Elected and reelected*	15 (39%)	23 (61%)
Number of persons*	9 (36%)	16 (64%)
Reelected	3 (FDR 3 times)	7
Elected twice non-sequentially	1 (Cleveland)	0
Defeated for reelection	2 (Cleveland, Carter)	4 (B. Harrison, Taft, Hoover, Bush 41)
VPs Succeeding	2 (Truman, L. Johnson)	5 (A. Johnson, Arthur, T. Roosevelt, Coolidge, Ford)
Successors elected to full terms	2 (Truman, L. Johnson)	2 (T. Roosevelt, Coolidge)
Successor defeated for full term	0	1 (Ford)

Source: Compiled by the author from data in Michael Nelson, ed., *Guide to the Presidency*, 2nd ed. (Washington, DC: Congressional Quarterly Press, 1996), 1667–69.

*Does not include A. Johnson, Arthur, or Ford, who were never elected president.

(one, Cleveland, was subsequently elected to a second term) as were four Republicans.

How one is elected may differ significantly, and that variation can have a profound effect on a president's political influence in Washington. The nature and effect of split-party government has been discussed earlier (see table 3.2). Table 3.4 lists those elections since 1856 in which the winner lacked a decisive victory in the popular or electoral vote or both. Several points are notable:

— Over half of the elections (twenty-one of thirty-eight) were close.
— The number of close elections is equally divided between the parties: ten Democrats, eleven Republicans.
— Two-thirds of the presidents in close elections (fourteen of the twenty-one) *did not receive a majority of the popular vote*, including three who lost it (Hayes, Harrison, and Bush 43). These fourteen represent 37 percent of all elections, 1856–2004.
— In one-third of the elections noted in table 3.4 (seven of twenty-one) the winners had slim approval in both the popular and electoral counts. Two presidents lost the popular vote and had bare majorities in the Electoral College (Hayes in 1876 and Bush 43 in 2000). One other, Benjamin Harrison in 1888, also lost the popular vote but won 58 percent of the electoral vote.
— Finally, over two-thirds of these twenty-one presidencies with close elections also faced opposition party control of one or both houses of Congress at some point in their terms (see table 3.2). Additionally, seven of the presidencies with comfortable wins also faced opposition party control on Capitol Hill (Eisenhower twice, Nixon in his second term, Bush 41, Grant, Hoover, and Reagan in his second term).

These numbers are profoundly important for understanding the political status and policy challenges of a presidency in the

Table 3.4 Close Presidential Elections, 1856–2004

Results	**Democrats (year)**	**Republicans (year)**
Popular Vote		
Won by plurality (12)	9: Buchanan (1856), Cleveland (1884, 1892), Wilson (1912, 1916), Truman (1948), Kennedy (1960), Clinton (1992, 1996)	3: Lincoln (1860), Garfield (1880); Nixon (1968)
Won by 50 ± 52% (6)	1: Carter (1976)	5: McKinley (1896, 1900), Taft (1908), Reagan (1980), Bush (2004)
Lost (3)	0	3: Hayes (1876), B. Harrison (1888), Bush (2000)
Electoral Vote		
Won by 50 ± 55%* (7)	3: Cleveland (1884), Wilson (1916), Carter (1976)	4: Hayes (1876), McKinley (1900), Bush (2000, 2004)

*These seven elections are the closest during the period, representing those with limited popular and electoral vote support. In two cases, Hayes and Bush 43, the president lost the popular vote.

Source: Compiled from data in Harold W. Stanley and Richard G. Niemi, *Vital Statistics on American Politics,* 3rd ed. (Washington, DC: Congressional Quarterly Press, 1992), 113–15, and Internet sources for recent elections.

separated system. Presidents enter and reenter the White House with variable public endorsements as measured by the special combination of popular and electoral vote, supplemented by the independent results of congressional elections. As shown, more presidents win in close elections and/or are accompanied at some point by an opposition party Congress. Victory for many presidents authorizes a location for exercising power—the White House—but little else by way of political capital at the start. Legitimate occupancy of the office is, unquestionably, an affirmation of position and institutional status. But it is notable that more than half of the presidents, from 1856 to 2004, have had to strengthen their standing virtually from their inauguration forward. Their motivation for doing so is clear enough given that they are held accountable for governing whether or not they have the political resources to rule. The bottom line goes something like this: Being elected president is but the first step in the exercise of power.

Fig. 3.2. Inauguration: A national ceremony and public celebration for the new or reelected president; in this case President Clinton on January 20, 1993. (Architect of the Capitol, AOC no. 73564)

Becoming President by Other Means

As shown in table 3.3, seven vice presidents have succeeded the president with whom they served. Death was the reason in six cases, resignation in one (Nixon). This total represents 16 percent of all presidents. Five of the seven sought election to a full term, four winning (Truman and Lyndon Johnson among Democrats, Theodore Roosevelt and Coolidge among Republicans) and one losing narrowly (Ford). Succeeding vice presidents have served just over thirty-five years (16 percent of the time, 1789–2005), twenty-eight of those years coming since 1901 (27 percent of the time).

It is true that vice presidents are elected along with presidents, but their selection is typically more akin to an appointment. Presidential nominees choose their running mates, most often based on their assessment of how the selection will aid their election and contribute to their presidency if they win. Vice presidents cannot ordinarily predict whether or when they will move into the Oval Office. Therefore they cannot plan to do so in any serious way. They profit from proximity and from performing whatever tasks presidents assign to them. Recent presidents, at least from Carter to Bush 43, have given the vice presidents serious responsibilities. During this time (1977–2005), three ran for president—Mondale in 1984, Bush 41 in 1988, and Gore in 2000. Only Bush 41 was elected.

Proximity and weighty assignments familiarize vice presidents with the issues and processes of presidential leadership. When the unpredicted happens and vice presidents take the oath of office, they assume leadership of a presidency created and shaped for someone else. Typically it is not possible in the short run to reconstitute the office, cabinet, and other major posts to suit the style and goals of the new president. It is not workable to have wholesale turnover. Why? Because the successor needs staff and agency heads to help with the transition, talented and experienced staff are not immediately available as replacements, and precipitate change will likely be interpreted as a rejection of the departed president. These issues were not as important in earlier times when staffs were small and appointments few. But they are vital in contemporary times. Consequently successors may have to wait until they win a full term before reshaping their predecessor's presidency to suit their style of serving. Four twentieth-century successors have had that opportunity—Theodore Roosevelt, Coolidge, Truman, and Lyndon Johnson.

Conclusion

The Founders designed a unique election system, one so special that it was uncertain exactly how it would work. Presidents were to be elected for four-year terms by electors, not directly by the people. Representatives were to be elected for two-year terms by the people and senators for six-year terms by state legislatures (much later changed to popular election in the Seventeenth Amendment). This modified democratic arrangement has shaped much of national politics, specifying as it does the opportunities and constraints that define presidential power. As described, history abounds with efforts to further democratize how presidents and members of Congress are nominated and elected, with some of these changes incorporated into constitutional amendments (though just one, the Twelfth, changing the Electoral College).

It is evident that the separation of elections and partitioning of terms sustain the separation of powers. Political parties function first and foremost to organize elections, with their committees and leaders operating interdependently throughout the federal system. Just as there is no single, determinative election, so there is no overarching party component. The nature of the system is such that the strength of political parties is measured by their capacity to adapt to differences among regions, state regulations, elected positions, term lengths, and the policy preferences of voters. It is a mark of the maturity of the American system that the same two major parties have existed for 150 years.

Presidents enter the White House under dramatically different political conditions. Some serve with their party having majority status in Congress; many others face opposition party congresses. Slightly more win in close elections, several win by a plurality of the popular vote, and a few have lost the popular vote. The way we elect the national government permits both parties to win, thus forcing presidents to work across the aisle in support of their programs.

Presidential performance is rated more and more frequently by more and more polling outlets. As a consequence, campaigning has become a permanent feature of life in the White House. At one time, the quadrennial election was the principal occasion for a public judgment of presidential performance. Now ratings are rendered many times each month (check realclearpolitics.com for how many). Presidents respond by taking their messages directly to the people.

One-fourth of the twentieth-century presidents first entered without being elected as such. Vice presidents taking over face the special challenge initially of governing within a presidency created to serve someone else. Given that elections are by the calendar, not issue emergence, seeking electoral legitimacy as a replacement president awaits the election year—in the case of Truman nearly four years. This arrangement is yet another variation to account for in analyzing the American presidency and its place in government.

Notes

1. Rhodes Cook, *The Presidential Nominating Process: A Place for Us?* (Lanham, MD: Roman and Littlefield Publishers, 2004), 37.
2. See Charles O. Jones, *The Presidency in a Separated System,* (Washington, DC: Brookings Institution Press, 2005), 136.

3. Samuel Kernell, *Going Public: New Strategies of Presidential Leadership,* 3rd ed. (Washington, DC: Congressional Quarterly Press, 1997).

References

Ceaser, James W. *Presidential Selection: Theory and Development.* Princeton, NJ: Princeton University Press, 1979.

Cook, Rhodes. *The Presidential Nominating Process: A Place for Us?* Lanham, MD: Roman and Littlefield, 2004.

David, Paul T., Ralph M. Goldman, and Richard C. Bain. *The Politics of National Party Conventions.* Washington, DC: Brookings Institution, 1960.

DeGregorio, William A. *The Complete Book of U.S. Presidents.* New York: Gramercy Books, 2005.

Nelson, Michael, ed., *Guide to the Presidency.* 2nd ed. Washington, DC: Congressional Quarterly, 1996.

Stanley, Harold W. and Robert G. Niemi. *Vital Statistics on American Politics.* 3rd ed. Washington, DC: Congressional Quarterly, 1992.

Chapter 4
Making and Remaking a Presidency

Presidents enter a government already hard at work. A separated powers system is bound to feature differing tenures and work habits among its institutional components. Elected officials come and go, typically in different time frames. Bureaucrats keep on "bureaucrating," judges keep on judging, and lobbyists and journalists are forever.

A change at the top is unquestionably important, but programs and people already in place explain most of what happens in Washington. And the workload grows, as measured by programs administered and dollars spent. It was not until 1962 that national government outlays reached $100 billion. Twenty years later, outlays exceeded $700 billion, and twenty years after that, in 2002, outlays eclipsed the $2 trillion mark. Nine presidents served in these forty years, each inheriting responsibility for the growth experienced by their predecessors.

A huge bureaucracy is required to administer programs costing billions and trillions of dollars. Much of the work is done in the cabinet departments. There were ten of these at the end of World War II in 1945, two of which (War and Navy) were soon folded into a Department of Defense. Five were added in the next sixty years, each one representing new or substantially enhanced federal agendas (for example, health, education, energy, and domestic security). Outlays for the Department of Health and Human Services during the Bush 43 presidency exceeded those for the whole federal government during the Carter presidency, with the Department of Defense not far behind.

Incoming presidents are expected to take charge of this leviathan. They will be held accountable for what takes place in an ever-changing labyrinth of federal units, programs, rules and procedures, and ties to other domestic and foreign governments. As newly elected presidents ponder the tasks of moving in to take charge, they observe others moving out—those with experience in assuming responsibility for the permanent, stay-in-Washington, government employees. Since new presidents and their aides are mostly of a different party than those leaving, little is said in passing. The new team has to learn on the job. And that job is to make a presidency effective enough to accept responsibility for what happens in government. What follows is some of what must be done.

Removing the Caps

Picture several triangles bounded within one large triangle. Now imagine that the caps are removed, thus forming trapezoids. Those geometric images convey what happens with a change at the top. The White House empties out, as do the offices of departmental and agency leaders. The president has a constitutional responsibility to fill many of these positions "by and with the Advice and Consent of the Senate" (Art. II, Sec. 2). During much of the nineteenth century patronage, the appointment of partisans, extended well down into the departments and agencies. A professional civil service was created with the passage of the Pendleton Act (1883), thereafter limiting appointments to the top leadership positions.

The president has several bundles of appointments. Among the most important are the White House staff, cabinet and subcabinet positions, agency heads and other top-level positions, regulatory commissioners, board memberships, and ambassadors and consuls. Federal judicial appointments are also vested in the president but await vacancies. There is no wholesale exit of federal judges with the election of a new president. Presidents also "have the Power to fill up all Vacancies that may happen during the Recess of the Senate" (Art. II, Sec. 2), a provision that permits the president temporarily to appoint officials whose nominations are held up in the Senate.

As noted, patronage was widespread during the first one hundred years, and it is still dominant with major policy positions as well as with a president's personal staff. Thus it is expected that presidents will appoint those who have demonstrated support for the party and its leader. In recent decades, however, there are calls for presidents to appoint at least one member of the other party to the cabinet. Most post–World War II presidents have tried to do so. Thus, for example, Senator William Cohen (R-Maine) served as secretary of defense in the Clinton presidency, and former Representative Norman Mineta (D-California) was appointed secretary of transportation by President George W. Bush (Mineta was secretary of commerce for President Clinton).

Gender, racial, and ethnic diversity has only recently been a standard for evaluating a cabinet. From 1945 to 1977 (Truman through Nixon-Ford), 97 percent of the cabinet secretaries were Caucasian men. Eisenhower appointed one woman, Johnson an African American man, and Ford a woman and African American man. Each of these appointments was a replacement or to lead a newly created department. The original cabinets of all four presidents in this period were white males.

Cabinets during 1977–89 had somewhat more diversity. Carter appointed three women, including one African American. Two of the three were in the original cabinet. Reagan appointed two women and one each African American and Hispanic American males. The African American was in the original cabinet.

Since 1989, diversity in cabinet appointments is a standard by which future presidential appointments will be evaluated. Seventy-six percent of diversity appointments, 1945–2005, were made in this third period: Bush 41 making six such appointments, Clinton sixteen, and Bush 43 thirteen. Caucasian males dominated the first and second periods (97 and 87 percent respectively). They represented just 57 percent of the third.

The number of appointments to the original cabinet also increased substantially: Bush 41 appointing three in his original cabinet, Clinton eight, and Bush 43 seven. In Clinton's case white males were in the minority. They were half of the Bush 43 cabinet. There is no reason to expect a reversal of this trend, given that it represents greater political participation by women and minorities.

Fig. 4.1. President Reagan meets with his cabinet in the Cabinet Room of the White House. (National Archives and Records Administration [ARC 198576])

In another important development, diversity appointments began to be made for top-tier cabinet posts in the Clinton and Bush 43 presidencies. Clinton appointed the first woman as attorney general (Janet Reno) and secretary of state (Madeleine Albright). Bush 43 appointed the first African American male and female as secretaries of state (Colin Powell and Condoleezza Rice) and the first Hispanic American as attorney general (Alberto Gonzalez).

From Campaigning to Governing

Campaigning differs from governing. Here is how a Reagan aide compared the two activities: "[Campaigning] is us versus them. It's Republicans versus Democrats. That's not the same as governing. . . . There aren't many Hail Mary passes in governing. It's chewing up five or ten yards at a time and making people play on your side of the turf." Another presidential aide explained campaigning as a "one-ring circus," focused as it is on the candidate and a day certain when a winner is declared. Government, by contrast, is a "thousand-ring circus."[1]

That the two activities are different does not mean that they are unrelated. A presidential campaign determines which team will govern, and influences how they will do so. Campaigns typically offer competing policy priorities or policy proposals where candidates agree on priorities. Candidates and their staffs create and manage a national organization and often intersect congressional and gubernatorial campaigns. Thus candidates have an opportunity to learn about policy themes, preferences of others, capabilities of staff, and organizational effectiveness. It is in these senses that campaigning has the potential of preparing the winner to govern.

It is also the case that governing influences the campaign. Candidates conduct issue searches in the course of their travels. Most issues emerge from what government is presently doing. For example, the 2004 presidential campaign focused on the war on terrorism and in Iraq, home security, energy resources, Social Security, deficits, and taxes. Accordingly, governing during Bush 43's first term set the campaign agenda, and the two candidates tested public reactions to these issues. The winner (Bush 43 by a narrow margin) then applied the lessons learned to governing in his second term.

Meanwhile, members of Congress conducted mostly separate campaigns, with issues customized to their state and local constituencies. The effect of presidents and congresses applying the lessons of campaigns to governing sets a new agenda for the next election. These two functions—governing and campaigning—are truly and continually interrelated, just as one might expect in a representative democracy.

At one time presidents were reluctant to travel extensively to build support for their programs. There were examples, notably the national tour of Woodrow Wilson in favor of the League of Nations. More common were fund-raising trips and radio or television addresses. President Johnson observed: "Sometimes . . . the only way to reach the papers and the people was to pick a fight with the Congress, to say mean words and show my temper." Mostly he believed he should "work from within" because going outside might alienate members of Congress.[2]

But in 1965 Johnson had the advantages of a landslide win and huge Democratic majorities in Congress. No president since has had such a favorable political position. As a result, and with developments in communication, presidents have increasingly reached out to the public in building support. To aid in this task, presidents bring campaign consultants into office with them. The most recent example is Karl Rove for Bush 43, serving as deputy chief of staff and advising the president in regard to both policy and electoral campaigns. Not surprisingly, Rove has been the target of vigorous criticism, as will future political consultants taking jobs in the White House. Why? They represent a fusion of campaigning and governing that many critics believe should be separate.

Getting Started: The Transition

Presidents-elect have approximately ten weeks to form and prepare their presidencies. In that time they set policy priorities; make critical appointments; establish connections with Congress, the bureaucracy, the press, and other governments; and prepare to move into empty offices in the White House and other government buildings. It is an enormously complex undertaking, one commonly involving a switch of parties when a new president is elected (seven party switches of eight transitions in the post–World War II period). Setting priorities normally follows from what was proposed during the campaign. After all, campaigns are about agendas. They form the basis of the overall debate. It is true, however, that elections by the calendar rather than issue emergence can result in substantial variation in the sequence of priorities. No one doubted that ending the war in Vietnam was a priority for Nixon in 1968, or that energy and government ethics took precedence for Carter in 1976. The economy was paramount for Reagan in 1980 and again for Clinton in 1992 ("The economy, stupid"). Much less clear were the priorities for Bush 41 in 1988 when the campaign was criticized for lacking issues or for Bush 43 in 2000 when several issues were debated but no one issue stood out with the public as a priority. Bush himself designated tax cuts as paramount. Having a clear theme is a distinct advantage in transitioning into the government because it sets the purpose and direction of a presidency, as well as aiding in deciding whom to appoint.

Media attention during the transition understandably focuses on critical appointments. There is strong interest in filling in the boxes, those key cabinet posts and the principal staff aides to the president. The transition is an anxious time for many campaign aides who anticipate appointments. And interest runs high among groups that do business with the government, as well as congressional committees and their staffs who will be working with the White House and cabinet departments. Table 4.1 shows the present-day cabinet departments and the secretaries, plus the attorney general, in the fall, 2006.

Certain practices and sequences have developed for making appointments, most of which are effectively implemented if there has been transition planning prior to the election itself. Among these rules are the following: select an appointments chief with federal government experience, act fast, appoint White House staff and major cabinet posts (State, Treasury, Defense, Justice) as early as feasible, quickly settle the futures of close advisers, let appointments speak for policy, and separate the functions of dismantling the campaign from those of managing appointments. Taken together these practices amount to clear-headed and logical planning for a takeover, one in which program and personnel are sufficiently coordinated as to convey a well-defined sense of mission. Measured by these standards, the Kennedy (1960), Reagan (1980), and Bush 43 (2000) transitions received high marks, the Carter (1976), Bush 41 (1988), and especially Clinton (1992) transitions low marks. A smooth transition does not guarantee an effective presidency, but it does make more likely an effective beginning.

"Innocent until nominated," is how C. Boyden Gray, counsel to Bush 41, described the appointment process. Paul C. Light, an expert on presidential appointments, has stated that "the appointment process itself has been the most significant barrier" to convincing quality executives to enter government.[3] Nominees are subject to background checks by the Federal Bureau of Investigation, elaborate financial disclosure forms, reviews by Senate committee staff, questioning in confirmation hearings, and scrutiny by the media and interest groups. All of this examination takes time. Delay in filling critical posts, especially at the

Table 4.1 Cabinet Departments and Those Serving in 2006 Cabinet

Department	**Created**	**Serving in 2006 (No.)***
State	1789	Condoleezza Rice (64th)
Treasury	1789	Henry Paulson (74th)
Defense	1789 as War; 1798 as Navy; 1947 as Defense	Donald Rumsfeld (21st as Defense)
Justice	1792 as Attorney General; 1870 as Justice	Alberto Gonzalez (79th as Attorney General)
Interior	1849	Dirk Kempthorne (49th)
Agriculture	1889 as cabinet level	Michael Johanns (29th)
Labor	1913 (originally Commerce and Labor, 1903)	Elaine Lan Chao (24th)
Commerce	1913 (originally Commerce and Labor, 1903)	Carlos Gutierrez (36th)
Health and Human Services	1953 as Health, Education, and Welfare; 1979 as HHS	Michael Leavitt (20th as HEW; 8th as HHS)
Housing and Urban Development	1965	Alphonso Jackson (13th)
Transportation	1966	Mary E. Peters (15th)
Energy	1977	Samuel Bodman (11th)
Education	1979	Margaret Spellings (8th)

(*continued*)

Table 4.1 *(continued)*

Department	Created	Serving in 2006 (No.)*
Veterans Affairs	1988	Jim Nicholson (6th)
Homeland Security	2002	Michael Chertoff (2nd)

*Does not count individuals twice if they served more than one president in the position.

Source: Compiled by the author from information in *The United States Government Manual, 2005–2006* (Washington, DC: Government Printing Office, 2005).

Fig. 4.2. Transition from one generation to the next—Eisenhower to Kennedy. (Dwight D. Eisenhower Library)

subcabinet level, complicates an already challenging task for a new president in assuming responsibility for governing.

Partisanship too can add to the trials of a new administration. It is generally conceded that presidents should be able to appoint the people they want. Therefore the Senate consents to most appointments. More often than not in recent decades, however, the president has had to get consent from a Senate controlled by the other party (the case at different times for Nixon, Ford, Reagan, Bush 41, Clinton, and Bush 43). Accordingly, presidents have had to consider the possibility that a nominee will be rejected, as, for example, was the high profile nomination of former Senator John Tower (R-Texas) to be secretary of defense in the Bush 41 cabinet. Remarkably, many of his former colleagues in the Senate voted against Tower. Interestingly, next in line for Bush 41 was Richard Cheney, who later served with Bush's son as vice president.

Although of a different order, judicial appointments, too, have come to be very contentious. These appointments are not a part of building a presidency. Rather they represent an exercise of the president's constitutional authority in the case of "Judges of the supreme Court" (Art. II, Sec. 1) and as designated by law in the cases of judges for "inferior Courts" (Art. III, Sec. 1). These appointments are to fill vacancies in the third branch and are essentially life terms, not coincident with a president's time in office.

As with executive appointments, most of the president's judicial choices are approved. But split-party control between the president and the Senate has made the process of "advice and consent" increasingly stressful, particularly for the courts of appeals and the Supreme Court. Appointments may be held up in the Committee on the Judiciary or, rarely, defeated on the Senate floor. In the 108th Congress (2003–05), the minority-party Democrats employed the filibuster to thwart several Bush 43 appointments to the courts of appeals, a practice halted at least temporarily by a bipartisan agreement in the 109th Congress (2005–07).

Turnover: Remaking a Presidency

Having formed a presidency, achieved the consent of the Senate for the cabinet, and fitted the new team into the permanent government of long-serving bureaucrats, a high incumbent-return Congress, and life-term judges, presidents can only hope that their presidencies will cohere effectively. There are no guarantees. Those appointed typically come from very different backgrounds. In parliamentary systems the cabinet is typically made up of ministers with similar political experiences—mostly as members of parliament. Not so in the separated system of the United States. Cabinet secretaries have varied backgrounds in the public and private spheres. For example, the first cabinets of Clinton and Bush 43 were drawn from business and banking, law, Congress, education, state and local governments, and the military. Most will not have worked together in the past; a few may not even be well acquainted with the president. The challenge is to insure that a disparate set of department heads support the president's programs and know how to put them in place.

The White House staff typically does have a common political experience. Most will have been active in the campaign just ended. It is rare for these campaign aides to be appointed to the first cabinet. They are, however, intimately familiar with the president's programs and how they were developed during the campaign. They are, therefore, well qualified to monitor how and whether proposals are being processed and promoted within the departments and agencies, at least those with experience enough to know their way around Washington.

It is not uncommon for conflicts to develop between these staff persons and department and agency heads, or for both sets to be at odds with senior bureaucrats. Reference is sometimes made to presidential appointees "going native" as they settle into their positions in the departments and agencies. The concern is that they will express more allegiance to existing programs than to the president's agenda for change.

Serving a president is a temporary job. After all, the Twenty-second Amendment sets a two-term limitation on presidential service.

Few cabinet secretaries serve two full terms, just ten since the ratification of the term-limitation amendment in 1951: Eisenhower, two; Kennedy-Johnson, three; Reagan, one; and Clinton, four. Turnover is high, though variable, among presidents. The median number of months served by cabinet secretaries for two-term administrations (including those where a vice president took over, such as Kennedy-Johnson and Nixon-Ford) varies from forty-eight months for Clinton's eight years to twenty-four months for the Nixon-Ford eight years. The Nixon and Ford presidencies had a total of forty-three cabinet secretarial appointments; Eisenhower had just twenty. Remarkably there were five attorneys general and five secretaries of labor serving Nixon and Ford, an average of just over nineteen months for these two sets.

What explains these significant differences in turnover? Certainly a shift in presidents (as with Kennedy's death and Nixon's resignation) can be expected to produce turnover as the takeover presidents eventually bring in their own teams. In Nixon's case, however, there was a pattern of high turnover even before he resigned. Appointing people to the right job at the start appears to be important in their retention. Related is a good working relationship with the president and the White House staff. Even where these conditions are met, however, turnover is relatively high. The jobs are demanding, criticism is inevitable, and the pay is relatively low. Thus it is that high-profile persons often prefer to return to more rewarding positions in the private sphere.

The Clinton and Bush 43 presidencies suggest that change may be under way. The Clinton cabinet had among the lowest turnover of any eight-year presidency in the twentieth century and the highest number serving the full eight years. The Bush 43 cabinet set a modern record for the fewest resignations in a first term, a turnover of just two cabinet secretaries—one voluntarily, one involuntarily. That record was then followed by another—the highest number of changes in the cabinet between the first and second terms. Perhaps turnover in the future will be lessened with greater stability a result. That outcome is surely to be welcomed because frequent changes at the top result in having to reestablish connections between the bureaucracy and the White House, Congress, the states, and other governments.

First and Second Terms

First and second terms are very different. The pressures are intense in the first term to make appointments that will meet the expectations of campaign workers and contributors, members of Congress, interest groups, party organizations, and the media. Each appointment is evaluated for what it reveals about the emerging presidency in policy and political terms.

Second term appointments also receive attention, but the situation is markedly different. Certain key personnel may decide to continue, the president has somewhat greater flexibility in filling vacancies, and the pool of potential nominees will include several who either have experience in the department or agency or have earned the president's confidence in performing other related jobs.

Eight presidents were reelected (1896–2004): McKinley, Wilson, Franklin Roosevelt three times, Eisenhower, Nixon, Reagan, Clinton, and Bush 43. Their records show that renewal of the cabinet at the point of reelection is a modern phenomenon. The first set of four—McKinley, Wilson, Roosevelt in his second term, and Eisenhower—made no changes at the point of their reelections. Roosevelt did have a single change in each of his second and third reelections (1940 and 1944).

The second set of four—Nixon, Reagan, Clinton, and Bush 43—made major changes at the point of reelection. In 1972 Nixon asked for the resignations of the White House staff and the cabinet. "There are no sacred cows. . . . We will tear up the pea patch," Nixon reportedly said to his staff.[4] Six changes were made in the cabinet (50 percent turnover), and the staff was reorganized. Reagan matched Nixon in making six changes; Clinton appointed five new cabinet secretaries, and Bush 43 set an all-time record with eight changes. In the latter three instances, the shifts were explained more by preferences of the cabinet secretaries than by a Nixon-style house cleaning. Still the effect was a renewal of each of the three presidencies, with an average turnover of 45 percent.

It is frequently stated that there is a second-term curse, suggesting that reelected presidents are bound to fail. The rationale for this observation is that much of a president's program is enacted in the first term, that Washington insiders consider a second-term president a "lame duck," and a laxness develops that encourages scandal. A brief review of the historical record suggests that what happens in the second term is more circumstantially than historically determined. The number of reelected presidents in the modern era is small. It becomes smaller as one reviews each case.

McKinley was assassinated, and Wilson had a severe stroke within a year of their reelections. Roosevelt was reelected three times, thus making it difficult to argue he was cursed. Nixon resigned in the second year of his second term as a consequence of the Watergate investigation. Bush 43 had not completed his second term at this writing. That leaves three pure cases: Eisenhower, Reagan, and Clinton.

Each of the three did have scandals but of very different sorts. Eisenhower's chief of staff, Sherman Adams, had sought to influence federal agencies on behalf of a businessman, Bernard Goldfine, from whom Adams had accepted gifts. Adams resigned his post. The principal Reagan scandal involved a complicated scheme by which the profits from covert sales of arms to Iran were diverted to the contras seeking to overthrow the leftist government in Nicaragua. The president accepted responsibility, Chief of Staff Donald Regan was replaced, and a shakeup of the national security staff followed.

The Clinton scandal in the second term involved personal behavior on the part of the president. He was already the subject of an investigation by an independent counsel, Kenneth Starr, in regard to a land deal in Arkansas and accusations regarding sexual advances to one Paula Jones. The new scandal in 1998 involved revelations regarding a relationship with a White House intern, Monica Lewinsky. Starr's report to the House of Representatives resulted in the president's impeachment by a largely partisan vote in the House of Representatives. However, his trial in the Senate did not result in his removal.

Did these second-term scandals wreck the presidencies in each case? The evidence is not conclusive enough to generalize about a "curse." Four factors are relevant: the timing of the scandal, the job approval rankings of the president, mid-term election results, and production of major legislation. Here are the facts:

— Eisenhower: The scandal was revealed in 1958 (Adams resigned just prior to the mid-term election); the president's job-approval ratings had been declining prior to the scandal and increased after, Democrats had huge gains in both the House and Senate in 1958, and there were slightly more major pieces of legislation passed in the second term over the first term.
— Reagan: The scandal was revealed in 1987, carrying over to 1988; the president's job-approval ratings declined prior to the scandal, then increased to the end of his term; Democrats recaptured control of the Senate and had slight net increases in the House *prior to* the scandal; and second-term production of major legislation was substantially greater than in the first term (with the highest two-year output in 1987–88).
— Clinton: The Lewinsky scandal was revealed early in 1998, carrying over to the Senate trial in 1999; the president's job-approval ratings increased after inauguration in 1997, declined moderately in 1998, then increased toward the end of his second term; defying the so-called "sixth-year itch," Democrats

actually had a slight net gain of House seats in 1998 and no net loss in the Senate; and substantially less major legislation was enacted in the second over the first term.

In summary, these mixed results make it difficult to take a broad view of second terms. Scandals are not that closely associated either with job-approval ratings or election outcomes. Major legislation can be and is enacted during second terms, sometimes in greater numbers than in first terms. A more supportable conclusion than that implied by a second-term curse is that a host of variables combine to influence the workings and production of a separated powers system, much as one would expect from the way the Founders designed the government. It is useful to be reminded that the original design had no term limit and therefore no structural basis for a "lame-duck" president.

Conclusion

The presidency is a dynamic institution, one constantly being shaped and reshaped. Two major factors aid in understanding this vitality, both associated with its democratic base. First, presidents enter and leave, actually rather frequently as it happens. They are given latitude in forming their presidencies within certain bounds. If reelected they have the option of reshaping, perhaps revitalizing, their organization and programs. Second, the presidency is purposely and historically representative. Accordingly, one may expect responsiveness to events in the form of organizational and programmatic adjustments.

Institutional dynamism does not imply instability or radical change. Indeed, the separation of powers is designed to thwart dramatic reshaping of the structure and organization of the executive branch. Presidents do make adjustments that may then be incorporated into future White House operations. The presidency has undergone evolutionary change in the last half century, as will be shown in chapters 6 and 7. Typically, however, the shifts reflect social, economic, and technological changes, much as one would expect in a representative democracy.

Notes

1. Quoted in Charles O. Jones, *Passages to the Presidency: From Campaigning to Governing* (Washington, DC: Brookings Institution Press, 1998), 52.
2. Lyndon B. Johnson, *Vantage Point: Perspectives on the Presidency, 1963–1969* (New York: Holt, Rinehart and Winston, 1971), 450.
3. Light quoted in Charles Babington, "Presidential Appointment Process Questioned," *Washington Post*, January 10, 2001.
4. As reported in Stephen E. Ambrose, *Nixon: Ruin and Recover, 1973–1990* (New York: Simon and Schuster, 1991), 14.

References

Burke, John P. *The Institutional Presidency.* Baltimore, MD: Johns Hopkins University Press, 1992.

Cohen, Jeffrey E. *The Politics of the U.S. Cabinet.* Pittsburgh: University of Pittsburgh Press, 1988.

Jones, Charles O. *Passages to the Presidency: From Campaigning to Governing.* Washington, DC: Brookings Institution Press, 1998.

Kumar, Martha Joynt, and Terry Sullivan, eds. *The White House World: Transition, Organization, and Office Operations.* College Station: Texas A&M University Press, 2003.

Pfiffner, James P. *The Strategic Presidency: Hitting the Ground Running.* 2nd ed. Lawrence: University Press of Kansas, 1996.

Chapter 5
Connecting to and Leading the Government

Fair warning: some matters are too important to be interesting. Chapters 5 and 6 are chockful of such topics—organization, management, liaison, policy development, lawmaking, and budgeting. Please persevere. I have sought to make the treatment readable. There is nothing I can do about the importance of such subjects given the Founders' design of a separated system. They were aware of the need for leadership but wary of the ease of control. Therefore what follows in these next two chapters is a recounting of the challenges facing presidents as they endeavor to meet expectations of leadership beyond given powers. Come to think of it, that sounds interesting as well as important.

The opening sentence of Article II, "The executive Power shall be vested in a President of the United States of America," might well have included the following phrase: "who will be responsible for connecting to the rest of the government." The Founders created a government of parts. As the only nationally elected leader and chief of the bureaucratic branch, it was inevitable that the president would be held accountable for all parts. That fact alone is a stimulus for presidential attentiveness to what happens throughout government.

And what a government it has become. *The United States Government Manual, 2005–2006* lists the following units for the executive branch (apart from the Executive Office of the President [EOP] to be discussed subsequently): fifteen cabinet departments; fifty-nine independent establishments and government corporations, fifty-one boards, commissions, and committees; four quasi-official agencies, and numerous multi- and bilateral organizations. And these agencies are but the tips of many icebergs. For example, the Department of Defense has three departments, one for each of the services, sixteen agencies, and numerous commands and field activities. The recently created Department of Homeland Security has two assistant secretaries, seven directors, one deputy secretary, five undersecretaries, and a commandant of the Coast Guard. There are independent organizational units in the executive branch on futures trading, product safety, arts and humanities, postal rates, transportation safety, to name but a few.

Organizations manage people, millions of people in the case of the national government. Table 5.1 shows how many. The total federal employment, civilian and military, approaches 4 million—approximately the size of the city of Los Angeles. Table 5.1 also shows the number of elected officials in Washington. Note that the number of legislators increased as reflecting the addition of states for the Senate and the increase in population for the House of Representatives until it was capped at 435 in 1911. The number on the executive side stayed at one president and one vice president. Now look at the number of employees: millions to be managed by the two elected executives; more than thirty thousand for legislators.

But guess what? The number of federal employees has actually decreased in recent years for several reasons. More of the work of the federal government is now done at the state and local levels, where the number of employees has increased by 40 percent in the last twenty years (now approaching 20 million). It is also the case that work formerly done by government employees is now often contracted out to private firms. And military service is now

Table 5.1 Federal Employment, 2003

Branch	**Employees, 2003**	
Executive: Civilian	2,677,294	
Executive: Military	1,045,067*	
Legislative	31,297	
Judicial	34,472	
Total	3,788,130	
Elected Officials	**1789**	**2006**
Executive	2	2
Legislative: House	65 (13 states)	435 (50 states)
Legislative: Senate	26 (13 states)	100 (50 states)
Judicial	0	0

Source: *Statistical Abstract of the United States: 2004–2005* (Washington, DC: Government Printing Office, 2005), 322, 331.

*For 2002.

voluntary (not conscripted) and "high tech." These developments reduce the number of employees but increase the management and accountability issues. Federal programs like Medicaid or crime control may be directed at lower levels of government, but the president will still be held responsible for results.

Cost too justifies attention by presidents to making connections. The numbers are staggering and appear to escalate in spite of efforts to control expenditures. Table 5.2 provides statistics for recent decades. Previously unimagined deficits have contributed to an overall debt of epic proportions. The figures represent billions of dollars, meaning that many entries are in the trillions. Money coming in actually exceeded outlays in 2000, a remarkable achievement representing an economic boom at the end of the

Table 5.2 Expenditures, Deficits, and Debt (in billions of dollars)

Budget Features	Year 1980	1990	2000	2004 (est)
Receipts	517.1	1,032.0	2,025.2	1,798.1
Outlays	590.9	1,253.2	1,788.8	2,313.8
Surplus or deficit	−73.8	−221.2	+236.4	−520.7
Outlays as % of GDP	21.7	21.8	18.4	20.2
Gross federal debt	909.0	3,206.3	5,628.7	7,486.4
Debt as % of GDP	33.4	55.9	58.0	65.3

GDP = Gross Domestic Product

Source: *Statistical Abstract of the United States 2004–2005* (Washington, DC: Government Printing Office, 2005), 308.

century. Even still the gross federal debt continued to rise. Receipts more than tripled from 1980 to 2004, but outlays quadrupled. Yet outlays as a percent of Gross Domestic Product (GDP), a standard measure of the economy, have remained near 20 percent. More troubling is the mounting total debt as it continues to climb into the trillions and has grown from one-third of GDP to two-thirds.

How much is a trillion? It is very hard to illustrate in human terms but someone once calculated the weight in dollar bills of the debt when it was 1.5 trillion as equivalent to fifteen aircraft carriers, twelve destroyers, two battleships, two cruisers, and seventeen smaller ships combined. At this writing, the gross debt is on its way to 8 trillion. You can do the math. Talk about the need for Weight Watchers!

For present purposes, the numbers in Table 5.2 point up the urgency for presidents to reach into the permanent government in their effort to exercise executive power. Existing programs have the force of the organization that administers them and the clienteles they serve. A new president is already behind schedule in managing this behemoth. The outgoing president and staff formed the budget in place and prepared the next fiscal year's spending and taxing plans. Yet the effects of spending and implementing what is on the books soon will be on the new leader's "watch."

Connecting to Whom?

To whom or what must presidents connect? However much they are held responsible for what happens, the fact is that presidential direction and control over other governing parts varies substantially. For some segments presidents hire and fire, reorganize to an extent, and exercise budgetary power. Other segments have varying degrees of independence, ranging from their own sources of legitimacy to the strength of public or clientele support. The categories—from most White House control to least—are these: cabinet departments and other agencies with appointments coterminous with the president's term or at his pleasure, independent agencies with overlapping and lengthy terms, the other branches of the national government, the media, and other governments and international organizations.

Cabinet Departments and Major Agencies

It is generally conceded that presidents have the right to manage the large departments and agencies. After all, presidents have the gold standard of legitimacy in a democracy—their election. Presidents appoint secretaries, administrators, and directors who are then expected to put into effect presidential policy preferences. Centralized budget control and clearance of program initiatives are levers used by presidents to enforce their decisions. Those failing to satisfy the president can be removed. Recent examples: Secretary of Defense Les Aspin was removed by President Clinton early in his presidency, Secretary of the Treasury Paul O'Neill was fired by President George W. Bush.

Independent Commissions

Congress has established several commissions for policy areas judged to be better placed beyond partisan influences. Most deal with economic and regulatory issues: securities exchange, banking, interest rates, trade, shipping, communications, labor relations. Paramount among these is the Federal Reserve System, the "Fed," for the impact of its interest rate decisions on the economy. Presidents make appointments but cannot normally remove commissioners, whose terms overlap so as to provide continuity and usually exceed a president's single term of four years. Bipartisan representation is required on these commissions, with neither party permitted to have an advantage of more than one. Presidents can influence policy through their appointments, but often the greater threats to their independence are the consequences of their favoring the very industries they are charged to regulate.

The Other Branches

Life terms for federal judges are the principal bases for the independence of the judiciary, bolstered by the common belief that elected officials should not influence individual court decisions. Presidents have their chance to affect the direction of courts with their constitutional prerogative of nominating judges, as do senators during the "advice and consent" process in that chamber. Federal court appointments have become increasingly contentious in recent decades with the frequency of split-party government and narrow margins. Since 1968 Republican presidents have had, by far, the most chances to make court appointments, having occupied the White House for twenty-eight of the forty years during that time (1968–2008). There are, however, several cases where judges presumed to be of one philosophical persuasion turned out quite differently (for example, on the Supreme Court, Byron White, a Kennedy appointee, thought to be moderate to liberal yet served as a moderate to conservative justice; John Paul Stevens, a Ford appointee, and David Souter, a Bush 41 appointee, just the opposite).

There is no expectation that presidents will cease influencing Congress. Rather, the challenge is to establish connections with elaborate and differentiated organizations in the House and Senate. The committees and subcommittees in each chamber are an approximate replication of the programmatic structure in the executive (for example, the Department of Defense and the House and Senate Committees on Armed Services). Therefore, connections already exist between the bureaus and their counterpart committees, two of the three legs of what has been termed the "cozy little triangle" (the third leg being the private and clientele interests affected by the issue at hand). Somehow presidents anxious to change policies have to find a way to override these lasting associations by developing close ties of their own with lawmakers (to include committee and subcommittee permanent staff).

Just as important is the need to develop strong relationships with party leaders, including knowledge of what these leaders need by way of White House support for building majorities on legislation. In some instances, the president's party in Congress will have just experienced years of policy strife with an opposition party president. For example, when Kennedy and Clinton were inaugurated, Democrats had been in the majority in the House and Senate for six years during the Eisenhower and Reagan-Bush presidencies. Likewise, Republicans had had House and Senate majorities for six years during the Clinton presidency when Bush 43 entered office. Having honed their skills at opposing the White House, the president's party on Capitol Hill had to become cheerleaders—not always an easy transformation, yet one that may be eased by an adroit presidential staff.

Media

There is a perpetual tension between two vital institutions: the presidency and the press. "Sooner or later, all presidents blame the problems on the media, and they are right. The press and the president are linked in a natural enmity. They need each other and they resent that."[1] The two institutions are naturally competitive, even combative. Presidents are representatives of the people by virtue of their having been elected. Reporters believe that it is their professional, even constitutional, first amendment obligation to inform the people of presidential doings. There are few more sensitive relationships in national politics. The White House press corps is a group of reporters from the print and electronic media who work in the president's house and meet the president's travel schedule. The White House communications operations provide daily briefings and manage alternative outlets for informing the public of national policy decisions. The press secretary comes to be a familiar spokesperson for presidential policy decisions.

Other Governments

The federal government is intricately connected to governance in the fifty states and thousands of localities. According to the 2002 Bureau of the Census count, there were over 87,500 local governmental units (counties, municipalities, townships, and special districts), the overwhelming number receiving and spending federal funds.

In 2003 federal grants-in-aid to state and local governments totaled nearly 400 billion dollars, constituting approximately one-third of all expenditures by those governments. Over 85 percent of this money was for Medicaid, income security, transportation, and education—programs at the core of state and local governance. Spending for some programs is growing at alarming rates: grants for Medicaid from 14 billion in 1980 to 161 billion in 2003; income security from 18 to 86 billion in that same period.

Presidents wishing to reduce or reform these programs have to plan carefully given the investment of the federal government in the social and economic life of states and localities. They need to take advantage of the connections between federal departments and the governments actually administering the programs in preparing proposals for change. They can be guaranteed that members of Congress, all elected from states and congressional districts, will be attentive to the effects of reforms. In fact, it is at this level that government can become very personal for individuals and families, with their responses to changes a predictable result, often as resistance. It is relevant in this regard that presidents who have served as governors, four of the five (1976–2008), are more likely to be sensitive to these needs.

Connecting with foreign governments and international organizations is of a different order. Several cabinet departments (notably Commerce, Defense, Labor, and Treasury) have regular contact with counterparts in other countries, but the Department of State is the primary agency for maintaining relations outside the United States. Presidents appoint ambassadors, who become their personal representatives, but most of those staffing the embassies and other diplomatic missions around the world are Foreign Service personnel, with one at each location designated as Chief of Mission. Likewise, other countries maintain embassies in Washington, DC, essentially their place of contact in the United States.

The Department of State is also the agency responsible for sustaining our relations with international organizations, working through its Bureau of International Organizations. The Permanent Representative to the United Nations is located at the United States Mission in New York and works in conjunction with the Secretary of State.

As is evident, the president's reach into these organizations, branches, and governments is achieved through appointments. But, tension between appointees from the outside and long-serving bureaucrats on the inside is common and understandable. Often the friction is between experts and politicians.

Bureaucrats learn to serve presidents and their associates. The challenge for presidents is to take advantage of bureaucratic experience in formulating and promoting their programs.

Accomplishing this goal can be especially difficult in foreign policy and national security policy. Domestic bureaucracies are located mostly in the United States; foreign and national security policy bureaucracies are located in the United States and throughout the world. Further, differences in attitude and style typically arise between diplomats and the military, thus creating an added form of tension to be managed by presidents.

Can It Be Done?

"The plain fact is that no modern president has fully managed the executive branch. . . . Additionally, presidents fail as managers because they seem to have little appetite for that task, and their interests lie elsewhere."[2] This analysis by a prominent student of public management introduces another element: whether presidents are up to the task of serving effectively as chief executive.

The problem of getting more help for the president was officially recognized in 1937 with a report from a President's Committee on Administrative Management. Its conclusion: "The President needs help."[3] Two years later the Executive Office of the President (EOP) was created. In essence, this action produced an institutional home for units to facilitate information gathering and policy control. Over time the EOP was bound to enlarge its functions and staff, not unlike the bureaucracy it was created to control. What began as a few advisers has grown into many hundreds of staff organized into the major policy areas represented by federal government programs. The present-day EOP is a microcosm of the permanent executive branch.

Table 5.3 shows the EOP organizational units as they existed for the Bush 43 presidency. Note that just two of the units were a part of the EOP in 1939—the White House Office (WHO) and the Office of Management and Budget (OMB) (then as the Bureau of the Budget).[4] Two exceedingly important councils were created in the immediate post–World War II period: the Council of

Table 5.3 Executive Office of the President, 2006

Unit	Created By	Year
White House Office	Executive Order	1939
Office of the Vice President	Constitutional Official	1960s–1970s staff growth
Council of Economic Advisers	Employment Act	1946
Council on Environmental Quality	National Environmental Protection Act	1969
National Security Council	National Security Act	1947
Office of Administration	Executive Order	1977
Office of Management and Budget	Reorganization Plan No. 1 (as the Bureau of the Budget)	1939
Office of National Drug Control Policy	National Narcotics Leadership Act	1988
Office of Policy Development		
—Domestic Policy Council	Executive Order	1993
—National Economic Council	Executive Order	1993
Office of Science and Technology Policy	National Science and Technology Policy Organization and Priorities Act	1971
Office of the U.S. Trade Representative	Executive Order	1963

Source: *The United States Government Manual, 2006–2006* (Government Printing Office, 2005), 85–98.

Economic Advisers (CEA) and the National Security Council (NSC). The remaining six were established from 1963 forward.

The major policy areas are covered by these EOP units: the economy, national security and foreign policy, trade, environmental issues, science and technology, the domestic agenda, and the budget. The units serve several purposes. Some are advisory only (CEA, Council on Environmental Quality, and Office of Science and Technology Policy). Others have responsibilities for coordinating major policy decisions (NSC, the Domestic Policy and National Economic Councils). Two of the units have policymaking functions: the Offices of National Drug Control Policy and the U.S. Trade Representative. The Office of Administration performs primarily housekeeping functions.

That leaves OMB and the WHO, the most important units of all (the Office of the Vice President merits separate treatment below). OMB is a super-coordinating agency. Its list of functions is awesome: prepare and administer the budget, review government effectiveness and recommend organizational changes, clear legislative proposals from departments and agencies, evaluate government performance, and develop regulatory reform proposals.[5] I have advised many students that if they want to have influence in government, get hired by OMB.

Presidents vary in the extent to which they rely on OMB, but none believes that a presidency can work effectively without its experience and expertise. Since 1974, Congress has had a counterpart agency, the Congressional Budget Office, and House and Senate Committees on the Budget. These developments have facilitated connections between the branches on this vital function.

The Inner Circle

The WHO is the inner circle of White House aides, those upon whom the president relies for in-house advice and counsel. These people constitute the "team," those whom the president trusts, often because they have fought the election wars and/or served with the president in prior positions. Many of them will have come to Washington with the president, for example, Georgians who served with Governor Carter, Californians with Reagan, Arkansans with Clinton, and Texans with Bush 43. At best, these aides come to think like the presidents they serve and to understand what is in their president's best interests. At worst, they become arrogant "know it alls" poorly serving the president and the country.

Close identity with the president can protect presidential power by enabling the staff to be sensitive to the future effects of present decisions. Most effective are those aides who warn as well as inform. Position, the status of being president, does not make the holder supreme. Therefore, staff can be enormously helpful by being critical as well as analytical. Least helpful is for staff persons to serve their own egos.

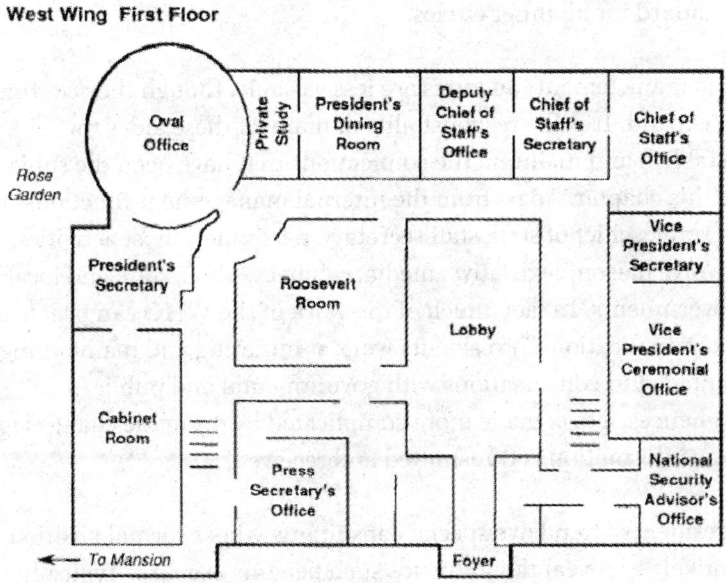

Fig. 5.1 West Wing of the White House, where the president and the inner circle work. (GlobalSecurity.org)

Table 5.4 provides a summary of the contemporary staffing arrangements in the WHO. Presidents have wide discretion in judging how to organize White House operations. Some like Kennedy and Carter preferred open access to the Oval Office, not wishing to have a chief of staff. Others like Eisenhower and Nixon preferred more control through a chief of staff. Reagan worked initially with a "troika," although one of the three, James Baker, was the chief of staff. Clinton, Bush 41, and Bush 43 wanted both: a chief of staff and substantial access for other aides.[6]

The policy issues brought into the White House Office will also vary, depending on the national agenda and the preferences of the president. Notice in the case of Bush 43 (see table 5.4) that homeland security and faith-based and community initiatives merited posts in the WHO. For Clinton, performance review or "reinventing government" was a priority. Lyndon Johnson wanted the poverty program to be located in the White House for the express purpose of highlighting it. Of course, national security is standard for all inner circles.

The management functions are less variable, though they continue to expand. It is the responsibility of many of these aides to establish and maintain the connections that have been the subject of this chapter. Apart from the internal management functions (for example, chief of staff, staff secretary, personnel) most activities involve liaison: legislative, media, cabinet, public, state and local governments. In fact, much of the work of the WHO can be labeled "communications." Presidents work at initiating and maintaining contact and conversations with governmental and public audiences, a task made more complicated by dramatic changes in how information is transmitted and received.

Presidents often have special consultants whose formal position is unlikely to reveal the influence such persons exercise. Typically these confidants' advice is more politically than policy oriented, but it is often difficult to separate the two. Recent advances

Table 5.4 The White House Office Staff Positions, 2006

Title and Area	Number	Responsibilities
Assistant to the president (Management)	9	Chief of staff, deputy chief of staff (2), press secretary, staff secretary, communications, legislative affairs, personnel, speechmaking
Assistant to the president (Special)	1	Chief of staff to the vice president
Assistant to the president (Policy)	5	National Security (2), Faith-Based and Community Initiatives, Homeland Security, Policy and Strategic Planning
Counsel (Law)	1	Legal matters
Counselor (General)	1	General advisor
Deputy assistant to the president (Management)	12	Adviser to chief of staff, communications-production, communications-policy & planning, deputy to senior adviser, appointments and scheduling, advance, political affairs, public liaison, intergovernmental affairs, legislative affairs (2), Oval Office operations
Deputy assistant to the president (Special)	1	Chief of staff to the First Lady
Deputy assistant to the president (Policy)	3	National Security, Strategic Initiatives, Freedom Corps
Special assistant to the president (Management)	3	Media affairs, social secretary, cabinet liaison

Source: Compiled from data in *The United States Government Manual, 2005–2006* (Washington, DC: Government Printing Office, 2005), 86–87.

in polling and other forms of political communication have made these positions more specialized than in the past. After Republicans captured control of Congress in 1994, President Clinton turned for help to Dick Morris, a political consultant he had worked with in the past. Morris's role at first was a secret, even to other White House staff. Later, when his role was known, Morris was a controversial figure, judged by certain White House staff to be disruptive of their work.[7]

The position and influence of Karl Rove in the Bush 43 presidency was never covert. He was acknowledged to have been the principal political architect of Bush's campaigns for election and reelection. During the second term he was appointed deputy chief of staff in the WHO, a position with influence on policy as well as politics.

The Vice President

The president's first appointment in government comes before winning office. A running mate is chosen who then serves as vice president. For most of history, the principal job of the vice president historically was to be ready to assume the presidency in cases of the death, incapacity, removal, or resignation of the president. For many, the title might better have been "Vice Asterisk." Take a test: Who was FDR's first vice president? Woodrow Wilson's? (See the appendix for answers.) However, nine vice presidents became presidents, with five of these subsequently running for a full term of their own, four successfully.

Presidents do not plan to leave office involuntarily and therefore they have, in the past, typically selected running mates more to help them get elected than to help in governing later. Recent practice, however, has been to acknowledge the potential usefulness of a vice president once in office, often to strengthen a presidential weakness. For example, Carter had no Washington or congressional experience, and he chose a respected veteran senator, Walter Mondale, as his running mate. Lacking a background in foreign policy, Reagan chose an experienced diplomat, George H. W. Bush. Like Carter, Clinton and Bush 43 needed help on Capitol Hill and elsewhere in Washington. Clinton chose Al Gore, who had served in both thc House of Representatives and Senate. Bush 43 selected Richard Cheney, whose service in the House of Representatives, the White House as Ford's chief of staff, and the cabinet as secretary of defense, made him one of the most broadly experienced vice presidents in history.

In each of these cases, the vice president aided the president in making connections to Congress and the bureaucracy. This greater role in governance has resulted in a larger and more articulated staff for the vice president, now greater in size than those for presidents in the immediate post–World War II era. Vice President Cheney's staff in 2005 included the following positions:

Fig. 5.2. President Reagan lunches with Vice President Bush, a regular occasion for consultation. (National Archives and Records Administration [ARC 198591])

Chief of Staff and Deputy Chief of Staff
Chief of Staff for Mrs. Cheney
Five Assistants to the Vice President
One each: Counsel, Principal Deputy Assistant for National Security, Press Secretary, Executive Assistant, Director of Correspondence
Two Deputy Assistants to the Vice President[8]

One consideration in promoting the active involvement of vice presidents is the extent of their own ambition to be president. It has become almost routine in the post–World War II era for vice presidents to run for the presidency. Excluding those who took over as presidents (Johnson and Ford), the list includes Nixon (1960), Humphrey (1968), Bush (1988), and Gore (2000). Mondale (1976) and Quayle (2000) ran after having served as vice president. Nixon ran a second time (1968), and Quayle did not win the nomination in 2000. Of these, only Bush 41 won as a sitting vice president, and Nixon won in his second effort.

Recognizing the unique relationship between the president and vice president, Harvard professor Richard E. Neustadt forwarded some "rules of thumb" to his former student, Al Gore, then running for vice president. Among the most relevant rules are these:

1. The VP reminds the P of his mortality; the P reminds the VP of his dependency.
2. The White House staff lives in the present, the VP's staff in the future.
3. The VP can't be fired, but the P can ignore, or haze him—and, if the P, then staff will too—with relative impunity.
4. The only thing more frustrating than being bypassed is to have one's advice heard, pondered, and not taken.[9]

The working relationships between recent presidents and vice presidents have been quite strong and productive. Most vice presidents in the future may be expected to have presidential ambitions. After all, they are in a superb position to observe and to reflect on how they might have managed a decision. However, the vice president with the most responsibilities in recent decades, Richard Cheney, announced well in advance that he had no intention of running for president.

The Presidential Branch

White House staff efforts to connect with the permanent government so as to coordinate policy and politics inevitably replicate functions performed elsewhere. The EOP requires experienced and expert staff familiar with government programs, suggesting the need for low turnover. The WHO, as the organization tailored more to an individual president, will also need its team of policy and operational functionaries. As was stated forcefully in *The Music Man,* they all "need to know the territory."

Nelson W. Polsby has observed that the institutionalization of this "help" to the president has produced a *presidential branch* "separate and apart from the executive branch."[10] What results is not exactly a chain of command, as in the military. Rather it is communication taking the form of focused coordination, that is, favoring the president's policy and political preferences.

This work by White House staff can lead to conflicts and interference with the efforts of the president's own appointees in the cabinet departments and other agencies, as well as the bureaucrats in those units. And, as with any expanding organization, competition may develop among staff for the boss's favor. George E. Reedy, who served President Johnson as press secretary, likened White House staff machinations to "the life of the barnyard, as set forth so graphically in the study of the pecking order among chickens."[11]

One need not accept Reedy's rather harsh and vivid portrayal to comprehend the hazards for presidents in insuring that this presidential branch work for them and not simply advance the ambitions of their staffs or get in the way of effective governance. It is unquestionably the case that working for the president can be an important credentialing experience, leading to other positions of status and financial reward if one moves to the private sector. In fact, Washington is teeming with former presidential staff appointees now lobbying for various interests. Thus presidents cannot always be assured that the goals of staff will mesh with those set for the administration.

Other management problems within the presidential branch include staff persons becoming public figures (something advised against in the 1937 report), preventing leaks as staff expands, maintaining personal loyalty among those less known to the president, and avoiding staff fatigue.

The latter point is less well recognized than the others. White House staff positions can easily become open-ended in two respects: working hours and job definition. Jeffrey H. Birnbaum, in his book *Madhouse,* an analysis of "the private turmoil of working for the president," states "the White House is a place for young people. Few others are able to survive its rigors."[12] The pace and lack of clear specification of responsibilities take their toll. As Birnbaum emphasizes, expectations of the president are greater than can possibly be met, yet the staff are responsible for meeting them.

Conclusion

The focus of this chapter has been on the connections to be made by new presidents with the government they are expected to lead. It has recounted developments contributing to the growing complexity and intensity of this task. Presidents and their advisers can study how it was done before. But no one president is like another and so much depends on the preferences, qualities, capabilities, resources, backgrounds, and goals that shape the style and approach of the new leader in town. Presidents are advised to "hit the ground running." Yet without having established reliable connections to the permanent government, a new president and staff may only be running in place.

White House operations do tend to improve with time. As it happens, however, just as the staff and major appointees are settling into governing routines, it is time for the president to seek reelection. Three things happen at that point: the inner circle becomes occupied with the campaign (staff are often added specifically for that purpose), those major appointees still serving think seriously about resigning their positions, and reelection itself alters how those in the permanent government view the White House—the so-called lame duck condition. Thus, presidents in their second term must make organizational adjustments just as their network of connections has matured. To say the least, connecting to and leading the government are dynamic processes requiring patience and deftness.

Notes

1. Gary Wills, quoted in Charles O. Jones, "The Presidency and the Press," *Journal of the Press and Politics*, vol. 1, no. 2 (1996): 16.
2. Peri E. Arnold, *Making the Managerial Presidency: Comprehensive Reorganization Planning, 1905–1980* (Princeton, NJ: Princeton University Press, 1986), 361–62.
3. President's Committee on Administrative Management, *Administrative Management of the Government of the United States* (Washington, DC: Government Printing Office, 1937), 5.
4. The Bureau of the Budget was originally created in 1921 by the Budget and Accounting Act. Originally a part of the Department of the Treasury, it was moved to the EOP with the Reorganization Act of 1939.
5. See *The United States Government Manual, 2005–2006* (Washington, DC: Government Printing Office, 2005), 92 for the full list.
6. For details, see Stephen Hess (with James P. Pfiffner), *Organizing the Presidency*, 3rd ed. (Washington, D.C., Brookings Institution Press, 2002), chs. 3–10.

7. For details see Dick Morris, *Behind the Oval Office: Winning the Presidency in the Nineties* (New York: Random House, 1997) and George Stephanopoulos, *All Too Human: A Political Education* (New York: Little, Brown, 1999).
8. *The United States Government Manual, 2005–2006* (Washington, DC: Government Printing Office, 2005), 88.
9. Charles O. Jones, ed., *Preparing To Be President: The Memos of Richard E. Neustadt* (Washington, DC: American Enterprise Institute Press, 2000), 131,
10. Nelson W. Polsby, "Some Landmarks in Presidential-Congressional Relations," in *Both Ends of the Avenue: The President, the Executive Branch, and the Congress*, ed. Anthony King (Washington, DC: American Enterprise Institute, 1983), 3.
11. George E. Reedy, *The Twilight of the Presidency* (New York and Cleveland: World Publishing Company, 1970), xiv.
12. Jeffrey H. Birnbaum, *Madhouse* (New York: Times Books, 1996), 244.

References

Arnold, Peri E. *Making the Managerial Presidency: Comprehensive Reorganization Planning, 1905–1996*. 2nd ed. Lawrence: University Press of Kansas, 1998.

Campbell, Colin. *Managing the Presidency: Carter, Reagan, and the Search for Executive Harmony*. Pittsburgh: University of Pittsburgh Press, 1986.

Hart, John. *The Presidential Branch: From Washington to Clinton*. 2nd ed. New York: Seven Bridges Press/Chatham House, 1995.

Hess, Stephen. *Organizing the Presidency*. 3rd ed. With James P. Pfiffner. Washington, DC: Brookings Institution Press, 2002.

Nelson, Michael L., ed. *Guide to the Presidency*. Vol. 2. *Congressional Quarterly*, 1996.

Patterson, Bradley H. Jr. *Ring of Power: Inside the West Wing and Beyond*. Washington, DC: Brookings Institution Press, 2000.

The United States Government Manual, 2005–2006. Washington, DC: Government Printing Office, 2005.

Chapter 6
Presidents at Work: Making Law and Doing Policy

Presidents are decision makers who work at a job structured by the tension between what is expected and what can be delivered. The strain derives mostly from the way the Founders sought to make a government that would work—but not too efficiently. So the Founders divvied up authority and constrained power. Consequently, making decisions is typically a joint enterprise. Congress can pass bills, but the president signs them into law. Presidents can negotiate treaties, but two-thirds of the Senate must approve. The Supreme Court can negate a law, but Congress and the president can achieve their purposes by enacting a law that avoids the issue raised by the Court. I can't help but think that the Founders would be pleased with how the separated system has developed, most importantly because many of the same institutional issues that were debated in Philadelphia remain as core topics today, most notably in this context: How powerful ought the president to be?

Joint enterprise or no, presidents are held accountable for what happens in Washington. It is the president's job approval that is tested regularly, now hundreds of times a year. Why? There is but one president at a time. Presidents are, effectively, the only nationally elected officials. They serve as the commanders in chief, a title that surely conveys authority, and so they are expected to lead and achieve. No excuses, certainly not one that states: "But you don't understand, it is a joint enterprise."

Coincidentally, presidents are expected to observe the limits of their authority and status—to avoid abusing their authority, to acknowledge the legitimacy of the other branches, and to respect the right of people to know the what and how of decision making. Is it fair to hold presidents accountable for what happens in a shared-powers government? I leave that to you to decide. It is, however, clear from history that they will be held accountable for the reasons stated, and therefore it comes with the job. Those who seek the presidency surely know this in advance. Those who occupy the White House experience their preeminence in responsibility first hand. Leave it to President Truman to have stated it bluntly and tersely: "The buck stops here."

This chapter goes inside the president's working world to reveal the nature of making decisions in the national government, and the president's roles and functions in the processes involved. Interdependency is a major feature of an interlocking separation-of-powers system, with each branch exercising authority that enables the work of the others.

Lawmaking and its execution provide examples of interdependency. Presidents designate agendas and propose what should be done, Congresses represent constituency interests in legislating from this agenda, the bureaucracy implements the laws passed by congresses and signed by presidents, and the courts judge challenges to laws and how they are executed. It is true that the institutions share and compete for powers, but seldom will the work of one be mistaken for the work of another. Should there be encroachment, that interference will likely be criticized, perhaps even challenged in the courts.

Given their national and international exposure, presidents typically need to think prospectively, weighing the effects of initiatives and decisions on their capacities to govern in the future. George W. Bush was quoted as saying: "I think my job is to stay ahead of the moment. A president . . . can get so bogged down in the moment that you're unable to be the strategic thinker that you're supposed to be."[1] Richard E. Neustadt had a more nuanced analysis:

> My fundamental question [in thinking about the presidency] remains the same throughout, namely how to think about the possible effects of one's own choices on one's own prospects for personal influence within the institutional setting of a given office. . . . This amounts to seeking the essence of thinking politically, an endless search since that is so much an instinctive, intuitive process.[2]

For Neustadt, "the essence of thinking politically" guides presidents into protecting their influence for making future choices. For example, Clinton reduced his options in 1994 in regard to national health care proposals when he threatened to veto a version not to his liking. Speaking before Congress in the State of the Union Message, the president made his arguments for a health care plan. Then he waved his pen in the air and warned of a veto. The former president acknowledged the mistake in his memoirs:

> I thought my argument was effective except for one thing: at the end . . . I held up a pen and said I would use it to veto any bill that didn't guarantee health insurance to all Americans. . . . It was an unnecessary red flag to my opponents in Congress. Politics is about compromise and people expect Presidents to win, not posture for them.[3]

In the end, the plan failed in both houses of a Democratic Congress.

Working with Congress

Presidents interact with countless officials and groups in their manifold formal and informal roles, for example, as diplomats with foreign nations, as party leaders with politicians, as managers with agency personnel, as educators with the public, and as commanders with the armed forces. Among the most important and perpetual relationships, however, are those between the president and members of Congress. The budget process alone ensures that the president will pay close attention to Capitol Hill. "No Money shall be drawn from the Treasury but in Consequence of Appropriations made by Law." (Art. I, Sec. 9). Put simply: Lacking appropriations by Congress, the government is stymied, constitutionally unable to draw funds from the Treasury, as happened in 1995 when President Clinton and the Republican Congress were at loggerheads over the budget.

Presidents differ in their working relationships with Congress. Their political and governmental backgrounds largely explain this variation. A few examples illustrate the differences among recent presidents.

Lyndon Johnson served in the House (twelve years) and Senate (twelve years, ten as a leader). He was *majority leader* as president. "He learned early and never forgot the basic skill of the politician, the ability to divide any number by two and add one."[4] As was the case when he was in Congress, Johnson was a master at building majorities on Capitol Hill in support of Great Society programs.

Richard Nixon also served in Congress but not as a leader and for six, not twenty-four, years. His interest and expertise were in foreign policy. He was *foreign minister* as president, preferring to work on national security and international relations issues. As such, he did not want frequent contact with members of Congress whose primary interests tend to be in domestic issues. A House

Republican was quoted as saying: "I pretty well concluded that there was almost no way to contact him except if you had a personal relationship."[5]

Jimmy Carter did not invite genuine contact with Congress either. The reasons were different, however, again related to his background. Elected as a post-Watergate president, Carter was skeptical of the politics of compromise that dominated Congress. He was the *political layman* as president. Ignoring his narrow win in 1976, it was his view that the president represents all the people and has the resources to develop comprehensive programs. He stressed the importance of doing the right thing over bargaining.

Reagan, Clinton, and Bush 43 were, like Carter, governors before serving as presidents. Accordingly they brought variations of an executive orientation to their work with Congress. True to his profession in private life, Reagan was an *actor* as president. His view of his status was best summarized by the subtitle of Lou Cannon's book: *President Reagan: The Role of a Lifetime.* Unlike Carter, Reagan was not in the least opposed to compromise, which fit his understanding of the role to be played by the president. He viewed his responsibilities as those of designating and defining a limited agenda, delegating responsibility to staff for working out details, agreeing to a reasonable compromise, and declaring victory. In his political theater, he endorsed Clinton's view that "people expect presidents to win."

Clinton was a *campaigner* as president. Few presidents in history had as much experience in running for office—for the House of Representatives, for attorney general and six times for governor in Arkansas, and twice for president. He continued to sell his programs even after winning the presidency. Each State of the Union Message was followed by travel to bolster public support for his proposals. He was more broadly ambitious in proposing legislation than was Reagan, who concentrated on a few big-ticket items.

Bush 43 adopted Clinton's practice of campaigning for policy as well as election. In fact, Bush topped Clinton's record-setting travel, prompting one scholar to dub Bush as a campaigner president.[6] Clinton's and Bush's styles and purposes differed, however. Bush 43's way of working has been that of a *pure executive* as president. He is among the most separationist of presidents, believing that the president and Congress have distinctive functions. He has viewed his job as that of designating the issues and offering proposals to Congress, much less to work Johnson-like to build majorities on Capitol Hill. His campaigning has primarily been to convince the public that he has the right priorities and the most effective plans. As with Nixon, he also has demonstrated an expansive interpretation of his powers in regard to national security issues.

Other post–World War II presidents show equally diverse manners of dealing with Congress: Eisenhower—*military commander*; Kennedy—*junior senator*; Ford—*minority leader*;

Fig. 6.1. The contemporary president on the road. George W. Bush campaigns for support. (U.S. Air Force photo by Staff Sgt. Jim Verchio)

Bush 41—*career diplomat*. Presidents approach the job with individual perspectives that help shape their responses to the issues that they encounter and to the events that generate those issues.

Types and Settings of Power

Presidents make many types of decisions in varieties of settings. Their policy world is fast paced and complex. They deal in policy substance and its phases, processes, and interactive effects. Much of what happens is routine, essentially handled by the bureaucrats, appointed political executives and their aides, and policy specialists, presumably all attentive to presidential priorities. Ultimately, however, presidents are held responsible because they have the authority to say yes, no, or try again.

Policy Substance

Substance refers to the "what" of policy, that is, the meat of what is being considered. The range is enormous, but most issues fit within two broad categories: domestic and foreign. The two sets have interactive effects. Energy supply and demand is a fine example of a domestic issue with enormous impact on foreign policy, and vice versa. Yet each set retains enough distinctive features to justify the categories. Among these is the greater role played by Congress in domestic over foreign and national security issues. Thus, the president's role differs markedly between the two sets, having substantially more discretion in foreign affairs.

The range of substantive domestic matters is illustrated in table 6.1. Provided are the major pieces of domestic legislation enacted during Clinton's two-term presidency (1993–2001) and the first term of Bush 43 (2001–05). The laws are grouped by whether the president's party had majorities in Congress (same party or split party). First, take note that the short titles of the major laws listed in table 6.1 reveal an impressive range of topics: fiscal, social

Table 6.1 Major Domestic Legislation, 1993–2005

Clinton (1993–2001)	
Same Party	**Opposite Party**
103rd Congress (9 cases): Deficit reduction, Voter registration, Americorps, Student loans, Education, Crime, Desert protection, Abortion clinics	104th Congress (14 cases): State mandates, Congress accounting, Lobbying, Lawsuits, Welfare, Telecommunications, Agriculture, Line-item veto, Spending cuts, Health insurance, Minimum wage, Pesticides, Safe water, Immigration
	105th Congress (7 cases): Balanced budget, FDA overhaul, Adoption, Transportation, IRS overhaul, Public housing, Teachers
	106th Congress (5 cases): Banking, Y2K plan, Education, Everglades, Community renewal
Bush (2001–05)	
Same Party	**Split Party***
107th Congress (1 case): Tax cuts 108th Congress (8 cases): Prescription drugs, Tax cuts, Partial birth abortion, Forests, Corporate tax, Disaster relief, Unborn victims	107th Congress (10 cases): Airline bailout, Airline security, Emergency spending, Education, DHS created, Campaign finance, Agriculture, Corporate reform, Election reform, Terrorism insurance

*Refers to Democratic majority in the Senate, Republican majority in the House. For the first five months, Republicans had a Senate majority.

Source: Compiled from David R. Mayhew, *Divided We Govern: Party Control, Lawmaking, and Investigations, 1946–2002* (New Haven, CT: Yale University Press, 2005), 208–13, and http://pantheon.yale.edu/~dmayhew.

welfare, environment, crime, health care, elections, lobbying, institutions, reorganization, domestic security, business, agriculture, and disaster. Each of these matters has an institutional home in the bureaucratic agencies and the congressional committees. These units attend to the clienteles affected by legislation, and those clienteles will lobby the president and Congress to acknowledge and support their views. One can hardly expect otherwise in a representative democracy, but it does complicate the task of proposing and instituting change where those benefiting from a government program want to keep what they have.

Second, observe that major laws get enacted whether or not the president's party has majorities on Capitol Hill. *In fact, there was no significant difference in the average number of major laws passed whether a Congress was of the same or opposite party as that of the president.* The 103rd and 108th congresses had presidential-party majorities, with an average of 8.5 laws passed, very nearly the same as the average of nine laws for the four split-party congresses. An additional major law was passed in the few months of the 107th Congress when the Republicans had a narrow majority in the Senate. It is apparent that gridlock is not inevitable when the parties split control of the branches.

Third, table 6.1 shows how nimble a president must be in accommodating shifting party fortunes. There were four changes in party control in the twelve years of Clinton's two terms and Bush's first term: from same party in the 103rd Congress to opposite party in the 104th, 105th, and 106th, back to same party briefly in the 107th, then to split party (Senate only) for the rest of the 107th, and finally a return to same party in the 108th. Different strategies are required for these different party arrangements. Presidents lose their dominance in designating the agenda if the other party is in the majority on Capitol Hill. And whereas party unity will win the day when the president's party has a majority, they need votes from the other side if the opposition party is in charge.

Presidents have greater independence in shaping and implementing foreign and national security policy. The constitutional status of commander in chief, along with treaty making authority and ambassadorial appointments, provide prerogatives to reinforce the president's role as national leader. Table 6.2 shows that many fewer major laws or resolutions are purely foreign or national security policy. Of the fourteen listed for Clinton and Bush 43, four involved trade agreements, another seven involved terrorism and the Iraq war, all but one occurring in the Bush presidency. Several of these cases had important domestic implications, notably the trade agreements, intelligence gathering, and the

Table 6.2 Major Foreign and National Security Legislation, 1993–2005

Same Party	Opposite Party
Clinton (1993–2001)	
Same Party	**Opposite Party**
103rd Congress (2 cases): NAFTA, GATT	104th Congress (1 case): Antiterrorism
	105th Congress (2 cases): Chemical weapons, NATO expansion
	106th Congress (1 case): Permanent trading w/China
Bush (2001–05)	
Same Party	**Split Party***
108th Congress (3 cases): AIDS funding, Defense spending, intelligence reform	107th Congress (5 cases): Use of force (Afghanistan), Patriot act, Iraq resolution, Fast-track trade authority, 9/11 commission

*See table 6.1.

Source: See table 6.1

Patriot Act that provided greater powers for the Department of Justice in combating terrorism.

The president's discretionary powers in foreign and national security policy are substantial and well illustrated by the Clinton and Bush 43 presidencies. These powers may become the subject of controversy, often inviting congressional investigations and oversight largely because Congress had little or no role in the initiatives taken by the president.

Outstanding examples of discretionary actions during the Clinton presidency include military action and peace initiatives. Congress was not asked to authorize any of these actions. A bombing campaign against Bosnian Serbs was initiated in late August 1995 by NATO, with U.S. participation authorized by Clinton. Clinton ordered the bombing of Baghdad in early September 1996, following attacks on a Kurdish-controlled city, and again in December 1998, with the failure of Iraq to cooperate with United Nations' inspectors. An air war against Serbia was launched in March 1999, forcing the Yugoslav president to withdraw troops from Kosovo.

Clinton also sponsored peace initiatives as largely executive actions. In November 1995, the "Dayton Peace Accords" ended the conflict in Bosnia, and U.S. troops were sent to keep the peace. In July 2000 Clinton hosted a summit at Camp David to resolve issues between Israel and Palestine. He was also personally active in resolving the disputes in Northern Ireland.

Likewise, the Bush 43 presidency provides countless examples of the president making military and diplomatic commitments with little or no direct involvement of Congress. Even the congressional 2001 Use of Force (Afghanistan) and 2002 Iraq resolutions largely left open the timing, rationale, and form of military action. Much of the controversy that developed over treatment of prisoners resulted from executive and military decisions regarding the incarceration of terrorists, decisions that in the earliest stages were not subject to the kind of close scrutiny that follows from open congressional hearings. Similarly, questions were raised in 2006 about warrantless surveillance by the National Security Agency of suspected terrorists' communications to persons in the United States, a practice ordered by the president and later the subject of court review.

President Bush was initially reluctant to be involved in resolving Israeli-Palestinian issues. Later, however, his administration became heavily committed with the "Road Map to Peace" initiative in May 2003 and in working through the United Nations to fashion a cease-fire agreement when war broke out between Israel and Hezbollah, operating from Lebanon, in the summer of 2006. The nuclear threat posed by developments in North Korea was met with diplomatic efforts, working through countries in the region (notably China, Japan, Russia, and South Korea). Diplomacy too was relied on early in seeking to curb Iran's nuclear ambitions, this time with European nations taking the lead. These are but a few examples to show that diplomacy is, and must be, primarily the province of the executive, with the president leading the way.

When purely executive actions produce positive results, support follows in Congress. When serious problems develop or the resolution of an issue takes longer than expected (as with the Vietnam War and the Iraq insurgency), congressional criticism mounts, investigations are initiated, and restrictions on the president's discretion are threatened or imposed.

But Congress is constrained if military action is underway. It has the power of the purse, but members are reluctant to deny funds to the troops. It is also the case in modern warfare that a military mission may have been completed by the time Congress acts. The problem is somewhat different in regard to diplomacy. Treaties require Senate approval (two-thirds of those present) and financial commitments need congressional authorization and appropriation. However the executive decides where, when, and what to negotiate. Congress does not have a separate diplomatic corps. In foreign policy, presidents exercise their greatest influence, whether Congress approves or not.

Policy Type

The president's role also differs by the type of policy under consideration. Most decisions fall into four broad categories: fresh initiatives, incremental adjustments in existing programs, major reforms to those programs on the books, and crisis response. Different types of policies lend themselves to more or less empowerment for the president.

Fresh initiatives are most likely to come from the executive and are often proposed when a new president takes office. For example, in his first year Clinton successfully proposed an Americorps to encourage young people to do volunteer work in the community in exchange for educational support. Bush 43 favored a faith-based initiative for spurring community-level aid to the disadvantaged. Congress did not enact the proposed legislation and so Bush issued an executive order initiating certain aspects of the proposal.

Fresh programs are more difficult to enact than in the past, in large part because of the cost of those put on the books in the Roosevelt through the Johnson presidencies. Entitlement programs such as Social Security, Medicare and Medicaid, federal aid to education, home loan guarantees, food stamps, and other welfare benefits, along with national defense, have left little room in the budget for new initiatives. Therefore new programs typically must include innovative financing, sometimes with proposals to reduce expenditures elsewhere.

Incrementalism characterizes most existing government programs for several reasons: more persons are covered by the benefits with growth and aging of the population, costs of living rise, and organized groups make claims. For example, the many programs providing benefits for senior citizens have grown in size as people live longer, have more health problems, and are represented by politically active groups, notably the American Association of Retired Persons (AARP).

The politics of incrementalism are predictable. Once in place, an entitlement program grows automatically. The only way to curb spending is to change the eligibility, a move most presidents and members of Congress are cautious in proposing. As the agenda designators, presidents learn that any such proposals, even for needed reforms, can ignite political firestorms on Capitol Hill and among beneficiaries. Presidents thus must carefully calculate the political risks involved in proposing major changes.

Major reforms of existing programs are occasionally proposed in spite of the political costs for taking a chance. There comes a time when most government programs are subject to serious review and change. That time will occur in the decades following the enactment of large-scale programs like those of Roosevelt's New Deal and Johnson's Great Society. Thus it is not surprising in recent years to find that the executive branch proposals to Congress have "reform" in their titles: for example, Social Security and welfare reform, Medicare reform, farm subsidy reform, public housing reform. Most often the changes that are proposed are by way of refinements, but occasionally they are root-and-branch reformulations, as with welfare reform in 1996, and generate intense controversy.

Those reforms proposed for Social Security are at a very high risk, as was confirmed for Bush 43 in 2005 when he supported private accounts as an option for a portion of payroll taxes paid. His plan did not get beyond the committee stage in either house of Congress. President Reagan also learned of the political costs when he suggested major changes in 1981, and Republicans had a net loss of twenty-five House seats in 1982. Immigration reform is

Fig. 6.2. President Roosevelt signs Social Security Act of 1935, a New Deal program. (Social Security Administration History Archives)

Fig. 6.3. President Johnson signs Medical Care for the Aged Act of 1965, a Great Society program, in the presence of former President Truman. (LBJ Library photo by Yoichi R. Okamoto [A985-6a])

also a political minefield, again as experienced by Bush 43 in 2006. Just the issue of how millions of illegal aliens should be treated is fraught with political risks.

It was long thought that welfare reform carried many of the same risks. President Clinton made it a priority in his first term, an unusual step for a Democrat. Yet he placed it second to health care reform, which was defeated. Meanwhile, congressional Republicans agreed with the welfare reform priority. When they gained majorities in the House and Senate in 1994, they took the initiative in fashioning a plan. President Clinton twice vetoed the bill but signed it when the Republican Congress passed it a third time. Many Democrats were critical of Clinton's action, some in his own administration resigned.

The risks for Clinton in these two cases—national health care and welfare reform—were multiple and sequential. He proposed taking on two major reforms, failed utterly in the first, then lost the initiative for the second, welfare reform, to the Republicans. Finally signing the Republican bill third time around invited criticism from his own party. There are few better cases of the hazards of proposing root-and-branch reforms.

Crisis response is of a different nature from the preceding policy types. By definition it is extraordinary, an interference with the regular order. Expectations are that response will come immediately from the executive, led and directed by the president. Congress will participate too but typically following the lead of the commander in chief. Presidents will then be judged by how effective they are in their responses.

The most recent example of crisis response is among the most dramatic in history: Bush 43's decisions following the terrorists' attacks on the World Trade Center in New York City and the Pentagon in Washington on September 11, 2001. The existing agenda of conventional domestic reforms was displaced by a host of homeland security and national defense issues. The partisanship of a narrowly split Congress and voting public shifted quickly to bipartisan support for President Bush's leadership. His job approval ratings soared to record heights and remained at high levels for the longest period of any president for the period in which these measures have been taken.

In striking contrast, support for the president was substantially less forthcoming for the war in Iraq, both initially and even more with continued insurgent attacks following the completion of full-scale military action. The difference? The president had difficulty persuading his critics and, eventually, many in the public that Saddam Hussein's rule in Iraq represented a crisis or that it was directly related to the war on terrorism. These doubts were reinforced by the failure to find weapons of mass destruction. In other words, the war in Iraq was not judged either by the public or many in Congress to be crisis response.

The Katrina hurricane was another example of crisis response, one substantially less favorable to the leadership of Bush 43 than 9/11. No one doubted that it was a crisis or that response was required by the national government. But the effects were regional, not national, and the offender was Mother Nature, not terrorists. True, 9/11 was also localized, but the threat was pervasive.

In the case of Katrina, coordination among federal, state, and local governments was inadequate to manage an exceptional natural disaster. The president was bound to bear the responsibility as the chief of the branch that was expected to react effectively. The Katrina disaster is a prime example of presidential responsibility whether or not public expectations are realistic in regard to his or the government's capacity to cope. It simply goes with the job of being at the top. No excuses.

Policy Process

The process by which policy is set in place and implemented can be broken down into several phases or functions: problem definition, agenda designation, option formulation, and program legitimation, implementation, and evaluation. The president and his aides play different roles in each of these phases, as do the other branches: bureaucratic, legislative, and judicial. Politics primarily determines presidential participation, its rationale and form. Still, it will become obvious that the president and executive branch perform especially vital functions in the early phases, given that it takes an organized and hierarchical structure to come up with priorities and proposals.

Problem definition starts it all. What requires the attention of the national government and why? There are, at minimum, two dimensions to consider: the broad issue (e.g., terrorism) and the specific problems (e.g., homeland security, identifying and capturing or eradicating the terrorists, managing the social and economic effects). Presidents ordinarily play a key role in identifying and articulating the issues and defining the problems to be dealt with. They are in a strong position to direct public attention to an issue.

Yet presidents do not have the last word. What requires attention and why is often the subject of debate in Congress and the media, even where there is broad agreement on the seriousness of the issue. For example, in a post-9/11 America, immigration was generally acknowledged to be a vital issue. But some policy makers defined the problem as failure to control the borders and enforce existing laws; others emphasized the need to cope with millions of illegal immigrants who have become a significant force in the American economy as a source of labor.

Will presidents be held responsible even if their preferences are modified by changes made in the lawmaking process? Absolutely.

That even holds for presidents who opposed what was put in place originally (for example, Reagan for any number of government programs he opposed).

Agenda designation is essentially a priority-setting exercise. It is a supremely political act, and presidents have significant constitutional, institutional, and electoral advantages for specifying priorities. They deliver the State of the Union message, they are served by an elaborate bureaucracy that can supply detailed justifications for priorities, and they work closely with budget makers who know the fiscal record and effects of priorities being set.

Presidents differ in the extent to which they capitalize on these advantages. Determinants include the president's philosophy of governing (more activist or more passive), the nature and number of major issues, and the strength of the opposition party. For example, Eisenhower was not a strong policy activist; he served during relatively calm times, with few major issues; and Democrats had majorities in both houses of Congress during six of his eight years as president. By contrast, Johnson brought an expansionist outlook to his presidency, he had to manage an increasingly unpopular war in Vietnam, and his party had huge congressional majorities.

As expected, given the three determinants (philosophy, issues, and strength of the opposition), there are several combinations among the post–World War II presidents. Reagan had a philosophy of limited government, seeking to reduce taxes and bureaucracy; served during a period of relative calm; and had the surprise advantage of a Republican Senate for six of his eight years in office. His agenda dominated policy politics during his first years in office, and his legislative success in cutting taxes influenced the agendas of those presidents to follow.

Clinton and Bush 43 are interesting cases. The first began with an ambitious perspective on government's role, later modified; faced few domestic or foreign crises; and soon lost Democratic majorities in Congress. Congressional Republicans, mostly in the person of Speaker of the House Newt Gingrich, took charge of agenda designation in 1995, later to see Clinton's dominance restored after his reelection in 1996. Bush 43 campaigned in 2000 on a "compassionate conservatism" agenda of moderate to conservative priorities. Hardly under way in pursuing these priorities, he observed the transformation of relative calm into escalating crises from 9/11 forward. He worked consistently with very narrow Republican margins in Congress (even losing a Republican Senate majority in 2001 for eighteen months), a condition that promoted intense partisanship in acting on his priorities.

A president with limited political capital can expect others to assume the role of agenda designator. House Speakers James Wright (D-Texas) and Newt Gingrich (R-Georgia) were active agenda-setters when Bush 41 and Clinton experienced weak political status on Capitol Hill in 1989 and 1995 respectively. And when Democrats became a majority in the Senate in 2001 they were in a position to designate the agenda for that chamber, one very different from that preferred by Bush 43. Even more dramatic for Bush 43 was the Democratic takeover of both houses of Congress in the 2006 midterm election. Agenda designation required consultation with opposition party leaders.

Option formulation too is a natural function of the executive, due primarily to the expertise represented in the bureaucracy and its hierarchical structure. Presidents and their staffs make promises in campaigns and in response to issues during their service in the White House. Usually these pledges lack a detailed plan. Rather they require development by specialists within the relevant cabinet department or agency. Likewise, congressional committee staffs, often working with the personal staffs of the members, prepare modifications or alternatives.

Rarely can presidents expect that Congress will endorse their options in full, even when their party has large majorities in that branch. Johnson's Medicare proposal in 1965 was modified substantially by the Democratic Chair of the House Committee on Ways and Means, Wilbur Mills (D-Arkansas). Staying with a health care example, Clinton had his proposal for national reform rejected in both houses in spite of Democratic majorities. Efforts by House and Senate Democrats to design alternatives also faltered.

Still for the major issues it is typically the president who says: "Let's start here with this." Every top-level bureaucrat and member of Congress has a drawer (or more likely a hard drive these days) full of options. None has the cachet of presidents, however, or the audience for publicizing their options.

Legitimation is the process by which an option, usually a compromise, is approved. Mostly this is a legislative function, though presidents and their staffs are actively involved as bills move forward. Majority support is garnered through a sequence of stages within committees, the House and Senate chambers, and conferences between the two chambers. This process may take months, even years. It is not uncommon with certain controversial proposals for Congress to repeat the stages several times before attaining agreements in all of the venues required for final passage. Because of the filibuster in the Senate, it may require a super majority (60 percent) to pass a bill in that chamber. And by constitutional provision a two-thirds Senate majority is required for treaties and a two-thirds majority in both chambers for a constitutional amendment or to override a presidential veto.

Presidents, their aides, and department and agency personnel are typically active in this majority-building enterprise—sometimes in support, other times in opposition. A change in presidents, which ordinarily means a change in party, can mean a reversal in White

House support or opposition. Ultimately the president has the constitutional authority to sign or veto a bill, or to let it become law without his signature after a ten-day period, Sundays excluded (unless Congress has adjourned, in which case it will not become law) (Art. I, Sec. 7). Presidents frequently use this vital authority of saying "yes" or "no" to influence lawmaking during the several stages of majority building, for example by threatening to veto a bill unless changes are made or withdrawing support, with the potential effect of changing votes.

There is a tendency to keep score in lawmaking by counting the bills passed and signed into law in a session of Congress. But progress may be slow on major national issues because difficult issues have to be resolved. Scoring failure to pass as a loss often masks progress being made on such matters. For example, it took some thirty years for the federal government to enact an aid to education program, long an exclusive province of state and local governments. Racial, religious, and federalism issues had to be resolved before a bill could finally gain majority support in both houses. Bills would pass in the House, only then to be filibustered by southern Democrats in the Senate. The Elementary and Secondary Education Act eventually passed in 1965 as part of Johnson's "Great Society" program.

Crisis can often speed up the legitimation process. Following 9/11, Congress passed the Patriot Act, a sweeping measure to provide the attorney general with authority for gathering intelligence on terrorists (wiretaps, searches, detention, other means of surveillance). Committee hearings and votes were bypassed in the Senate, and the Speaker intervened in the House to send a bill favored by the administration to the floor. The final bill passed overwhelmingly in both houses. Four years later it took months to pass a reauthorization of the Patriot Act.

Implementation is fundamentally a bureaucratic function, for which the president as chief executive will be held responsible.

Lawmakers will typically provide directions on how and where programs are to be implemented. But bureaucrats are in charge of the applications, often with substantial discretion, depending on how much Congress instructs them. State and local governments often play a major role in implementing domestic programs, an additional complication in designating responsibility.

Large-scale programs that represent new ventures, reorganizations, or major shifts in policy may take years to implement effectively. Medicare and Medicaid, enacted in 1965, are prime examples of substantial national government interventions into a multifaceted, semipublic health care system, one lacking synchronization. What began as relatively modest programs in the 1960s now are measured in hundreds of billions of dollars. In 2004 a prescription drug benefit was added, again accompanied in the early months by serious implementation difficulties.

Implementation of a different sort characterizes the federal government's response to calamities. Disaster relief programs have been expanded in recent decades. Almost by definition, however, it is hard to prepare for the unanticipated. Hurricane Katrina along the Gulf Coast in 2005 was such an occurrence, arguably the greatest natural disaster ever in the United States. Government response was judged to be inadequate for many reasons: the magnitude of the disaster, a major reorganization of crisis response agencies underway at all three levels of government, breakdown of communications and law enforcement, lack of coordination among state and local agencies, and uncertainties about who was in charge of what. Yet the responsibility for these and other failings was judged to be that of President Bush, an opinion held by most officials, the general public, and, ultimately, the president himself. The Katrina experience is a classic case of presidential accountability regardless of the circumstances. Among other purposes served is that of placing responsibility with the official in the best position to make change.

Evaluation is the most diversified of the policy activities. Every branch is involved, along with private interests and organizations. The executive agencies charged with implementing programs typically must report to Congress on their progress in achieving goals. Inspector generals within these agencies have the responsibility of investigating fraud and misconduct. The Office of Management and Budget (OMB) evaluates programs on a continuous basis as it prepares budgets. White House staff are ever attentive to the effectiveness of programs, especially those associated with the president's policy preferences. And presidential commissions are frequently appointed to evaluate a program and make recommendations for change.

Congressional committees have the responsibility of overseeing the implementation of programs. This oversight may occur in several forms: as a routine exercise in reauthorization and appropriation; through investigations, either by authorizing committees or the two oversight committees (Oversight and Government Reform in the House, Homeland Security and Governmental Affairs in the Senate); or by the work of the Government Accountability Office (GAO). The latter is a legislative branch agency specifically charged to provide Congress with information about the effectiveness of government programs.

The judicial branch, too, may be asked to evaluate a program, testing it against a constitutional standard. Judicial review is not specifically assigned to the courts in Article III, but Chief Justice John Marshall argued successfully that it was emphatically implied in the Constitution, even in the oath taken by judges (*Marbury v. Madison,* 1803). A case is, however, required for the courts to exercise this authority. They cannot routinely apply a constitutional standard to laws as they are passed by Congress and signed by the president.

Last, clientele groups, the media, think tanks, public interest or watchdog groups, task forces, and candidate organizations continuously evaluate programs on the books. The media play an especially important role for two reasons: their adversarial role in regard to politics and government, and the quantum increase in media outlets in recent decades. The first is explained by what is typically judged to be news—that which is negative more than positive. The second represents a phase change in communication. Not only are there new forms due to electronic developments but, as well, coverage is constant, "24/7" as the phrase has it. One consequence is White House adaptation by greatly expanding its communications operations. What was once a press secretary with a small staff is now several assistants to the president for communication-related functions, including speechwriting, community outreach, advance work for presidential travel, communications in regard to policy and planning, public liaison, and intergovernmental affairs.

Policy Coordination: Budgeting

For decades presidents dominated budgeting. The Budget and Accounting Act of 1921 authorized the president to prepare an annual budget, assisted by a Bureau of the Budget (originally a part of the Department of Treasury, later a part of the Executive Office of the President and still later renamed the Office of Management and Budget—OMB). "The [1921] act . . . marks one of the most important changes in the balance of power between the branches of government in the nation's history."[7] The development of a budget in the executive is a multistage, year-long process of negotiation and refinement between the president and the departments and agencies, with OMB acting as the go-between. As shown in figure 6.1, the result is then sent to Congress in a budget message. In the past, the revenue, appropriations, and authorizing committees in Congress relied almost entirely on the president's budget in doing their work, without ever considering the plan as a whole.

In 1974 that all changed. Congress created its own budget process with the passage of the Congressional Budget and Impoundment Control Act. The act created House and Senate

The Budget Process

Executive Phases

Preparation (March → February): Year-long process of refinement and negotiation between the president, Office of Management and Budget (OMB), and agencies. OMB communicates presidential preferences and manages the details of adjusting agency requests to those preferences.

Submission (January → February): President's budget message prepared and budget submitted to Congress.

Update (July): President provides mid-session review.

Congressional Phases

Preparation (January → April): Three-month-long process of review and breakdown of current and president's budget involving the Congressional Budget Office (CBO), the Budget committees, and the revenue, appropriations, and authorizing committees.

Resolution (April): Congress passes a concurrent budget resolution, with guidelines for committees.

Reconciliation (June → September): Process of making adjustments to suit budget goals, again involving CBO, Budget Committees, and the revenue, appropriations, and authorizing committees.

Bureaucratic Phase

Execution (October 1 → September 30): Agencies implement programs as authorized and appropriated by Congress.

Fig 6.4. The Budget Process. (Compiled by the author from various sources)

budget committees, to be assisted by a Congressional Budget Office (CBO), and formalized a process for regulating and monitoring the work of the other committees. Deadlines were set to keep the process on schedule. Those deadlines have seldom been met.

Figure 6.4 shows an oversimplified display of how the process is *supposed* to work. As shown, each branch prepares a budget, although that in Congress is oriented to what has been prepared by the executive branch. The congressional process features negotiations between the budget committees in each house and the revenue, appropriations, and authorizing committees, with CBO providing expertise throughout. Not surprisingly, this process is tense and contestable, representing as it does the interests served by the various committees as well as their protections of jurisdictions. Yet in many ways it mirrors what happens in the executive between the agencies and the president and OMB.

One may also expect fights between the White House and Congress, none more intense in recent years than that in 1995 between President Clinton and congressional Republicans. Having won full control of Congress for the first time in forty years, Republicans were intent on winning the budget battle. Twice in the fall, 1995, they passed continuing resolutions cutting federal programs. President Clinton vetoed each one, twice resulting in partial shutdowns of the federal government. An agreement was finally reached in January 1996, more than three months beyond the start of the fiscal year (October 1, 1995). It was generally conceded that the president had won the political struggle. He had successfully stood down the Republican majorities on Capitol Hill. "A process ridden with partisanship, confrontation, and political gamesmanship ended in a stalemate [and] the Republicans finally gave up."[8] The consequence was that President Clinton had taken a major step in restoring what had been lost in 1994, his preeminence in designating the agenda.

The period after 1974 has featured split-party government and narrow margins as political context for making budgets. Only Presidents Carter (four years, 1977–81) and Clinton (1993–95) had comfortable party margins in Congress. Other presidents during this time (Ford, Reagan, Bush 41, Clinton after 1994, and Bush 43) either faced opposition party congresses (one house or both) or worked with very narrow party margins. While clashes were a certainty, presidents have the advantages of more detailed preparations, the veto threat, and a more coordinated approach to budgeting. They typically win more budget battles than they lose.[9]

Results in the Postwar Era

Earlier it was stated that not all presidents are created equal. Likewise, not all presidents produce equally. Events appear to make the difference. Some presidents preside at turning points in history, others govern in periods of relative calm. The difference is not necessarily in the qualities or abilities of the incumbent. Crises are not selective. Rather they test whoever happens to be in the White House at the time. And history shows that presidents who serve during crises are notable, typically ranked higher by historians and the public.

Post–World War II presidents at turning points include Truman, Johnson, Reagan, and Bush 43. Truman had to manage the end of World War II, cope with its aftermath, and deal with the Korean conflict. In addition, he took over for FDR, a president of great domestic and international achievements. Johnson, too, served out the term of a popular president, Kennedy, whose assassination insured support for his legacy. Johnson took charge of his predecessor's agenda and enacted the Great Society programs that would dominate domestic policy from that time forward. Johnson did significantly less well with the developing crisis in Vietnam, where his record was as unimpressive as it was imposing on domestic issues.

Economic circumstances in 1980 provided Reagan with the support to reduce taxes and shift resources to defense. The effect of the first was to alter policy debate as deficits mounted; the second eventually led to the end of the Cold War and, later, the collapse of the Soviet Union. And while it is early at this writing to judge Bush 43, few can doubt the significance of 9/11 as a historic event of major impact on policy and politics. The war on terrorism, as extended by Bush to the war in Iraq, has had a profound effect on foreign and domestic politics.

Events have also had an impact on the other postwar presidencies (Eisenhower, Nixon, Ford, Carter, Bush 41, and Clinton). None, however, matches the postwar rebuilding facing Truman, preserving the legacy of an assassinated president for Johnson, the opportunities for economic and government reform for Reagan, and the domestic and international threats posed by 9/11 in 2001 and beyond. Thus the terms in office of this second set of six presidents have been characterized more by efforts to consolidate, strengthen, and reform policies and programs already in place. Their presidencies were custodial, without implying anything disapproving about their personal abilities to cope with large-scale events had they occurred.

The remaining president in the postwar period, Kennedy, averted a potentially serious crisis with the threat posed by Soviet missiles in Cuba. Unquestionably his resolve in this matter was noteworthy and has been so acknowledged by historians. The problem in classifying Kennedy lies in the brevity of his service.

Conclusion

Government has a momentum independent of who happens to be in the White House. Presidents at work aid in maintaining this momentum, facilitating ordinary change, and responding to unanticipated events. They are enablers of lawmaking, policy making, and decision making. The executive branch is structured to promote these purposes in such a manner as to insure congressional reliance on the president.

Perhaps most striking about a president's work is the need for agility and adaptability. Presidents are expected to produce comprehensive and coordinated programs, yet by its nature, a separation of powers government allows for participation by others in many venues. As shown in this chapter, presidents have variable influence on policy substance (more on foreign and defense than domestic), policy type (most on crisis response), policy process (most on the early phases of problem definition, agenda designation, and option formulation), and policy coordination (a substantial degree on budgeting, though less than in the past). Finally, the work of presidents has the greatest historical impact as a consequence of unanticipated events that suspend the usual functioning of the separated system. These happenings, typically as crises, come to be the tests of leadership.

Notes

1. Quoted in Bob Woodward, *Bush at War* (New York: Simon and Schuster, 2002), 136.
2. Quoted in Charles O. Jones, "Richard E. Neustadt: Public Servant as Scholar," *Annual Review of Political Science* 6 (2003): 11.
3. Bill Clinton, *My Life* (New York: Alfred A. Knopf, 2004), 577.
4. Ralph K. Huitt, "Democratic Leadership in the Senate," *American Political Science Review* 55 (June, 1961): 337.
5. Quoted in Stephen J. Wayne, *The Legislative Presidency* (New York: Harper and Row, 1978), 161.
6. George C. Edwards, III, *Campaigning by Governing: The Politics of the Bush Presidency* (Upper Saddle River, NJ: Pearson Longman, 2006).
7. Donald F. Kettl, *Deficit Politics* (New York: Macmillan, 1992), 128.
8. Daniel J. Palazzolo, *Done Deal? The Politics of the 1997 Budget Agreement* (New York: Seven Bridges Press/Chatham House, 1999), 36.
9. An exception would be in 1990 when Bush 41 reneged on his "no new taxes" pledge. See Palazzolo, 33.

References

Greenstein, Fred I., ed. *Leadership in the Modern Presidency.* Cambridge, MA: Harvard University Press, 1988.

Hargrove, Erwin C., and Michael Nelson. *Presidents, Politics, and Policy.* Baltimore, MD: Johns Hopkins University Press, 1984.

Herring, E. Pendleton. *Presidential Leadership.* New York: Rinehart and Company, 1940.
Kettl, Donald F. *Deficit Politics: Public Budgeting in its Institutional and Historical Context.* New York: Macmillan, 1992.
Light, Paul C. *The President's Agenda: Domestic Policy Choice from Kennedy to Reagan.* Baltimore, MD: Johns Hopkins University Press, 1991.
Neustadt, Richard E. *Presidential Politics and the Modern Presidents.* New York: Free Press, 1990.
Pfiffner, James P. *The Strategic Presidency: Hitting the Ground Running.* 2nd ed. Lawrence: University Press of Kansas, 1996.
Shull, Steven A. *Domestic Policy Formation: Presidential-Congressional Partnership?* Westport, CT: Greenwood Press, 1983.
Wildavsky, Aaron. *The New Politics of the Budgetary Process.* Medina, OH: Scott, Foresman and Company, 1988.

Chapter 7
Reform, Change, and Prospects for the Future

The United States and its Constitution are now in their third century. The passage from each century to the next has been eventful. The election of 1800 was bitter and personal. The contest was between two incumbents: John Adams serving as president, Thomas Jefferson as vice president. Much of the campaign was carried on in the partisan press. Jefferson won with seventy-three electoral votes but his running mate, Aaron Burr, had an equal number of votes. Burr refused to concede and it took thirty-six ballots in the House of Representatives for Jefferson to win. As a result, power was transferred from the Federalists to the Democratic-Republicans. "In demonstrating the young republic's capacity to effect such a change, the election of 1800 was a momentous event."[1]

The election at the turn into the twentieth century was a rematch between the incumbent president, William McKinley, and the populist William Jennings Bryan. Many of the difficult issues associated with changes from an agrarian to an industrialized society were being accommodated, if not resolved. New problems related to a larger world role for the United States were developing. McKinley, who hardly campaigned, was reelected easily but not overwhelmingly. The two-party system continued to face challenges from third parties, notably the Progressives in the early years of the new century. With McKinley's death by assassination in 1901, a dynamic successor, Teddy Roosevelt, shouldered the country into the new century.

The 2000 presidential election joins these other "turn of the century" contests as being historic. Democratic dominance of Congress had been broken six years earlier, and the election of George W. Bush brought the first all-Republican government to Washington in nearly fifty years. Bush's election was among the most contentious in history, showcasing, as it did, sour relations between an impeached President Clinton and the Republican Congress, and the frustrations of Democrats serving in the minority. Having the election settled by the Supreme Court and Bush losing the popular vote added to an intensely partisan mood in the nation's capital.

These three contests also reveal changes in the presidency. The president's constitutional authority has remained essentially the same, but the circumstances under which this authority is exercised are dramatically different at each century's end. The presidency was being formed when Jefferson was inaugurated. It was more a person than an institution, with the incumbent seeking to comprehend the extent and meaning of his powers.

By 1900 the presidency was beginning its ascendancy. *Congressional Government,* as Woodrow Wilson titled his treatise in 1885, could manage the issues of an agrarian society. Industrialization and growth of the world economy required the professionalism of bureaucracy, hierarchy, and executive control, including that by the chief executive. Take-over President Theodore Roosevelt welcomed these responsibilities, as did Woodrow Wilson and Franklin D. Roosevelt. Other presidents of the first third of the century, Taft, Harding, Coolidge, and Hoover, were less moved to embrace an expansive view of presidential power. Still the die was cast. From FDR forward, the presidency would grow in status, influence, and structure.

In two hundred years, the presidency had changed from that of a person—Washington followed by Adams, then Jefferson—to a presidential enterprise with a cast of thousands. Richard E. Neustadt expressed it this way as he reviewed in "The Presidency at Mid-Century:" "President and presidency are synonymous no longer; the office now comprises an officialdom."[2] The White House remains the symbolic location of the presidency but it can house only a small portion of those working for the president. Accordingly, George W. Bush's principal task as president-elect in 2000 was to fill jobs, beginning with a personnel director.

This review suggests an important lesson in considering the presidency in the twenty-first century: Events, the issues they generate, and the people who serve are normally more important than reforms in explaining change. Neustadt again: "The presidency nowadays [has] a different look. . . . But . . . that look was not conjured up by statutes, or by staffing. These, rather, are *responses* to the impacts of external circumstances upon our form of government; not causes but effects."[3] This lesson should not come as a surprise. After all, the presidency is a vital institution in a representative democracy. As such it may be expected to respond to events, to include making adjustments so as to function more effectively.

Reform and Change

"Compared with nations elsewhere in the world, Americans have long been among the most enthusiastic reformers."[4] The presidency is a frequent object of reformers. It is thought by many to be the most powerful branch in the separated system. Therefore, it is excessively credited and blamed, depending on the success or failure of government actions. Of the three branches, Congress is most prone to propose reforms because it competes regularly with the presidency for shares of powers. The judiciary's role in this competition is at a greater distance and depends on the circumstance of a case. Court decisions typically set conditions for reforms, then to be designed by others.

What is meant by *reform*? How does it differ from *change*? As used here, reforms are major efforts to alter the structure or authority of the presidency. They refer to those cases where the sole intent is to rearrange how the institution works. New authority to implement policy is not included. For example, the Twenty-second Amendment limiting the president to two terms is most definitely a reform; granting the president the authority to set emission standards to improve air quality is not.

Congress, the competing branch, typically proposes root-and-branch institutional reform of the presidency. It rarely works the other way around: presidential endorsement of congressional reform (and is strongly resented on Capitol Hill if tried). Members of Congress regularly warn that presidential prerogatives can lead to an "imperial presidency" that distorts the separation of equal powers.[5] These worries have led to statutes and constitutional amendments to correct anomalies or impose restraints.

Reforms seldom produce the desired change. They are typically motivated by disagreement with a substantive decision (for example, to go to war). However, the correction tends to be procedural (for example, change *how* decisions to commit troops are made). Unfortunately for the reformer, changing organization, rules, or processes is no guarantee of an acceptable outcome. Reforms typically have unanticipated consequences; changes are those consequences.

The distinction between reform and change is especially well summarized in this statement by Erwin C. Hargrove and Michael Nelson: "Presidential leadership and national politics are inexorably intertwined."[6] What is happening in the nation is, and should be, represented in Washington at both ends of Pennsylvania Avenue. As Hargrove and Nelson document, reformers ordinarily have a preferred model of how presidents should behave. But these "designs by experts" rarely explain the real responses to events and issues that produce changes in governance. Donald F. Kettl wisely attributes response and change to the original design: "The mark of the genius of American founders . . . is in the system's remarkable ability to stretch, change, and adapt—without breaking—as new problems present themselves."[7]

Selected Reforms and Their Effects

Reforms can be made in several manners: constitutional amendments, statutes, court decisions, customs, and expectations. Also varied are the intentions for effecting change: correcting a defect, improving a governmental process, reorganizing government, delegating authority, clarifying or limiting authority, reallocating powers, and expanding prerogatives. Reform is sometimes motivated by a judgment that power holders have gone too far in the exercise of their authority and at other times because authority has not been used previously to suit a particular situation. Both urges have been illustrated since 9/11 as a consequence of coping with an unfamiliar war on terrorism. As Kettl argues, reformers often aim to make the executive more accountable. But measuring accountability for what happens in a system of divided authority is difficult, yet essential if reform is to be effective.[8] Put otherwise, separating powers diffuses accountability, thus making it challenging in the extreme to centralize it without rearranging the constitutional order.

Constitutional Amendments

Given the complexity of the amending process (requiring super majorities at both the congressional and state levels), one does not expect it to happen often. There are nine amendments directly affecting the presidency. They are of three types: corrections to omissions or anomalies in the original document, expansions of the voting franchise, and limiting terms.

As shown in table 7.1, the Twelfth, Twentieth, Twenty-third, and Twenty-fifth Amendments provided needed corrections to the Constitution. The amendments had varying effects. The Twelfth was vital, as has been discussed previously. The Twentieth and

Table 7.1 Reforms as Constitutional Amendments

Type 1: Correction	
Amendment (ratified)	**Purpose**
Twelfth (1804)	Electors vote separately for president and vice president
Twentieth (1933)	Presidential term ends January 20 rather than March 4 (set by Congress in 1792)
Twenty-third (1961)	District of Columbia provided with three electoral votes
Twenty-fifth (1967)	Fill a vice-presidential vacancy and provide method for managing when the president is unable to discharge duties
Type 2: Expand Voting Franchise	
Fifteenth (1870)	Right to vote extended to African Americans
Nineteenth (1920)	Right extended to women
Twenty-fourth (1964)	Right cannot be denied for failure to pay a poll tax
Twenty-sixth (1971)	Age eligibility lowered to 18
Type 3: Two-Term Limitation	
Twenty-second (1951)	Presidents limited to two terms

Source: Compiled by the author.

Twenty-fifth also had important and desirable effects. Imagine today having the new president take office on March 4, four months after the election, rather than January 20. Remarkably this change in the Twentieth Amendment was not made until 1933.

Vice presidents have come to play important roles in recent presidencies, certainly from Carter forward. The provision for replacing the vice president has been used twice since its inception—Gerald Ford when Spiro Agnew resigned in 1973 and Nelson Rockefeller when Ford became president following Nixon's resignation, August 9, 1974. The provision also would have been invoked in 1999 had Clinton been removed by the Senate following his impeachment in the House in 1998. Replacement President Gore would have nominated a vice president to serve with him, 1999–2001.

Had Nixon been impeached and removed from office in 1974 (as was threatened by some Democrats prior to Nixon's resignation), there would have been no vice president to take over had the Twenty-fifth Amendment not been passed and ratified. Under those conditions, the Speaker of the House, Carl Albert, a Democrat from Oklahoma, would have assumed the presidency, a prospect he did not welcome.

The Fifteenth, Nineteenth, and Twenty-sixth Amendments attuned suffrage to contemporary trends—assuring African Americans and women the right to vote and lowering the eligible age to eighteen. The Twenty-fourth Amendment was a long overdue guarantee of the right to vote free of having to pay a poll tax. The suffrage amendments would, over time, transform the nature of presidential campaigns. Each resulted in huge increases in the number of eligible voters. It took time, however, for turnout among these voters to increase.

The one remaining amendment, the Twenty-second, revisited a debate thought to have been settled at the Constitutional

Convention. Presidents by custom had limited themselves to two terms. FDR did not. With the end of World War II and the extraordinary executive powers of a president reelected three times, a two-term limitation amendment was introduced soon after the Republican Congress met in 1947. It quickly passed both houses by the required two-thirds majorities and was sent to the states for ratification, which occurred four years later. Historian Forrest McDonald dubbed it "a posthumous slap at Roosevelt."[9]

The effect of the Twenty-second Amendment is uncertain. It first applied to Eisenhower (as the incumbent at the time the amendment was proposed, Truman was excluded from the limitation). Judging the effect requires evaluating an imponderable: Would those serving two full terms seek a third? Age and health likely would have led Eisenhower and Reagan to pass on a third term. That leaves Clinton (Bush 43 still serving a second term at this writing). Age in Clinton's case may have weighed in favor of his seeking a third term. He was fifty-four at the end of his second term.

What can be said is that the amendment has replaced a question mark with a period. Will the president seek a third term? He cannot. As a consequence, the election following a reelection (for example, 1960, 1988, 2000, and potentially 2008) will feature open races in both parties. As a consequence, a presidential campaign may be expected to begin soon after the inauguration of the second-term president. Many of the candidates are likely to be serving on Capitol Hill, mostly in the Senate, anxious to augment their records in anticipation of the campaign. Meanwhile, the president's cabinet and staff know their time too is limited, thus encouraging thoughts about their careers. Overcoming this rush to the future so as to manage the present is a major challenge for a term-limited leader, one of those unanticipated consequences of reform.

Statutes

Most reforms and adaptations to change occur through the ordinary lawmaking process. Regular work on Capitol Hill and in the White House is less consciously reformist than simply trying to discover the best or most feasible way to manage the agenda. For example, when programs like Medicare and Medicaid are put in place over a period of years, Congress authorizes the executive to do what is necessary organizationally and procedurally for effective implementation. One consequence of the passage of such massive programs is a significant expansion of the bureaucracy and increased presidential responsibilities. Reform was intended in these cases but directed to health care delivery, not institutional growth.

Members of Congress are charged with overseeing the administration of such programs, but in reality they are dependent on the executive, even in the exercise of oversight. That dependency is one measure of the power of the executive in relationship to the legislature.

It is worth noting that presidents do not always welcome these greater responsibilities. In fact, those presidents inheriting entitlement programs may seek to curb their growth because of the effect of uncontrollable spending on the deficit, which, in turn, limits presidential options for inaugurating new programs.

In addition to legislation on substantive policy matters (for example, agriculture, welfare, health care, crime) laws are passed from time to time that are designed to bolster or constrain presidential prerogatives or affect how they do their politics. Such laws are ordinarily more directly reformist in intent. Those designing such legislation want to change the "how" and "who" of decision making, not just the "what." Table 7.2 provides a sample of such laws for the twentieth and into the twenty-first centuries. These fifteen laws represent efforts to reform the presidency and the executive branch in regard to six vital functions: budgeting, the

Table 7.2 Reforms as Statutes: Selected Cases

Legislation	Reform
Budgeting	
Budget and Accounting Act of 1921	Created first national budget system, established the Bureau of the Budget (BOB)
Congressional Budget and Impoundment, Control Act of 1974	Designed congressional budget, established Congressional Budget Office (CBO) and limited president's authority to impound funds
Gramm-Rudman-Hollings Anti-Deficit Act of 1985	Established automatic spending adjustments with a goal of balancing the budget
Line-item veto of 1996	Authorized a process for president to veto specific projects. Declared unconstitutional by the Supreme Court
The Economy	
Federal Reserve Act of 1913	Established an independent system for monetary policy, with a Board of Governors
Reciprocal Trade Agreement Act of 1934	Authorized president to enter into commercial trade agreements with foreign nations
Employment Act of 1946	Created president's Council of Economic Advisers (CEA) and provided for reports on the state of the economy
Reorganization	
Reorganization Plan of 1939 (and subsequent plans)	Created Executive Office of the President (EOP), moved BOB to EOP (from Treasury), increased presidential staff. Followed by other plans expanding EOP

(*continued*)

Table 7.2 *(continued)*

Legislation	Reform
National Security	
National Security Act of 1947	Reorganized military service into a Department of Defense, created National Security Council (NSC) and staff in EOP, also the Central Intelligence Agency (CIA)
War Powers Act of 1973	Limited president's authority to commit troops to combat. Set timetables for reports and withdrawal when declaration of war lacking. Passed over Nixon's veto
National Commission on Terrorist Attacks, 2002	Authorized appointment of commission to explore intelligence failures prior to 9/11 and to make recommendations
Intelligence Overhaul of 2004	Reorganization of intelligence agencies, authorizing appointment of a director to coordinate intelligence services, including the CIA
Campaigning	
Federal Election Campaign Act of 1974	Provided public funding of presidential campaigns, created Federal Election Commission (FEC)
Bipartisan Campaign Reform Act of 2002	Restrictions on raising soft money and other limits on financing campaigns
Public Access	
Freedom of Information Act Amendments of 1974	Major expansion of the 1966 act providing public access to government documents. Enacted over Ford's veto

Source: Compiled by author from various sources.

economy, organizational capacity, national security, campaigning, and public access. Most of the laws aim to strengthen or restrict the presidency; some are designed to strengthen Congress so it may compete more effectively with the executive branch.

It is apparent in reviewing these laws that the overall trend is toward a greater role for the president, interspersed by efforts to check or control that growth. Most of the developments followed logically from the growth and complexity of government programs. Budgeting came to be increasingly important, requiring the expertise of economic and accounting specialists. And so that function was concentrated in the executive. Congress became anxious because of its dependency on the executive and formed its own process in 1974, which included hiring its own budget specialists.

Similar trends are noted in regard to the economy, national security policy, and the institutionalization of the presidency. Presidents are commonly held responsible for the state of the economy, even as they have limited tools for managing it. Thus, for example, the independent Federal Reserve Board has substantially more authority to influence economic developments by its role in monetary policy. Congress has authorized support for economic management, and presidents have reorganized within the White House for this purpose (the formation of a National Economic Council in 1993 by executive order being one such recent change).

The president's role in national security policy has a constitutional basis, given the status of commander in chief. That position was substantially formalized with the organizational unity of the military services and the creation of a National Security Council and staff in 1947. As with budgeting, Congress has from time to time expressed concern about the president's dominance, thus the efforts to limit military engagements without a declaration of war by Congress or to investigate national security decision making when things go wrong. These actions are not without effect, but the president continues to lead when it comes to foreign and national security policy.

The presidency continues to grow as an institution. The critical point came in 1939 with the creation of the Executive Office of the President (EOP). The name itself acknowledged the need for an umbrella organization to shelter the many advisory units required to match the growth of government programs. And so with each extension—national security, the economy, the environment, trade, science—another "office" or "council" joined the all-important Office of Management and Budget in the EOP. Taken together with the White House Office, these are the units that form the presidential branch discussed earlier.

I have also included two other types of statutes—campaigning and public access. The first is most often a story of frustration for reformers. Attention is paid primarily to campaign finance, the concern being the amount of money spent and its sources. New laws change how money is raised, but they have not curbed the amounts and have had variable effects on who gives. Finally, the Freedom of Information Act, as amended, has benefited the media and scholars while encouraging caution within the executive branch about producing and preserving documents.

These statutes illustrate the intricate politics of reform in a separated powers government. Ever attentive to institutional status, the branches protect their prerogatives and often resent those of others. Accordingly, designs for change in response to events and agenda shifts are scrutinized carefully at both ends of Pennsylvania Avenue for how they affect the balance of powers.

What are the effects and lessons of statutory reform? First, it is apparent that representative government will respond to what goes on outside the capital. It is logical, for example, for executives to prepare budgets and manage the military. And that is what has occurred, even though it reduces the influence of the representative legislature. Second, logic has dictated the expansion of the executive during the twentieth and into the twenty-first centuries. Many of the statutes cited previously have resulted in greater responsibilities for presidents (if not necessarily greater powers)—regarding the budget, military, war making, economy, and social life. Third, just as evident is the failure of Congress to keep pace. Members have tried by creating a budget process, reorganizing committees, expanding staff, adding legislative agencies, and demanding more executive accountability. But the challenges are immense of preparing legislation and overseeing its implementation. Fourth, it is well-nigh impossible to turn back the clock. I have included the War Powers Act primarily to illustrate that fact. War has been in the process of redefinition for decades. The most recent iteration—the war on terrorism—has stimulated further debate and puzzlement regarding the sharing of powers among the branches.

Supreme Court Decisions

The third source of reform and change of the presidency is the Supreme Court. Supreme Court justices are not reformers by the nature of their jobs. Whatever their personal beliefs, their place of work does not foster taking such initiatives. Yet their decisions can have the effect of enhancing, clarifying, or thwarting authority as exercised by the president. It is generally accepted that the Supreme Court will uphold executive powers. After all, not to do so is a case of one branch overruling another. Those occasions when they happen are, therefore, attention getting.

At least three types of decisions can have an effect on presidential power. First are decisions that strike down law favored by the president as exceeding his authority. For example, President Franklin D. Roosevelt proposed bold legislation to deal with the Great Depression. Several programs were struck down by the Supreme Court, notably a proposal in the National Industrial Recovery Act to set industry codes of fair competition (*Schechter Poultry Corporation v. United States*, 1935) and provisions of the Agriculture Adjustment Act (*United States v. Butler*, 1936).

Second are decisions regarding legislation proposed by others. The Federal Election Campaign Act Amendments of 1974 were proposed and passed during the Watergate scandals. Among their many provisions, the Amendments set contribution and spending limits. The Supreme Court declared the latter in violation of the First Amendment right of free speech (*Buckley v. Valeo*, 1976). That ruling meant that campaign expenditures would continue to escalate, making it imperative that presidential candidates have access to huge sums of money.

Third are those decisions it is said the Supreme Court wishes to avoid: those striking down uses of executive authority. Table 7.3 shows selected cases. The decisions illustrate the circumstantial nature of Supreme Court involvement. Put otherwise, it is difficult to generalize about these decisions for predicting future decisions, apart from the Supreme Court's attention to presidential overreaching in dealing with unprecedented situations.

Removals of those appointed were the subjects of the *Myers* and *Humphries* cases. Clarification was essential as new agencies and appointing procedures were instituted. *Myers* allowed removal of those appointed with Senate concurrence; *Humphries* restricted removal of those in a growing number of independent regulatory commissions.

Two cases involved unprecedented wartime situations. President Truman was concerned during the Korean War that a pending strike against the steel industry would harm the production of needed war material. He ordered the seizure of the mills, presumably relying on his powers as commander in chief. The Court rejected Truman's interpretation of his authority. Much later, President George W. Bush faced the exceptional circumstance of trying alleged or suspected terrorists with no common national identity. His solution was to establish separate military tribunals, done without requesting congressional approval. Again the Court rejected his interpretation of

Table 7.3 Interpreting Presidential Power: Selected Supreme Court Cases

Case	Decision
Myers v. United States (1926)	President does not need Senate approval to remove those appointed with Senate approval
Humphries Executor v. United States (1935)	Limited the president's power to remove members of independent regulatory commissions
Youngstown Sheet & Tube Co. v. Sawyer (1952)	Declared President Truman's seizure of steel mills during the Korean War as an unconstitutional act
United States v. Nixon (1974)	Rejected President Nixon's claim of executive privilege in refusing to turn over Oval Office tapes to the special prosecutor
Clinton v. Jones (1997)	Incumbent president is not protected by the Constitution from civil litigation; suit by Paula Jones can go forward
Clinton et al. v. New York City et al. (1998)	Line-item veto provided to president by Congress is unconstitutional
Bush v. Gore (2000)	Recount procedures designated by the Florida Supreme Court were unconstitutional (holding applied to the present case)
Hamdan v. Rumsfeld (2006)	Military commissions established by President Bush to try suspected terrorists are unconstitutional

Source: Compiled by the author from various sources.

presidential authority, while inviting Congress to act (*Hamdan v. Rumsfeld*), and it did late in the 109th Congress by providing for military commissions to prosecute terrorism suspects.

United States v. Nixon and *Clinton v. Jones* were special as cases in which the president sought to prevent potentially damaging evidence from entering the judicial process. Nixon invoked executive privilege to prevent tapes of Oval Office conversations from being used by the Watergate special prosecutor. The Court rejected his claim, which eventually led to Nixon's resignation. Clinton wished to prevent a civil action by Paula Jones from going forward while he was still in office. The Court decided that such an action would not interfere with the exercise of presidential duties. Both cases were unanimously decided against the president.

The other two cases in table 7.3 have little in common. A Republican Congress provided for a line-item veto during Clinton's presidency, authority he asked for, as had presidents before him. The Court could find no constitutional basis for such an action. And the Court decided in 2000 to halt the Florida recount and, for all practical purposes, award the presidency to George W. Bush. Sensitive to the extraordinary circumstance of resolving an election dispute, the Court emphasized that its decision applied only to the present case.

Court decisions regarding the presidency are not reforms as much as clarifications with implications for change. When Congress and the president make adaptations to suit new or developing circumstances, the Court may accept a case asking it to judge whether such actions meet constitutional muster. *Marbury v. Madison* (1803) is cited in some of these cases: "It is emphatically the province and duty of the judicial department to say what the law is." Thus, for example, if a president claims he has executive privilege or that a decision is in accordance with inherent powers, the Court may hear a challenge and decide whether or not the president is correct.

Perhaps the broadest lesson for presidents from this review is this: When in doubt, rely on the separation of powers. Primarily that message suggests getting congressional approval or judicial clearance (at minimum by carefully examining court precedents). It advises against going it alone except in crises where time is of the essence. A related lesson is that presidents should be cautious about asserting powers to protect them against charges regarding their personal behavior. When this happens, presidents are saying what the law is rather than are the courts.

Customs and Expectations

Changes in customs and what the public and others expect of the presidency also have effects. These features are more amorphous than those discussed above, yet no less indicative of governmental, political, and societal developments.

Fig. 7.1. President Roosevelt's Joint Press Conference with Prime Minister Churchill on December 23, 1941 (**AP Images**)

Customs are ordinary ways of doing things, as with habits or routines. New circumstances typically establish new customs. For example, FDR met twice a week with reporters in the Oval Office. They crowded around his desk to ask questions. His responses were ordinarily off the record. Apart from major addresses, Roosevelt's communication with the public was also low key. He inaugurated fireside chats on the radio, "a revolutionary advance in the presidential use of the mass media" when first tried.[10]

The transformation in communications and travel dramatically changed how presidents and their staffs now interact with the press and public. Meetings with reporters are not only on the record for the press but are typically viewed as well by anyone who has an interest. Transcripts are available on websites. Presidents travel with greater frequency than ever, campaigning for public support of their program. President Clinton went on the road immediately after delivering the State of the Union message to justify and defend his proposals, a practice that has come to be "customary" for his successor, George W. Bush.

Customary roles of those in the White House entourage have changed markedly. In the past, First Ladies were seldom judged to be public figures in their own right (Eleanor Roosevelt being a major exception). Not anymore. Hillary Clinton was put in charge of a national health care proposal. Vice presidents had few functions, little staff, and no official residence. State of the Union messages were sent to Congress, not delivered. And security at the White House was lax. All of that, and more, has changed.

These developments have also contributed to altered expectations of the president and the presidency. Expectations may be in two forms. First are those associated with what the press and public come to know about the person—background, philosophy, values. Second are the anticipations related to the presidency—notably its leadership role in the separated system and its status in the world.

These two images are not always in harmony and can change during time in office.

A few examples illustrate: Truman had to deal with incongruous expectations—low for him due to his lack of executive experience; high for the presidency following the three plus terms of FDR. Eisenhower's background as a military leader was expected to restore the image of the presidency following Truman. Watergate and its aftermath (to include President Ford's pardoning of Nixon) had a negative effect on the image of the presidency, thus creating a major challenge for Carter, a president with no Washington experience. Bush 41 was among the most qualified presidents by the measure of executive experience, but his presidency was shaped by expectations born of the leadership of his predecessor, Ronald Reagan. And Bush 43 was confronted with a presidency diminished by his predecessor's impeachment and resulting partisan conflict, yet one facing questions about the new president's competence and the legitimacy of his victory.

Meanwhile, growing demands for presidential leadership are accompanied by expectations of greater accountability.
The expansion of federal government programs and the interconnectedness among nations that is globalization help to explain why most eyes are directed to Washington and the White House.

Looking Ahead: The New Realities

The future of the presidency is heavily influenced by its past and present. The most reliable way to look ahead is through the prism of current politics. The constitutional status of the presidency has undergone relatively few changes. The most important of these occurred more than fifty years ago—a two-term limitation. Apart from the quadrennial proposals to reform the Electoral College, no serious amendments to Article II are contemplated. And so the core function—"The executive power shall be vested in a President of the United States of America"—remains the same.

What has changed is the context within which executive power is exercised. That is true through history, as I have sought to illustrate. What in the present setting aids in predicting the future? The political, policy, and administrative landscapes are notably relevant in assessing presidential power in this new century.

Political

Little or nothing in the political landscape suggests change in the narrow margins that have been featured since 1992. The shift from a strongly Democratic South to Republican dominance in that region has solidified an intensely competitive two-party system. The tight split is popularized by a red state/blue state map and referred to with a shorthand phrase: polarization. Much of the analysis has a reformist tinge in suggesting that the split is a condition to be corrected. Meanwhile, the reality is that presidential and congressional elections are likely to be closely decided and not that subject to manipulation on a national scale.

Narrow margins can easily result in split-party government. One senator leaving his party for independent status in 2001 shifted Senate majority control from the Republicans to the Democrats. Changes in a few votes in Florida in 2000 and Ohio in 2004 and the Democrats would have won the White House, very likely both times with a Republican Congress. The 2006 mid-term elections resulted in a 49–49 tie in the Senate, with two Independents voting with the Democrats to organize the chamber.

These realities have had a profound effect on the presidency. The incentives are competitive and partisan, not cooperative and bipartisan. Presidents have to design strategies that acknowledge small margins, partisanship, and intense competition, yet be prepared to compromise at key junctures in the lawmaking process. A premium may also be placed on confidentiality, even concealment, of plans and decisions. Presidents in narrow-margin politics are likely also to be attentive to the importance of party discipline in Congress, taking care not to undermine House and Senate leadership efforts by entering into cross-party agreements in the early stages of lawmaking.

The partisan incentives of narrow margins and split control are likely to be pervasive, with a potent minority exercising every available tactic to force compromise. The more the minority obstructs, the more the majority seeks additional partisan advantages, particularly in the House of Representatives. Often these conditions result in a reduced role for the president, who becomes an observer more than a participant.

However unappealing, this landscape need not be perilous to lawmaking. As has been shown, laws do get enacted, crises overcome partisanship, and both parties, not just the governing party, have incentives to participate actively in policy making. The point is that the context for exercising presidential power is different. It is also perfectly legitimate in a system of separated powers, a detail sometimes lost in a fervor for reform.

Policy

Subject as it is to events, the policy agenda is ever changing. Predictions are therefore somewhat less supportable than with the other landscapes. For example, what had settled into a primarily domestic set of issues during the Clinton presidency and into the early months of the Bush 43 first term was dramatically altered by 9/11. That event spawned issues that appear to "have legs," as the phrase has it. Accordingly, it is likely that presidents in the near term will face the policy uncertainties of unfamiliar wars.

Perhaps foremost of these sureties is the effect of national security on the rest of the agenda. Terrorism has had an acute effect as a dominant issue in and of itself, and for its influence on how other issues are defined. For itself, combating terrorism involves a stateless war, one in which the enemy may be concealed within several countries, including the United States. For its effect otherwise, issues such as immigration, port security, international trade and finance, federal-state-local policing functions, to name a few, are profoundly affected.

An issue of such wide-ranging proportions will elicit serious debate and criticism. The adage from earlier times that such debate should stop at the water's edge, preferably with bipartisan support for the president, no longer holds. Almost by definition, rules based on what is known (for example, conventional war) are difficult to apply to the unfamiliar (for example, a stateless war on terrorism). Future presidents cannot expect national security and foreign policy decisions to receive automatic approval by Congress, the media, or the public, possibly apart from a catastrophe akin to that on 9/11.

As noted, the war on terrorism, American military and political engagements in the Middle East, and the development of nuclear weapons capabilities in unfriendly regimes have influenced how domestic issues are interpreted. Yet there are other realities associated with homeland issues. Most such matters derive from programs already on the books. "Reform" is incorporated into nearly all major presidential proposals: Social Security reform, Medicare reform, immigration reform, environmental reform. The domestic agenda is primarily generated from what the government is already doing. That fact is unlikely to change with a new administration. Presidents in 2008, 2012, 2016, and for as long as the eyes can see will find it difficult to initiate new programs or kill existing programs so as to find a place for something new.

Administrative

The costs of entitlements and military preparedness have increased exponentially with limited or no controls. Spending has become automatic. Formulas and events determine expenditures with revenues failing to keep pace and narrow-margin politics making it difficult to hike taxes. Deficits result and the public debt increases. An effort was made by President Clinton and a Republican Congress to balance future budgets in 1997, but events and politics prevailed to set record deficits and debt after 2001.

A famous western song is titled "Don't Fence Me In." It is no exaggeration to imagine presidential power as "fenced in." Presidents are managers of debt. Promises are made during campaigns but are kept only when the president can find a revenue-neutral means for implementing them or is convincing enough so that the need is more important than adding to the debt.

Less noticed as an administrative development is the federalization of government programs. Presidents and their appointees administer much of the domestic agenda through two, three, or more layers of government. Adaptations may be permitted to allow for regional, state, or local circumstances. This process has now been extended to homeland security.

Small wonder that the presidency has developed its own branch of specialists. Presidents want and need assistants who will guide them through the pathways of program development, enactment, and delivery. It has been typical for succeeding presidents to retain positions created by their predecessors. The White House has long since ceased to be merely the Executive Mansion. It is now that branch of government struggling to manage that for which presidents will be held accountable.

Conclusion

The American presidency is not the American government. It is, rather, a leadership contrivance for managing the executive branch, working interactively with the legislative and judicial branches. The presidency has changed, adapting to national and international developments. And it has been reformed, most notably by imposing a two-term limitation. Even at this writing, however, the place to start in understanding the presidency is the separation-of-powers scheme as set forth in the Constitution. For it is in that document that the president, members of Congress, and judges were to be separately chosen to serve assorted term lengths. Independently selected, these officials make, administer, and evaluate law interdependently.

The lesson is clear. Effective presidential power in a separated system is that exercised in recognition of the legitimate functions of the other branches. E. Pendleton Herring described the presidency so well: "We have created a position of great power but have made the full realization of that power dependent upon influence rather than legal authority."[11] Accordingly, study of the presidency should acknowledge the president's political status and style within the constitutional structure. That has been the emphasis in these pages.

Notes

1. Noble E. Cunningham, Jr., *In Pursuit of Reason: The Life of Thomas Jefferson* (Baton Rouge: Louisiana State University Press, 1987), 237. The Twelfth Amendment later corrected the fault; see chapter 3.
2. Richard E. Neustadt, "The Presidency at Mid-Century," *Law and Contemporary Politics* 21 (Autumn 1956): 609–45.
3. Ibid. Emphasis in original.
4. Donald F. Kettl, "Reforming the Executive Branch of the U. S. Government," in *The Executive Branch*, ed. Joel D. Aberbach and Mark A. Peterson (New York: Oxford University Press, 2005), 344.
5. Their case is set forth in an influential book written by Arthur M. Schlesinger, Jr., during the Nixon presidency: *The Imperial Presidency* (New York: Houghton Mifflin, 1973). Schlesinger worried most about the president's powers in foreign and national security policy, where a "runaway presidency" could lead to excessive power at home, vii–x.

6. Erwin C. Hargrove and Michael Nelson, *Presidents, Politics, and Policy* (Baltimore, MD: Johns Hopkins University Press, 1984), 271.
7. Kettl, "Reforming," 344.
8. Ibid., 369–70.
9. Forrest McDonald, *The American Presidency: An Intellectual History* (Lawrence: University Press of Kansas, 1994), 407.
10. Michael Nelson, ed., *Congressional Quarterly's Guide to the Presidency*, 2nd ed. (Washington, DC: Congressional Quarterly Press, 1996), 124.
11. E. Pendleton Herring, *Presidential Leadership* (New York: Rinehart and Company, 1940), 2–3.

References

Aberbach, Joel D., and Mark A. Peterson, eds. *The Executive Branch.* New York: Oxford University Press, 2005.
Hargrove, Erwin C. *The President as Leader.* Lawrence: University Press of Kansas, 1998.
Herring, E. Pendleton. *Presidential Leadership.* New York: Rinehart and Company, 1940.
Nelson, Michael, ed. *Congressional Quarterly's Guide to the Presidency.* 2nd ed. Washington, DC: Congressional Quarterly Press, 1996.
Neustadt, Richard E. *Presidential Power: The Politics of Leadership.* New York: John Wiley, 1960.

Appendix

Presidents and Vice Presidents of the United States of America, 1789–2009

Year	President	Vice President	Party	Vote %
1789	Washington	Adams	Federalist	EV=100*
1792	Washington	Adams	Federalist	EV=98
1796	Adams	Jefferson	Federalist/ Democratic Republican**	EV=51
1800	Jefferson	Burr	Democratic Republican	EV=53***
1804	Jefferson	G. Clinton	Democratic Republican	EV=92
1808	Madison	G. Clinton	Democratic Republican	EV=69
1812	Madison	Gerry	Democratic Republican	EV=59
1816	Monroe	Tompkins	Democratic Republican	EV=83

(*continued*)

Year	President	Vice President	Party	Vote %
1820	Monroe	Tompkins	Democratic Republican	EV=98
1824	J. Q. Adams	Calhoun	Democratic Republican	PV=31 EV=32***
1828	Jackson	Calhoun	Democratic Republican	PV=56 EV=68
1832	Jackson	Van Buren	Democrat	PV=54 EV=76
1836	Van Buren	R. Johnson	Democrat	PV=51 EV=58
1840	W. Harrison	Tyler#	Whig	PV=53 EV=80
1844	Polk	Dallas	Democrat	PV=50 EV=62
1848	Taylor	Fillmore#	Whig	PV=47 EV=56
1852	Pierce	King	Democrat	PV=51 EV=86
1856	Buchanan	Breckinridge	Democrat	PV=45 EV=59
1860	Lincoln	Hamlin	Republican	PV=40 EV=59
1864	Lincoln	A. Johnson#	Republican	PV=55 EV=91
1868	Grant	Colfax	Republican	PV=53 EV=73
1872	Grant	H. Wilson	Republican	PV=56 EV=78

(*continued*)

Year	President	Vice President	Party	Vote %
1876	Hayes	Wheeler	Republican	PV=48 EV=50+
1880	Garfield	Arthur#	Republican	PV=48 EV=58
1884	Cleveland	Hendricks	Democrat	PV=49 EV=55
1888	B. Harrison	Morton	Republican	PV=48 EV=58
1892	Cleveland	Stevenson	Democrat	PV=46 EV=62
1896	McKinley	Hobart	Republican	PV=51 EV=61
1900	McKinley	T. Roosevelt#	Republican	PV=52 EV=65
1904	T. Roosevelt	Fairbanks	Republican	PV=56 EV=71
1908	Taft	Sherman	Republican	PV=52 EV=66
1912	W. Wilson	Marshall	Democrat	PV=42 EV=82
1916	Wilson	Marshall	Democrat	PV=49 EV=52
1920	Harding	Coolidge#	Republican	PV=60 EV=76
1924	Coolidge	Dawes	Republican	PV=54 EV=72
1928	Hoover	Curtis	Republican	PV=58 EV=84

(*continued*)

Year	President	Vice President	Party	Vote %
1932	F. Roosevelt	Garner	Democrat	PV=57 EV=89
1936	F. Roosevelt	Garner	Democrat	PV=61 EV=98
1940	F. Roosevelt	Wallace	Democrat	PV=55 EV=85
1944	F. Roosevelt	Truman#	Democrat	PV=53 EV=81
1948	Truman	Barkley	Democrat	PV=50 EV=57
1952	Eisenhower	Nixon	Republican	PV=55 EV=83
1956	Eisenhower	Nixon	Republican	PV=57 EV=86
1960	Kennedy	L. Johnson#	Democrat	PV=50 EV=56
1964	L. Johnson	Humphrey	Democrat	PV=61 EV=90
1968	Nixon	Agnew	Republican	PV=43 EV=56
1972	Nixon	Agnew/ Ford##	Republican	PV=61 EV=97
1976	Carter	Mondale	Democrat	PV=50 EV=55
1980	Reagan	GHW Bush	Republican	PV=51 EV=91
1984	Reagan	GHW Bush	Republican	PV=59 EV=98

(*continued*)

Year	President	Vice President	Party	Vote %
1988	GHW Bush	Quayle	Republican	PV=53 EV=79
1992	W. Clinton	Gore	Democrat	PV=43 EV=69
1996	W. Clinton	Gore	Democrat	PV=49 EV=70
2000	GW Bush	Cheney	Republican	PV=48 EV=50+
2004	GW Bush	Cheney	Republican	PV=51 EV=53

KEY: PV=Popular vote percentage; EV=Electoral vote percentage.

*Popular vote tabulations were not provided until 1824; electoral vote percentage is for the president only; those running second were vice presidents and received a different percentage until the ratification of the Twelfth Amendment.

**Jefferson, running second and serving as vice president, had a different party affiliation.

***Election went to the House of Representatives.

#A takeover president due to the death of the president.

##Agnew resigned as vice president, Ford was appointed under the procedures of the Twenty-second Amendment, then took over when Nixon resigned.

Source: Compiled from data in Michael Nelson, ed., *Congressional Quarterly's Guide to the Presidency* (Congressional Quarterly, 1996), 1667–69.

“牛津通识读本”已出书目

古典哲学的趣味
人生的意义
文学理论入门
大众经济学
历史之源
设计，无处不在
生活中的心理学
政治的历史与边界
哲学的思与惑
资本主义
美国总统制
海德格尔
我们时代的伦理学
卡夫卡是谁
考古学的过去与未来
天文学简史
社会学的意识
康德
尼采
亚里士多德的世界
西方艺术新论
全球化面面观
简明逻辑学
法哲学：价值与事实
政治哲学与幸福根基
选择理论
后殖民主义与世界格局

福柯
缤纷的语言学
达达和超现实主义
佛学概论
维特根斯坦与哲学
科学哲学
印度哲学祛魅
克尔凯郭尔
科学革命
广告
数学
叔本华
笛卡尔
基督教神学
犹太人与犹太教
现代日本
罗兰·巴特
马基雅维里
全球经济史
进化
性存在
量子理论
牛顿新传
国际移民
哈贝马斯
医学伦理
黑格尔

地球
记忆
法律
中国文学
托克维尔
休谟
分子
法国大革命
民族主义
科幻作品
罗素
美国政党与选举
美国最高法院
纪录片
大萧条与罗斯福新政
领导力
无神论
罗马共和国
美国国会
民主
英格兰文学
现代主义
网络
自闭症
德里达
浪漫主义
批判理论

德国文学
戏剧
腐败
医事法
癌症
植物
法语文学
微观经济学
湖泊
拜占庭
司法心理学
发展
农业
特洛伊战争
巴比伦尼亚
河流
战争与技术
品牌学
数学简史
儿童心理学
时装
现代拉丁美洲文学
卢梭
隐私
电影音乐
抑郁症
传染病
希腊化时代
知识
环境伦理学
美国革命
元素周期表
人口学
社会心理学
动物
项目管理
美学
管理学
电影
俄罗斯文学
古典文学
大数据
洛克
幸福
免疫系统
银行学
景观设计学
神圣罗马帝国
大流行病
亚历山大大帝
气候
第二次世界大战
中世纪
工业革命
传记
公共管理
社会语言学